Transformative Autorität

Frank Baumann-Habersack

Transformative Autorität

Systemische Studie zur Erneuerung von Führungsbeziehungen im Konflikt

Springer Gabler

Frank Baumann-Habersack
Wirtschaftswissenschaften, Nachhaltiges
Management
Universität Bremen
Bremen, Deutschland

Affiliation: Universität Bremen.

ISBN 978-3-658-51823-3 ISBN 978-3-658-51824-0 (eBook)
https://doi.org/10.1007/978-3-658-51824-0

Die Deutsche Nationalbibliothek verzeichnet diese Publikation in der Deutschen Nationalbiblio-grafie; detaillierte bibliografische Daten sind im Internet über https://portal.dnb.de abrufbar.

Affiliation: Universität Bremen.

Planung/Lektorat: Karina Kowatsch
Springer Gabler ist ein Imprint der eingetragenen Gesellschaft Springer Fachmedien Wiesbaden GmbH und ist ein Teil von Springer Nature.
Die Anschrift der Gesellschaft ist: Abraham-Lincoln-Str. 46, 65189 Wiesbaden, Germany

Interessenkonflikt Der/die Autor*in hat keine relevanten Interessenskonflikte im Zusammenhang mit dieser Publikation.

Geleitwort

Warum lohnt es sich, dieses Buch zu lesen? Weil es einen seltenen Zugang zu einem Thema eröffnet, das in Organisationen ständig wirksam ist – und doch oft missverstanden wird: Autorität im Konflikt. Frank Baumann-Habersack zeigt Konflikte nicht als Störung, die man „wegmoderiert", sondern als Ort, an dem sich entscheidet, ob Transformation wirklich gelingt. Und er beschreibt Autorität nicht als Positionsmacht, sondern als etwas, das in Beziehungen entsteht: durch Präsenz, Resonanz und die Fähigkeit, Spannungen auszuhalten, ohne sie zu eskalieren oder zu verdrängen.

Das Besondere an dieser Arbeit ist ihr Mut zur Nähe am Gegenstand. Der Autor bleibt nicht bei klugen Konzepten stehen, sondern macht sichtbar, wie sich Autorität und Konflikt in einem Feld tatsächlich anfühlen, verschieben und verdichten. Mit Erkundungsaufstellungen wählt er dafür einen methodischen Weg, der implizite Muster, verdeckte Erwartungen und unausgesprochene Dynamiken erfahrbar und damit bearbeitbar macht – und er bindet die Perspektive der Praxis nicht nur als „Datenquelle", sondern als aktiven Resonanzraum der Erkenntnis ein.

Wer dieses Buch liest, gewinnt keine Patentrezepte. Man gewinnt etwas Wertvolleres: eine Sprache und ein Verständnis dafür, wie man in konflikthaften Transformationsprozessen handlungsfähig bleibt – ohne Härte als Stärke zu verwechseln und ohne Harmonie als Lösung zu verkaufen. In einer Zeit, in der

Organisationen gleichzeitig unter Druck, Polarisierung und Veränderungsmüdigkeit stehen, ist das eine sehr praktische Form von Orientierung.

Prof. Dr. Georg Müller-Christ
Erstgutachter
Universität Bremen
Bremen, Deutschland

Inhaltsverzeichnis

Abkürzungsverzeichnis

AL	Aufstellungsleitung
Ggf.	gegebenenfalls
KI	Künstliche Intelligenz
PST	Personzentrierte Systemtheorie
Vgl.	vergleiche

Abbildungsverzeichnis

Tabellenverzeichnis

1 Einleitung

Vorab ein Hinweis zur Buchfassung: Dieses Buch geht aus meiner Dissertation aus dem Jahr 2025 hervor und ist in seinem inhaltlichen Kern nahezu identisch mit der eingereichten Originalfassung. Die theoretischen Argumentationen, die empirische Studie sowie meine daraus entwickelten Modelle und zentralen Unterscheidungen habe ich unverändert übernommen.

Für die Buchfassung habe ich lediglich kleinere Überarbeitungen vorgenommen, die den Lesefluss, die Orientierung im Text und die Einordnung in den wissenschaftlichen Diskurs erleichtern. Dazu gehören präzisierende Rahmungen, klarere Übergänge zwischen einzelnen Abschnitten sowie kurze Hinweise zur Struktur und zum methodischen Ansatz meiner Arbeit. Diese Anpassungen greifen hilfreiche Anregungen aus den Gutachten zur Dissertation auf.

Das Buch bleibt eine wissenschaftliche Arbeit. Zugleich habe ich es vor diesem Hintergrund bestmöglich so gestaltet, dass auch Leser:innen aus der Praxis, Beratung und Führung die zentralen Argumente und Modelle nachvollziehen und für ihre eigenen Fragestellungen nutzen können.

Vom Globalen zum Konkreten

Die globalen ökologischen, sozialen und ökonomischen Krisen verdeutlichen die Dringlichkeit eines grundlegenden Wandels in Gesellschaft, Politik und Wirtschaft. Der Club of Rome (2022) warnt in aktuellen Szenarien, dass eine ungebremste Erderwärmung zu immer häufigeren Extremwetterereignissen wie Dürren, Überschwemmungen und Hitzewellen führt. Das hat Ernteausfälle, steigende Meeresspiegel und soziale Spannungen zur Folge und wird wahrscheinlich langfristig Kipppunkte überschreiten, was unumkehrbare Veränderungen nach sich ziehen

F. Baumann-Habersack, *Transformative Autorität*,
https://doi.org/10.1007/978-3-658-51824-0_1

wird. Deren Auswirkungen sind über Jahrhunderte spürbar. Auf Basis seiner Analysen prognostiziert der Club of Rome außerdem eine weiter wachsende Ungleichheit sowohl zwischen als auch innerhalb von Ländern. Diese Entwicklung verschärft soziale Konflikte bis Mitte des 21. Jahrhunderts – und erschwert eine angemessene Reaktion auf den klimatischen und ökologischen Notstand.

Um diese Risiken zu mindern, ruft der Club of Rome zu fünf tiefgreifenden Kehrtwenden auf:

1. Die Beendigung von Armut, um existenzielle Grundlagen für alle Menschen zu sichern.
2. Die Beseitigung eklatanter Ungleichheit ist notwendig, um soziale Spannungen abzubauen.
3. Die Emanzipation und Ermächtigung von Frauen ist unabdingbar für eine nachhaltige Entwicklung.
4. Die Forderung eines gesunden Nahrungsmittelsystems, das Menschen wie Ökosystemen zugutekommt.
5. Ein rascher Übergang zu nachhaltigen Energiesystemen ist essenziell, um den Klimawandel einzudämmen und langfristig stabile Lebensgrundlagen zu gewährleisten. (Dixson-Declève et al. 2022, 14–18).

Vor dem Hintergrund dieser Herausforderungen sind politische Maßnahmen wie die Sustainable Development Goals – 17 Ziele für nachhaltige Entwicklung, beispielsweise keine Armut, Geschlechtergerechtigkeit oder nachhaltiger Konsum und Produktion – (Vereinte Nationen 2016) und nationale Nachhaltigkeitsstrategien zwar wichtige Schritte. Sie stoßen jedoch häufig an strukturelle Grenzen.

Deutschland leistet mit der globalen Agenda 2030 seinen Beitrag zu dieser nachhaltigen Entwicklung. Die 2017 neu aufgelegte und 2021 aktualisierte Nachhaltigkeitsstrategie der Bundesregierung verweist ausdrücklich auf diese 17 Sustainable Development Goals. Sie betont unter anderem das Prinzip, natürliche Lebensgrundlagen dauerhaft zu sichern und allen Menschen ein würdevolles Leben zu ermöglichen. Entscheidungen sollten neben der wirtschaftlichen Leistungsfähigkeit auch gleichberechtigte Teilhabe berücksichtigen.

Damit Entwicklungen für heutige und künftige Generationen weltweit ökologisch und sozial tragfähig bleiben, müssen sie zudem systemische Wechselwirkungen sowie technologische und gesellschaftliche Innovationen einbeziehen (Deutsche Bundesregierung 2021).

Im wissenschaftlichen Diskurs über Nachhaltigkeit bildete sich – neben der Differenzierung der drei Dimensionen Ökologie, Ökonomie und Soziales – inzwischen häufig eine zusätzliche kulturelle Dimension heraus. Diese bezieht sich zum

Beispiel auf die Wahrnehmung und Reflexion von Werten, den Umgang mit Zeit oder auch ethische Standards (Schmitt und Bamberg 2018, S. 6). Eine allgemeingültige, personen- und situationsunabhängige Definition von Nachhaltigkeit lässt sich jedoch nicht erbringen. Nachhaltigkeit ist stets kontextbezogen sowie zeit- und menschengebunden. Vor diesem Hintergrund liegt es nahe, auf die Perspektivenvielfalt und Diversität von Nachhaltigkeit zu verweisen, die zwangsläufig konfliktäre Aspekte und Dilemmata aufweist (Schmitt und Bamberg 2018, S. 9).

Nachhaltigkeit wird zudem für die Lösung zweier sehr unterschiedlicher, eng miteinander verbundener Probleme verwendet: die Erhaltung unserer Ressourcenbasis zum (Über-)Leben und die Verantwortung im Umgang mit dem sogenannten Nebenwirkungsproblem. Dieses Problem beschreibt, dass Menschen und Institutionen nicht nur bereit sein müssen, die Nebenwirkungen ihres Handelns auszugleichen – sondern mitunter auch auf Hauptwirkungen verzichten sollten, wenn diese nur unter erheblichen Nebenwirkungen zu erzielen wären. (Müller-Christ und Giesenbauer 2019, S. 232). Dies erfordert in vielen Fällen eine veränderte Haltung. Grundsätzlich geht es dabei um die Frage:

> „Wie schaffen wir es, eine lebenswerte Gesellschaft zu gestalten, in der nicht Einzelne ihre Hauptwirkungen (Geld, Macht, Zugänge) auf Kosten von Nebenwirkungen auf andere erzielen können?" (Müller-Christ und Giesenbauer 2019, S. 233).

Doch selbst wenn Menschen Nachhaltigkeit als gemeinsames Ziel anerkennen und definieren, kann dennoch Uneinigkeit über die Art und Weise bestehen, dieses Ziel zu erreichen. Diese Differenzen führen oft zu individuellen wie auch kollektiven Entscheidungs- und Handlungskonflikten (Schmitt und Bamberg 2018, S. 8). Verstärkt wird diese Konflikthaftigkeit durch grundlegende Dynamiken in einer kommerziell ausgerichteten Gesellschaft: So betont der Wirtschaftshistoriker Karl Polanyi, dass die maschinelle Produktion sowohl die natürliche als auch die menschliche Substanz der Gesellschaft in Waren transformiert. Die dadurch entstehenden Verschiebungen zerreißen nicht nur zwischenmenschliche Beziehungen, sondern bedrohen auch den natürlichen Lebensraum mit Vernichtung. (Polanyi 2021, S. 70).

Die Transformation hin zu einer nachhaltigen, klimaneutralen Gesellschaft stellt somit zwangsläufig einen konfliktgeladenen Prozess dar. Sie umfasst nicht nur technologische Innovationen, tiefgreifende Veränderungen des Ökosystems, politische Willensbildung und weitreichende gesellschaftliche Modernisierungsprozesse, sondern auch die fortschreitende Digitalisierung. Diese Transformation führt zu erheblichen Umwälzungen in sozialen Systemen und Lebensstilen und bringt zugleich neue politische Bewegungen hervor, die mit bestehenden soziopolitischen und ökonomischen Strukturen sowie Institutionen interagieren (Englert und Ternès

2019, S. 211). Polanyi weist in diesem Kontext darauf hin, dass sogenannte Teilinteressen eine zentrale Rolle für gesellschaftliche und politische Veränderungen spielen. Obwohl die eigentliche Herausforderung die gesamte Gesellschaft betrifft, initiieren bestimmte Gruppen, Teile und Klassen die Dynamik solcher Veränderungsprozesse und treiben sie voran. (Polanyi 2021, S. 210). Diese Wechselwirkungen verdeutlichen, weshalb die (digitale) Transformation ein neues Zusammenwirken von Akteur:innen aus Politik, Gesellschaft, Wirtschaft und Wissenschaft erfordert – eine Herausforderung sowohl auf lokaler als auch auf nationaler und globaler Ebene (Englert und Ternès 2019, S. 212).

Unternehmen und Organisationen spielen in diesem Kontext eine zentrale Rolle – denn sie sind sowohl Teil als auch Treiber der Transformation. Als entscheidende Akteure gestalten sie gesellschaftliche Entwicklungen aktiv mit. Vor diesem Hintergrund gewinnt die Frage nach Orientierung und Führung in Unternehmen auf Mikro- und Mesoebene zunehmend an Bedeutung – allerdings in einer Form, die sich von traditionellen Ansätzen unterscheiden muss. Denn die Qualität der Ergebnisse, die ein System hervorbringt, hängt entscheidend von der Bewusstseinsqualität der Menschen ab, die in diesem System handeln. Wie sich eine Situation entwickelt, wird maßgeblich durch die Struktur des Bewusstseins und die Aufmerksamkeit der handelnden Personen geprägt (Scharmer und Hildenbrand 2019, S. 32).

Auch der Mediziner und Ökonom Stefan Brunnhuber (Brunnhuber 2016) betont die Notwendigkeit einer Bewusstseinsveränderung für den notwenigen gesellschaftlichen Umbau. Er fordert eine Transformation, die sowohl Veränderungen in den Menschen selbst als auch in ihren äußeren Rahmenbedingungen einschließt. Ohne den Wandel sozialer Praktiken und Werte droht ein Fortbestehen von Konflikten, Ungleichheiten und ökologischen Risiken (Brunnhuber 2016, S. 231, 2016, S. 29). Dies deckt sich mit den Forderungen der *Inner Development Goals.* Diese sehen transformationale Kompetenzen wie „Beziehung zu sich selbst", „kognitive Fertigkeiten", „Fürsorge für andere und die Welt", „soziale Kompetenzen" und „Wandel vorantreiben" als Schlüssel für eine nachhaltige Entwicklung im Sinne der Sustainable Development Goals (IDG Foundation 2024).

Organisationen – ob Unternehmen, Verwaltungen oder NGOs – nehmen in diesem Zusammenhang eine zentrale Rolle ein. In ihnen treffen nach wie vor überwiegend Menschen Entscheidungen und bearbeiten Konflikte, deren Auswirkungen weit über die unmittelbaren Akteure hinausreichen. Zwar werden diese (psychosozialen) Prozesse in bestimmten Branchen zunehmend durch algorithmisches Management digitalisiert (Baumann-Habersack 2021a), dennoch tragen Führungskräfte weiterhin eine besondere Verantwortung. Sie sind nicht nur verpflichtet, äußere Strukturen zu gestalten, sondern auch innere Entwicklungsprozesse bei sich selbst und anderen in Bewegung zu bringen.

In meiner bisherigen wissenschaftlichen als auch praktischen Arbeit zeigte sich jedoch, dass konventionelle Konfliktlösungsstrategien und traditionelle Autoritätsverständnisse oft nicht ausreichen, um nachhaltige Veränderungsimpulse zu setzen (Baumann-Habersack 2020). Konflikte können aber ein Katalysator für Lern- und Entwicklungsprozesse sein. Dies setzt jedoch ein transformatives Verständnis von Autorität und Führung voraus.

Inspiriert von Ansätzen wie der „Neuen" Autorität (Omer et al. 2013; Omer und von Schlippe 2004, 2023), feldtheoretischen (Ciompi 1988; Latka 2003; Lewin 1943, 1975; Scharmer 2020b) und systemtheoretischen Modellen (Kriz 2017) sowie Transformationsansätzen (Mezirow 2008; Scharmer 2020b), verfolge ich in dieser Dissertation eine integrative Perspektive – die darauf abzielt, die verschieden theoretischen Ansätze zu den relevanten Aspekten zusammenzuführen und dadurch die bestehenden Perspektiven zu erweitern.

Ich verstehe innere Transformation – etwa eine veränderte Haltung zu Autorität, Hierarchie und Konflikten – als entscheidenden Faktor. Sehr wahrscheinlich nur durch solch inneren Wandel können sich Führungskulturen und -strukturen langfristig in Richtung Nachhaltigkeit entwickeln.

Daher strebe ich mit meiner Forschung danach, dem Konzept der Transformativen Autorität – im Kontext zwischenmenschlicher Konfliktsituationen in der betrieblichen Führung – empirisch Gestalt zu verleihen; ein Bereich, in dem bislang keine wissenschaftliche Arbeit vorliegt.

Ein zentraler Bestandteil meiner Arbeit ist die Grundlagenforschung, mit der ich das Wissen über Autorität, Führung und Konflikte erweitere (Döring und Bortz 2016a, S. 17). Gleichzeitig verfolge ich das Ziel, praxisorientierte Fragestellungen von Personen in Führungsverantwortung zu beantworten. Damit umfasst meine Forschung auch Elemente der Anwendungsforschung (Döring und Bortz 2016a, S. 18).

Ich habe meine Arbeit so gestaltet, dass sie die Leser:innen vom gesellschaftlichen Transformationskontext auf die konkrete Beziehungsebene von Führung, Autorität und Konflikt hinführt. Dabei folge ich keiner linearen Logik für Begründungen, in der ein Gedanke den nächsten scheinbar zwingend hervorbringt. Stattdessen arbeite ich mit einer feldförmigen Argumentationsweise. Ich öffne zunächst einen Raum, in dem sich unterschiedliche theoretische Perspektiven auf Autorität, Konflikt und Transformation nebeneinander zeigen. Dadurch möchte ich neben ihren jeweiligen Stärken auch ihre Spannungen und Ergänzungen sichtbar machen.

Durch diese Art der Vorgehensweise kann sich eine Form des Themas selbst zeigen. Wenn wir Autorität und Konflikt nicht als isolierte Eigenschaften einzelner Personen, sondern als Beziehungs- und Feldgeschehen verstehen, dann muss auch der Weg der Theoriebildung mit diesem Verständnis sehr nah übereinstimmen. Ich verzichte deshalb darauf, die verschiedenen Theoriezugänge vorschnell zu harmonisieren. Stattdessen stelle ich sie zunächst in ihrer Eigenlogik dar. Erst aus dieser Tiefe heraus führe ich die Linien schrittweise zusammen und verdichte sie zu einem integrativen Modell.

Dieses Modell ist daher mehr als nur das abschließende Ergebnis eines theoretischen Kapitels. Es übernimmt vielmehr die Funktion einer Leitstruktur für die anschließende empirische Arbeit. Die Verdichtung ist daher selbst ein wichtiger Schritt im Erkenntnisprozess: Sie lässt sich aus dem zuvor eröffneten Denkraum heraus verstehen und bildet den Übergang von theoretischer Vielfalt und Tiefe zu einer forschungsleitenden Heuristik. Auf diese Weise möchte ich nachvollziehbar machen, wie ich zu meinem Modell gelange, das für die empirische Arbeit Orientierung bietet.

Mir ist dabei wichtig, dass Menschen wissenschaftliche Komplexität und Präzision nicht mit unnötiger Abstraktion oder dissoziierter Sprache verwechseln. Mein Buch bleibt in seinem Anspruch wissenschaftlich, soll aber zugleich so geschrieben sein, dass mein gedankliches Ringen nachvollziehbar bleibt. Ich möchte Leser:innen sowohl mein Ergebnis präsentieren als sie auch in den Prozess hineinnehmen, durch den sich dieses Ergebnis herausbildet. Theorie entsteht hieraus als feldförmige Verdichtung unterschiedlicher Perspektiven. Daher ist es aus meiner Sicht entscheidend, auch ihre Reibungen und Ergänzungen miteinander sichtbar zu machen.

Forschungsziel und Forschungsfragen

Identifikation und Beschreibung möglicher, transformativer Konfliktbearbeitungsformen in Autoritätsbeziehungen, insbesondere von Menschen mit Führungsverantwortung in betrieblichen Konfliktsituationen – in Zeiten einer epochalen Transformation.

Die Forschungsfrage und Methode bilden in diesem Buch eine bewusste Einheit. Komplexe, oft unbewusste Konfliktdynamiken in Autoritätsbeziehungen lassen sich rein verbal kaum fassen. Um dieses Feldgeschehen wissenschaftlich zu durchdringen, braucht es eine Methode, die die eher verborgenen Wechselwirkungen direkt erlebbar macht. Daher integriere ich die Methode *Systemaufstellungen* bereits in die erste Forschungsfrage. Dieses Verweben erfüllt zwei wissenschaftliche Aufgaben: Zum einen öffnet dieser spezifische Zugang den Raum, um zunächst nahezu nicht sichtbare Macht- und Beziehungsgeflechte empirisch greifbar zu machen. Zum anderen bietet die Methode einen forschungsökonomischen Vorteil. Sie ermöglicht mir, hochkomplexe Praxisrealitäten wie in einem Labor effizient zu simulieren.

Die Aufstellung stellt damit einen notwendigen Bestandteil meiner Forschungsheuristik dar, um das Feld der transformativen Konfliktbearbeitung systematisch zu erschließen.

1) Was zeigt sich insbesondere bei Personen in betrieblichen Autoritätsbeziehungen, wenn sie in einem – durch eine systemische Aufstellung simulierten – Transformationsprozess Konflikte bearbeiten, die in Verbindung mit den Elementen der Transformativen Autorität stehen?

   Mit dieser Frage möchte ich untersuchen, wie sich grundlegende Konflikte in Autoritätsbeziehungen, also zwischen Führungskräften und Mitarbeiter:innen, in einem Transformationsprozess darstellen. Führungsbeziehungen sind strukturell konfliktbehaftet, da sie sowohl individuelle als auch systemische Interessenkonflikte widerspiegeln – neben weiteren Konfliktarten wie beispielsweise Ressourcen- oder Wertekonflikten. Gleichzeitig beeinflusst der Kontext die Konfliktdynamik und damit auch den Konfliktbearbeitungsprozess.

   Gerade die gegenwärtige Epoche einer tiefgreifenden Transformation, die sowohl das Wirtschaftssystem als auch gesellschaftliche Strukturen – vor allem den Kampf zwischen Demokratie und Autokratie – betrifft, verdeutlicht die besondere Bedeutung des Kontextes. Daher möchte ich ihn auch in Form eines prototypischen Transformationsprozesses einbeziehen. Zudem interessiert mich, wie sich die sieben Elemente der Transformativen Autorität in diesem Zusammenhang zeigen.

   Eine der effektivsten neuen, qualitativen Forschungsmethoden für die Untersuchung solch komplexer Fragestellungen sind systemische Aufstellungen (vgl. 6.3). Sie lassen sich als eine Art „Laborexperiment" begreifen, in dem sich praxisrelevante Fragen effizient und praxisnah simulieren sowie wertvolle Erkenntnisse für die Forschung gewinnen lassen.

2) Mit welchen theoretischen Schemata lassen sich insbesondere die von den Personen erlebten Phänomene unter 1) erklären?

   Ich plane mit Hilfe der Methode „systemische Aufstellung" einen prototypischen Beziehungskonflikt zwischen Führungskraft und Mitarbeiter:in in unterschiedlichen Szenarien zu simulieren. Ich fokussiere mich auf die *Interaktion* zwischen Personen statt auf Strukturen, da die Transformative Autorität ein Beziehungskonzept repräsentiert. Durch die Betrachtung verschiedener Szenarien gehe davon aus, dass sich ähnliche als auch unterschiedliche Phänomene einer konfliktären Autoritätsbeziehung zeigen.

   Diese Ereignisse gleiche ich einerseits mit bewährten Theoriemodellen ab. Andererseits werden sich sehr wahrscheinlich auch Phänomene zeigen, für die es noch keine schlüssigen Erklärungen aus bestehenden theoretischen Ansätzen gibt. Da systemische Aufstellungen bislang wenig oder gar nicht beachtete Aspekte existierender Realitäten aufdecken können, ist es in solchen Fällen nötig, mithilfe von Abduktion – also der kreativen Bildung einer neuartigen/nützlichen These – Erklärungen anzubieten. Ich strebe danach, aus der Kombination von bewährten sowie durch Abduktion entstandenen neuen theoretischen Modellen diese Phänomene zu erklären. Außerdem achte ich dabei besonders auf die Ereignisse, die meinem Forschungsfokus – Personen in der Autoritätsbeziehung – entsprechen.

3) Welche eher neuartigen Konfliktbearbeitungsformen lassen sich rekonstruieren aus 2)?

   Die in der Simulation entstehenden Phänomene spiegeln spezifische Formen der Konfliktbearbeitung wider. Da sich dies in einem Transformationsprozess mit Elementen Transformativer Autorität vollzieht, emergieren vermutlich andere oder sogar ganz neue Formen der Konfliktbearbeitung. Vor diesem Hintergrund richtet die Frage den Aufmerksamkeitsfokus darauf, besonders diese Formen zu erkennen, zu beschreiben und zu konzeptualisieren.

4) Wie wirkt es auf den Forschungsprozess, wenn Repräsentant:innen der Zielgruppe – als „Co-Forscher:innen" – in ausgewählten Teilen an der Konzeption, Durchführung und Auswertung mitwirken? Und wie beeinflusst diese Mitwirkung das Verständnis der Co-Forscher:innen zu Konflikt, Transformation und Autorität?

   Wie bereits beschrieben, untersuche ich eine prototypische Autoritätsbeziehung mit einem Konflikt zwischen einer Führungskraft und ihren Mitarbeiter:innen – welche zugleich die Zielgruppen meiner Forschung repräsentieren. Dafür verwende ich ein transformatives, machtsensitives Forschungsdesign, das die Mitwirkung der Zielgruppen als Co-Forscher:innen am Forschungsprozess vorsieht. So lassen sich blinde Flecken des Forschenden – insbesondere in Bezug auf Macht – aufdecken und Anpassungen vornehmen.

   Gleichzeitig bringen die Beteiligten ihre Praxiserfahrungen ein, um die Bearbeitung des Forschungsthemas für die Praxis relevant zu halten. Zudem bewerten sie – im Sinne des sozialwissenschaftlichen Forschungsparadigmas – das Qualitätskriterium der Ergebnisse: die Nützlichkeit für ihre (berufliche) Lebensrealität. Letztlich beeinflusst diese Mitwirkung am Forschungsprozess sowie die Auseinandersetzung mit den Themen Konflikt, Transformation und Autorität sehr wahrscheinlich auch das Verständnis der Co-Forscher:innen für diese Bereiche. Dies möchte ich ebenfalls erhellen.

Methodische Perspektive

Die Dissertation folgt einem machtsensitiven, *transformative mixed-methods-*Design (Mertens 2007), das qualitative Methoden kombiniert und sich an systemisch-reflexiven Forschungsprinzipien orientiert. Zentral für die Datenerhebung ist die Verwendung systemischer Erkundungsaufstellungen. Sie ermöglichen, die komplexen Wechselwirkungen zwischen individuellen Haltungen, organisationalen Strukturen und den daraus resultierenden Autoritätsdynamiken sichtbar zu machen.

Entsprechend den Prinzipien systemisch orientierter Forschung verfolge ich eine empirische Herangehensweise, die durch folgende Merkmale gekennzeichnet ist:

- Fokussierung auf Beziehungen und Interaktionen,
- Berücksichtigung intra- und interindividueller reflexiver Prozesse,
- Untersuchung dynamischer Veränderungen in biopsychosozialen Systemen über die Zeit,
- Kontextsensibilität gegenüber potenziellen „Nebenwirkungen" der Forschung, da diese oft interventionellen Charakter haben,
- Positionierung des Forschenden als Miterzeugenden der untersuchten Prozesse (Ochs 2012, S. 24).

Diese Forschung ist rekonstruierend und darauf ausgelegt, die Wirkungen verschränkter Perspektiven nachzuskizzieren. Ihr Ziel ist es, subjektive Motive und interaktive Dynamiken zu verstehen, die Menschen bei der Konstruktion ihrer Wirklichkeit leiten – und sie idealerweise durch bislang verdeckte Phänomene zu erweitern. Die Ergebnisse systemischer Forschung beanspruchen dabei keine objektive Gültigkeit oder universelle Wahrheit. Stattdessen wird ihre Qualität daran gemessen, wie nützlich die gewonnenen Erkenntnisse für die Lebenspraxis der Betroffenen sind – basierend auf der lebensweltlichen und emotionalen Plausibilität der Ergebnisse (Ochs 2012, S. 128).

Ein vorrangig abduktiver Erkenntnisansatz bildet den epistemologischen Kern meiner Dissertation. Dieser Ansatz ermöglicht es mir, während des Forschungsprozesses neue Thesen zu entwickeln und bestehende Theorien iterativ zu überprüfen. Empirische Beobachtungen, Praxiserfahrungen und theoretische Konzepte lassen sich eng verweben und in die Modellbildung integrieren. Dadurch entsteht ein dynamischer Forschungsprozess, der Theorie und Praxis miteinander verbindet und praxisnahe Erkenntnisse generieren kann.

Aufbau der Arbeit

- Kapitel 2: Grundlagen und Stand der Forschung
  In diesem Kapitel führe ich die zentralen Begriffe Autorität, Transformation und Konflikt ein und zeige den aktuellen Forschungsstand auf, um den Rahmen für mein weiteres Vorgehen abzustecken.
- Kapitel 3: Theoretische Grundlagen
  Ich erläutere zentrale Theorieansätze, insbesondere zur „Neuen" Autorität, zu traditionellen Formen der Konfliktbearbeitung, zu feldtheoretischen Modellen sowie zu Transformationskonzepten, um die theoretische Basis meiner Arbeit zu legen.
- Kapitel 4: Begründung des eigenen Ansatzes
  Hier begründe ich mein integratives Verständnis von Transformativer Autorität. Dabei beleuchte ich sowohl die inneren als auch die äußeren Dimensionen von Führung und betrachte Konflikte als einen Katalysator für Transformationsprozesse.
- Kapitel 5: Ein integrativer Transformationsprozess
  In diesem Kapitel stelle ich einen von mir entwickelten, integrativen beziehungsweise rhizomatischen Transformationsprozess vor, der speziell auf den Wandel des Verständnisses von Autorität abzielt und damit den Weg für einen tiefgreifenden Wandel ebnen kann.
- Kapitel 6: Wissenschaftstheoretische Verortung
  Um meine Arbeit wissenschaftlich zu fundieren, erläutere ich die ontologischen, epistemologischen, methodologischen und axiologischen Grundlagen, auf denen mein Forschungsprojekt beruht.
- Kapitel 7: Empirischer Teil
  Ich beschreibe das Forschungsdesign, das auf Erkundungsaufstellungen und einer deskriptive Teilstudie beruht, um empirische Daten für meine Forschungsfragen zu generieren.
- Kapitel 8: Ergebnisse im Überblick
  In diesem Kapitel zeige und diskutiere ich meine empirischen Befunde, im Hinblick auf das entwickelte Modell eines integrativen Transformationsprozesses und die theoretischen Grundlagen der Transformativen Autorität.
- Kapitel 9: Zusammenfassung und Ausblick
  Abschließend fasse ich die wichtigsten Erkenntnisse meiner Arbeit zusammen, reflektiere deren Begrenzungen und gebe einen Ausblick auf mögliche Perspektiven für künftige Forschung und Praxis.

Die Grafiken in dieser Arbeit habe ich von Hand gestaltet. Sie haben eine skizzenhafte Form, die die Vorläufigkeit meiner Gedanken verdeutlicht. Diese Skizzen spiegeln die aktuellen Erkenntnisse meiner Forschung wider – oder mit den Worten des Psychatrieforschers und Begründers der Affektlogik Luc Ciompi gesprochen: den aktuellen Stand meines Irrtums (Ciompi 2019). Sie befinden sich im Werden, da Wissenschaft – ebenso wie Autorität und Transformation – ein dynamischer, stetig im Wandel befindlicher Prozess ist.

Die skizzenhafte Form soll auch zeigen, dass lebende Systeme durch nichtlineare Prozesse entstehen und sich aufrechterhalten. Im Gegensatz zu einer „sauberen" und perfekt anmutenden PowerPoint-Grafik steht die Skizze für das Nichtlineare. Schließlich drückt diese Form auch einen Teil meiner Persönlichkeit aus, die in diese Forschung einfließt. Zudem macht der bewusste Gebrauch der Ich-Perspektive meine persönliche Haltung gegenüber Autorität, Konflikt und Transformation erfahrbarer.

Wissenschaftlicher Anspruch und Praxisbezug

Die aktuellen globalen Krisen – vom Klimawandel über soziale Ungleichheit bis hin zur Gefährdung der Demokratie – zeigen deutlich, dass innerer und äußerer Wandel eng miteinander verknüpft sein müssen. Wenn individuelle Reflexion und Werteorientierung mit strukturellen Reformen und nachhaltigen Prozessen zusammenwirken, können eher zukunftsfähige und gerechte Systeme entstehen.

Mit meiner Dissertation möchte ich sowohl ein akademisches Fachpublikum als auch Menschen mit Führungsverantwortung in Unternehmen, Verwaltungen und NGOs ansprechen. Im Mittelpunkt steht dabei das Theoriemodell einer transformativen Autoritätshaltung. Diese versteht Autorität nicht als ein Machtinstrument zur (rücksichtslosen) Durchsetzung eigener Interessen – sondern als ein emergentes Beziehungsphänomen, das auf wechselseitiger Zuschreibung und Anerkennung basiert. Eine solche Haltung kann sowohl wesentlich wirkungsvoller als auch nachhaltiger sein. Dieser Ansatz betrachtet Konflikte als wertvolle Impulse für Wandel, anstatt sie lediglich schnell „lösen" zu wollen.

Ich erläutere in meiner Arbeit, wie dieser Ansatz tiefgreifende Lernprozesse und soziale Innovationen fördern kann. Gerade vor dem Hintergrund der vom Club of Rome beschriebenen globalen Herausforderungen halte ich es für zentral, sowohl autoritäre als auch antiautoritäre Strukturen kritisch zu hinterfragen. Darüber hinaus braucht es aber vor allem attraktive Alternativen für wirkungsvolle Führungs- und Entscheidungsprozesse, die durch Reflexion, Mitverantwortung und gemeinschaftliches Handeln zur Nachhaltigkeit beitragen.

Mit dieser Dissertation leiste ich einen Beitrag zur Diskussion darüber, wie sich Führung und Autorität erneuern lassen, um den Herausforderungen der Transformation im 21. Jahrhunderts zu begegnen – und idealerweise den Sustainable Development Goals so nah wie möglich zu kommen oder sie sogar zu erreichen.

Zur Sprache und zum Erkenntnisanspruch dieser Arbeit

In dieser Arbeit verwende ich eine Sprache, die danach strebt, schwer fassbare und komplexe Transformations-, Konflikt- und Beziehungsdynamiken möglichst anschaulich zu beschreiben. Wo dabei stellenweise bildhafte oder metaphorische Formulierungen auftauchen, haben sie eine heuristische Funktion: Sie sollen als Angebote dienen, Zusammenhänge sichtbar zu machen und das Verständnis zu strukturieren – jedoch keine ontologischen Setzungen einführen. Dies entspricht zugleich dem ontologischen Verständnis meiner Arbeit (vgl. 6.1). Die Ergebnisse dieser Studie sind daher als empirisch begründete Rekonstruktionen und Verdichtungen zu lesen.

2 Grundlagen und Stand der Forschung

In diesem Kapitel erschließe ich die begrifflichen und wissenschaftlichen Grundlagen der Arbeit. Zunächst kläre ich die zentralen Arbeitsbegriffe Autorität, Transformation und Konflikt (2.1). Anschließend verorte ich mein Forschungsvorhaben im Kontext des aktuellen Forschungsstands sowie der für meine Fragestellung relevanten theoretischen Debatten (2.2). Dabei strebe ich keine vollständige Rekonstruktion dieser Debatten an. Vielmehr geht es mir darum, jene Bezugspunkte herauszuarbeiten, die für meine Argumentation leitend sind. Sie markieren zugleich den theoretischen Bezugsrahmen dieser Arbeit.

Die ausführlichere theoretische Entfaltung folgt in den anschließenden Kapiteln. Das entspricht der Konzeption meiner Arbeit: Ich entwickle den theoretischen Zugang nicht aus einer einzelnen Perspektive, sondern aus dem Verweben mehrerer Zugänge mit gleicher/ähnlicher ontologischer und epistemischer Grundlage. Auf dieser Basis entfaltet sich die theoretische Fundierung schrittweise – zunächst über die Darstellung zentraler theoretischer Perspektiven (3) und anschließend über deren Zusammenführung in meinem eigenen theoretischen Ansatz (4).

2.1 Begriffe

Meine Forschung fokussiert sich auf betriebliche Autoritäts- und damit Führungsbeziehungen. Aus diesem Grund wähle ich selektiv die für diesen Kontext passenden Ansätze beziehungsweise Definitionen. Die dieser Arbeit zugrundeliegende systemische Orientierung ist das zweite Auswahlkriterium.

F. Baumann-Habersack, *Transformative Autorität*,
https://doi.org/10.1007/978-3-658-51824-0_2

2.1.1 Autorität

Autorität stellt ein wesentliches Phänomen menschlicher Bezogenheit dar (Horkheimer et al. 2005, S. VII). Es verwundert daher kaum, dass nahezu alle wesentlichen, wissenschaftlichen Perspektiven (Arendt 1956; Bochenski 1974; Eschenburg 1976; Großmaß 2018; Günter 2016; Horkheimer et al. 2005; Kojève 2020; Luhmann et al. 2018; Mamor 2011; Niggemann 2022; Nippel et al. 2018; Reichenbach 2011; Sennett 2012; Sofsky und Paris 1994; Sternberger 1959; Verhaeghe 2016) Autorität als eine Beziehungsrelation und nicht als eine Entität ansehen.

Auf Basis der bis 2020 erschienen wissenschaftlichen Beiträge veröffentlichte ich erstmalig eine Definition von Autorität für Organisationskontexte (Baumann-Habersack 2020). Diese bezog insbesondere die drei relevanten organisationsoziologischen Vorarbeiten (Brünnecke 1998; Wagner 1978; Ziegler 1970) ein.

Autorität ist nicht gleich Macht, auch wenn sie ein Teil des Phänomens darstellt. Im Jahr 2023 reflektierte ich in Bezug auf Macht – auf der Suche nach Inkonsistenz – mit der Machttheorie des Philosophen Byung-Chul Han[1] meine Autoritätsdefinition. Daraus folgte, den Aspekt der Freiwilligkeit in meiner Definition zu attribuieren. Denn sowohl bei höchster Freiwilligkeit als auch Bindung zwischen Menschen gehen Macht und Freiheit ineinander über – Menschen folgen dann freiwillig dem Willen eines anderen (Han 2015, S. 15). Großmaß konkretisierte das: „Autorität hat durchaus mit Macht und Einflussnahme zu tun; sie unterscheidet sich jedoch in ihrem Kern von anderen Formen der Macht beziehungsweise Einflussnahme, indem sie auf eine praktizierte Zustimmung beider Seiten setzt.“ (Großmaß 2018, S. 163).

Damit gilt für diese Arbeit folgende Definition von Autorität:

> Autorität ist ein homöostatisches Ergebnis von Zuschreibungen über freiwilliges Führen und Folgen. Dieses emergiert kontinuierlich durch einen wechselseitigen Verhandlungsprozess zwischen Menschen innerhalb eines organisationalen Kontextes. Die Zuschreibungsquellen und deren Legitimierung wechselwirken gleichzeitig sowohl zwischen den Verhandlungsparteien auf struktureller und individueller Ebene als auch auf der Ebene des Kommunikationsprozesses.

---

[1] Ich wählte die Machttheorie nach Han, da sie für eine systemisch orientierte Forschung hilfreiche Antworten liefern kann.

Gesellschaftlich strukturelle als auch kulturelle Gegebenheiten in Bezug auf Autorität, wie zum Beispiel der „Male-Bias", finden durch meine wissenschaftstheoretischen Grundlagen für diese Arbeit (vgl. Kapitel 6) und damit auch im Forschungsprozess Berücksichtigung.

2.1.2 Transformation

Es ist bemerkenswert, dass in der relevanten, wissenschaftlichen Literatur zum Thema Transformation von Organisationen beziehungsweise Führung die Autor:innen den Begriff Transformation selbst kaum definieren. Ich stelle daher zunächst die Verständnisse beziehungsweise Definitionen vor: von der Makroebene, über die Meso- bis hin zur Mikroebene. Daraus formuliere ich meine Definition von Transformation.

Grundlegend ist das Wort Transformation beziehungsweise transformieren etymologisch dem Französischen transformer, umformen, entlehnt. Dieses basiert auf transformare, formare – „gestalten, bilden" – beziehungsweise forma – „Gestalt, Figur" (Kluge 2011, S. 736).

Ein Standardwerk zu Transformation auf der Makroebene ist sicher Polanyis *The Great Transformation.* Polanyi unterscheidet Veränderung von Transformation. Stetiges Wachstum und Entwicklung kennzeichnen jegliche Veränderungen. Wenn sich jedoch Wesen und Gestalt eines Systems nahezu total verwandeln, ähnlich einer Raupe zum Schmetterling, kennzeichnet das Transformation (Polanyi 2021, S. 70).

Waddell und seine Kolleg:innen verstehen in der Theorie des „Large Systems Change" von Organisationen eine umbruchartige Veränderung (transformational change) als einen grundlegenden, systemischen Wandel. Dieser vollzieht sich aus einem neuen Verständnis der Möglichkeiten und dem daraus folgenden Handeln. Inkrementelle Veränderung hingegen sehen sie an als eine Konzentration auf die Verstärkung oder Verringerung von Systemen. Dadurch ist eine mehr oder weniger kontinuierliche Veränderung möglich (Waddell et al. 2015, 7f).

Da Organisationen vor allem auch nichtlineare Gleichgewichtssysteme sind, verwendet Leifer ein dissipatives Strukturmodell für Transformation. In diesem impliziert der Begriff der organisatorischen Transformation neben der tiefgreifenden Neuformulierung des Auftrags, der Struktur und des Managements der Organisation auch grundlegende Veränderungen der sozialen, politischen und kulturellen Aspekte der Organisation. Transformation ist der Gegensatz zum Inkrementalismus (Leifer 1989, S. 900).

Im Kontext von Führung unterscheidet Burns in seinem Referenzwerk *Transforming Leadership* Change von Transformation: Change ersetzt eine Sache durch eine andere, wie bei einem einfachen Tausch von Plätzen. Transformation hingegen bewirkt eine tiefgreifende Veränderung des Wesens einer Sache. Sie metamorphosiert Formen oder Strukturen und gibt damit einem Zustand oder der Natur einer Sache eine neue Gestalt. Das ähnelt einer radikalen Umformung von äußerer Form und innerem Charakter (Burns 2003, S. 24).

Scharmers „Theorie U", eine der wohl bekanntesten Transformationstheorien, sowohl für die Meso- als auch die Mikroebene, definiert Transformation nicht explizit. Jedoch lässt sich an vielen Stellen das Verständnis herauslesen. Transformation bedeutet für Scharmer das Umdenken in den Schlüsselkategorien des ökonomischen Denkens: von einem Egosystem- zu einem Ökosystem-Bewusstsein (Scharmer 2020b, S. 281).

Auf der Mikroebene ist Mezirows Theorie des „Transformative Learning" relevant. Nach dieser Theorie vollzieht sich Transformation, wenn sich Menschen stark in ihrer Geisteshaltung umorientieren, also ihre Bezugsrahmen stark verändern (Mezirow 2008, S. 94).

Aus den bisherigen Gedanken synthetisiere ich meine Definition, die auch den Kriterien für systemisch orientierte Forschung entspricht:

> Unter Transformation verstehe ich einen grundlegenden, systemischen Wandel, der tiefgreifend das Wesen eines Systems verändert und eine nahezu neue Systemgestalt bildet.

2.1.3 Konflikt

Zunächst stelle ich drei Konfliktverständnisse von Autor:innen vor, die zugleich die drei wesentlichen, von mir verwendeten und empirisch validierten Konfliktstilinventare zur Konfliktbearbeitung entwickelt haben. Darüber hinaus bilde ich zwei weitere Definitionen von Konfliktforschern ab, die das Verständnis von Konflikten maßgeblich mitprägten: Friedrich Glasl und Johan Galtung. Abschließend illustriere ich die wohl integrativste Definition von Konflikt auf Basis eines systemischen Verständnisses. Diese Definition des Psychologen Arist von Schlippe verwende ich auch für meine Arbeit – vor dem Hintergrund der systemischen Ausrichtung meiner Dissertation.

Der Wirtschaftswissenschaftler Afzal Rahim, Begründer des *Rahim Organizational Conflict Inventory*, beschreibt Konflikte als interaktive Prozesse. Sie entstehen, wenn Unvereinbarkeiten oder allgemeine Dissonanzen innerhalb oder zwischen sozialen Einheiten wie Individuen, Gruppen oder Organisationen auftreten – auch innere Konflikte zählen für ihn dazu. Ein Konflikt entsteht laut Rahim, wenn Aktivitäten, Präferenzen, Ressourcen oder Werte auseinandergehen. Dies kann sich in verschiedenen Arten zeigen: Eine Partei könnte zu Handlungen gezwungen sein, die ihren Interessen widersprechen; unvereinbare Verhaltenspräferenzen können Spannungen erzeugen; Ressourcenmangel führt zu Konkurrenz um begrenzte Mittel; Werte und Ziele schließen sich gegenseitig aus. Auch unterschiedliche Vorstellungen darüber, wie gemeinsames Handeln gestaltet werden soll, können Konflikte erzeugen. Dabei nehmen Menschen Konflikte in der Regel erst dann bewusst wahr, wenn sie eine bestimmte Intensitätsschwelle überschreiten. (Rahim 2003, S. 2).

Die Psycholog:innen Wolfgang Bilsky und Anne Wülker, Entwickler:innen des *Inventars zur Erfassung interpersonaler Probleme*, verstehen Konflikte als ein universelles Phänomen, das überall dort auftreten kann – latent oder manifest –, wo Menschen miteinander interagieren. Konflikte unterscheiden sich teils erheblich darin, wie sie entstehen, verlaufen und ausgehen. Trotz dieser Unterschiede lassen sich bestimmte Regelmäßigkeiten erkennen, die sich entweder auf soziale Rahmenbedingungen der Interaktion oder auf individuelle Besonderheiten der Beteiligten zurückführen lassen. (Bilsky und Wülker 2000, S. 4).

Die Psycholog:innen und Autor:innen des *Inventar zum individuellen Konfliktlöseverhalten am Arbeitsplatz*, Christa Kolodej, Christian Wochele und Wolfgang Kallus (Kolodej et al. 2011), übernehmen für ihr Verständnis von Konflikt die Definition des Psychologen Karl Berkel. Dieser definiert Konflikte als Situationen, in denen zwei Elemente gleichzeitig und unvereinbar sind. Dabei können diese Elemente Gedanken, Wünsche, Absichten, Verhaltensweisen, Gruppen oder Bewertungen sein. Ein Konflikt kennzeichnet somit eine Interessenkollision, die unter einem Einigungszwang steht, damit die beteiligten Parteien wieder ihre Handlungsfähigkeit erlangen. Darüber hinaus beinhalten Konflikte eine Tendenz zur Eskalation. Diese entsteht durch eine wechselseitige Verstärkung von innerem Erleben und äußerem Verhalten der beteiligten Parteien. (Berkel 1995, S. 10).

Der Konfliktforscher Friedrich Glasl definiert soziale Konflikte als Interaktionen zwischen Akteur:innen, bei denen mindestens eine Person Unvereinbarkeiten oder Widersprüche im Denken, Fühlen oder Wollen der anderen wahrnimmt – und sich dadurch in ihrer eigenen Handlungsfähigkeit beeinträchtigt fühlt. Dieser Konfliktbegriff verdeutlicht, dass Konflikte eher auf subjektiv wahrgenommenen und emotional aufgeladenen Unvereinbarkeiten beruhen, statt nur auf objektiven

Interessensgegensätzen. Nach seinem Verständnis sind Konflikte allgegenwärtig und nicht zwangsläufig negativ – entscheidend ist, wie mit Menschen mit ihnen umgehen. (Glasl 1999, S. 14–15).

Für den Friedensforscher Johan Galtung ist ein Konflikt eine soziale Interaktion zwischen Akteur:innen – sei es zwischen Einzelpersonen, Gruppen oder ganzen Gesellschaften –, die aus gegensätzlichen Zielen oder Interessen entsteht. Entscheidend ist, dass diese Ziele oder Interessen als unvereinbar erscheinen und die Beteiligten aktiv versuchen, ihre jeweiligen Positionen durchzusetzen. Dadurch können Spannungen, Blockaden oder sogar Gewalt entstehen. Galtung betrachtet Konflikte jedoch nicht nur als destruktiv, sondern auch als schöpferisch: Wenn Menschen sie gewaltfrei bearbeiten, können Konflikte positive gesellschaftliche Veränderungen bewirken. (Galtung 1998, S. 133–138).

Die bisherigen Definitionen haben gemeinsam, dass Konflikte soziale Prozesse sind, die sowohl eskalieren als auch konstruktive Impulse liefern können. Dabei spielen Unterschiede in der subjektiven Wahrnehmung von Zielen und Interessen eine zentrale Rolle. Sie prägen den Verlauf dieser Prozesse.

Die Definition von Arist von Schlippe formt nicht nur die relevanten Konfliktdefinitionen systemisch arbeitender Forscher:innen (Kriz 2017; Luhmann 1996; Simon 2022) zu einer integrativen Definition. Sie hebt auch stärker hervor, dass sich durch die kommunikative Eskalationsdynamik – immer mehr auf der Beziehungsebene – ein eigenes Konfliktsystem entwickelt. Dieser dynamisch systemische Charakter von Konflikten unterscheidet sich deutlicher von den bisherigen Konfliktdefinitionen. Das ist für den Scope meiner Arbeit relevanter. Daher übernehme ich von Schlippes Definition, die für diese Arbeit gilt.

> Ein Konflikt ist eine bestimmte Form der Kommunikation, in der zwei oder mehr Parteien, beginnend auf der Sachebene, immer mehr auf der Beziehungsebene jede Antwort der anderen Person(en) laufend negieren; mit einer darin inhärenten Tendenz der sich verschärfenden (eskalierenden) Kommunikation. Aus diesen einzelnen, kleinen Aktionen des Negierens entsteht ein Feld des symmetrischen Einander-Widersprechens – ein Konfliktsystem. Dieses wirkt wiederum auf die Handlungen und Kommunikationen der Personen zurück. Der Raum der Möglichkeiten sich zu verhalten verengt sich für die Parteien immer weiter, obgleich sie die Kommunikation kontinuierlich fortsetzen (von Schlippe, 24–29).

2.2 Forschungsstand

Die Forschung zu beziehungsweise wissenschaftliche Arbeit in dem Forschungsfeld Autorität in Organisationskontexten findet nahezu ausschließlich innerhalb der jeweiligen soziologischen, pädagogischen, wirtschafts- oder verwaltungswissenschaftlichen, psychologischen und philosophischen Disziplinen statt. Nach meinem aktuellen Kenntnisstand gibt es bislang keine transdisziplinäre Forschung in diesem Forschungsfeld.

In der wirtschaftswissenschaftlichen Forschung finden sich überwiegend literaturbasierte beziehungsweise theoretische Arbeiten, die

- Autorität als eine eher abstrakte Transaktion zwischen Agenten ansahen (Aghion und Tirole 1997),
- die Motivations- und Anreizeffekte von Autorität experimentell in einem Spiel transaktional untersuchten (Fehr et al. 2013),
- sich mit zwei Arten von Delegation der drei Rollen von Autorität – „universelle Problemlösung in einer Organisation", „Lösung für Motivations- und Koordinationsprobleme" und „Streitschlichtung" – beschäftigte (Puranam 2018).

In einem für diese Forschungsdisziplin als auch das Forschungsfeld außergewöhnlichen, autoethnografischen Forschungsansatz zeigte sich, dass Autorität eine praktische, beziehungsorientierte und situative Leistung darstellt, um Situationen zu gestalten und kollektives Handeln zu steuern. Neben Menschen sind dabei auch ein breiteres Spektrum von Akteuren, wie beispielsweise Artefakte und abstrakte Entitäten, an der Ausübung von Autorität beteiligt (Bourgoin et al. 2020).

Eine verwaltungswissenschaftliche Forschungsarbeit konzipierte eine Theorie, die die Instabilität bestimmter Arten von Autoritätssystemen (verstanden als Rechte der Organisationsmitglieder) vorhersagt, als Grundlage für empirische Arbeiten in fünf Organisationen (Scott et al. 1967).

In der soziologischen Disziplin findet sich wissenschaftliche Forschung zu Autorität in Organisationskontexten, in der eine Arbeit

- mit der Methode der teilnehmenden Beobachtung eine große, öffentliche Organisation im Dienstleistungssektor fragte, wie stark und stabil eine Autoritätsstruktur ist, in der die legitime Macht in einem Kollektiv von Gleichen liegt, und die darin liegende Tendenz zur Oligarchie (Noble und Pym 1970);

- mithilfe von zwei Fallstudien und den Berichten der beteiligten Personen die Pathologie untersuchte, wenn Autorität versagt. Sie entwickelte dabei auch eine theoretische Grundlage, in der sie Autorität in die Kommunikationstheorie verortet (Taylor und van Every 2014);
- erörterte, durch welche Quellen, Prozesse und Strukturen sich Autorität bildet und legitimiert (Ziegler 1970);
- analysierte, wie sich die Legitimationsgrundlagen von Autorität im Zuge des industriellen Wandels veränderten (Wagner 1978);
- diskutierte, wie sich durch zunehmende Expertise in komplexen Arbeitsorganisationen die Autoritätsstruktur verändert (Wersebe 1978);
- literaturbasiert eine Momentaufnahme von realen Wandlungsprozessen zu Autorität in Unternehmen beschrieb (Brünnecke 1998).

Eine organisationspsychologische Arbeit stellte nicht nur Thesen auf, wie sich Mitglieder in einer Organisation ermächtigen – auf Basis von drei verinnerlichten Modellen (Haltungen) zu Autorität: Abhängigkeit, Gegenabhängigkeit und Interdependenz. Sie untersuchte auch, wie diese internen Autoritätsmodelle im Kontext der Organisation ausgelöst werden, sich verändern und speziell die Zusammenarbeit beeinflussen. Außerdem bietet die Arbeit Forschungsmethoden an, mit denen sich diese Thesen empirisch untersuchen lassen (Kahn und Kram 1994).

Die wohl erste empirische, psychologische Forschung zu Autorität in Gruppen beschäftigte sich mit dem Einfluss verschiedener Arten von Führungsverhalten (autokratisch, demokratisch, Laissez-faire) auf Gruppenstrukturen und das Verhalten von Gruppenmitgliedern (Lewin et al. 1939).

Eine empirische, wirtschaftspsychologische Arbeit suchte – auf Basis eines Kleingruppenexperiments mit 40 Gruppen – nach den Auswirkungen von Legitimationsformen auf den Gruppenprozess, auf die Akzeptanz des Führenden sowie auf die Effektivität der Arbeit (Kehr 2000).

Und eine Arbeit an einem Einzelfall zeigte aus organisatorischen, psychologischen und gruppendynamischen Standpunkten, wie sich das Wesen der Chefautorität darstellt (Ulrich 1961).

In der philosophischen Forschung diskutierte eine Arbeit anstelle der Frage, was eine praktische Autorität legitim macht, was es in Institutionen braucht, um praktische Autorität zu haben (ob legitim oder nicht) – als Bedingungen für Legitimität (Mamor 2011).

Alle Arbeiten greifen auf die bestehende Ontologie von Autorität zurück; keine hinterfragt die Annahme der Über- und Unterordnung und die potenzielle Möglichkeit des Wandels, auch wenn einzelne Arbeiten die Autoritätsbeziehung in den Mittelpunkt ihrer Betrachtung rücken.

3 Theoretische Grundlagen

Im folgenden Theorieteil stelle ich insgesamt neun theoretische Ansätze dar, die im nächsten Kapitel 4, Begründung des eigenen Ansatzes zwei zentrale Funktionen erfüllen: Zum einen dienen sie der Entwicklung der theoretischen Grundlagen der Transformativen Autorität, zum anderen der Ausarbeitung eines integrativen Transformationsprozesses. Die Begründung für meine Auswahl der jeweiligen Ansätze findet sich zu Beginn jedes Unterkapitels.

Ich beginne mit der Darstellung von theoretischen Ansätzen zur Konfliktbearbeitung, zu Autorität und Systemtheorie, gefolgt von vier feldtheoretischen Ansätzen. Abschließend stelle ich zwei Ansätze vor, die sich auf (eher individuelle) Transformationsprozesse konzentrieren.

3.1 Ansätze der Konfliktbearbeitung

Konflikte sind ein inhärenter Teil organisationalen Handelns. Sie entspringen vor allem aus unterschiedlichen Interessen, Werten und Zielen – und können sowohl destruktive als auch konstruktive Folgen haben. Daher ist es für die Effizienz, Stabilität und Innovationsfähigkeit von Organisationen entscheidend, wie Menschen Konflikte bearbeiten.

Zur Strukturierung dieses Unterkapitels nutze ich den metatheoretischen Ansatz von Morril und Rudes (Morrill und Rudes 2010). Er betrachtet die Literatur zur organisationalen Konfliktlösung aus einer umfassenderen Perspektive als viele vergleichbare Übersichtsarbeiten. In der Forschung zur Konfliktbearbeitung bildeten sich danach zwei zentrale Traditionen heraus: Die rationalistische Tradition fasst Konflikte als Bedrohung für die Effizienz auf, während die kulturelle Tradition sie als sozial konstruiert und kontextabhängig versteht. (Morrill und Rudes 2010, S. 628).

F. Baumann-Habersack, *Transformative Autorität*,
https://doi.org/10.1007/978-3-658-51824-0_3

Die beiden Traditionen der Konfliktbearbeitung

Im Folgenden stelle ich zentralen Aspekte der beiden Traditionen vor und ordne ihnen zur Illustration den praxisrelevantesten Ansatz der jeweiligen Konfliktbearbeitungsstrategie zu.

Die rationalistische Tradition

Die rationalistische Tradition geht davon aus, dass Organisationen zielgerichtete Systeme sind, in denen Konflikte durch unvereinbare Ziele oder Interessen entstehen. Solche Konflikte gelten als Störungen, die sowohl die Effizienz als auch die Integration der Organisation gefährden. Daher konzentrieren sich Lösungsvorschläge auf strukturierte und technokratische Ansätze.

Frühe Konzepte – wie Frederick Taylors wissenschaftliches Management – zielten darauf ab, Konflikte durch klar definierte Hierarchien und standardisierte Abläufe zu minimieren. Diese Fokussierung vernachlässigte jedoch häufig die Interessen der Arbeiter:innen und stieß daher auf Widerstand – wie beispielsweise die Einführung des National Labor Relations Act, der die Rechte der Arbeiter:innen stärkte. (Morrill und Rudes 2010, S. 629). Nach dem Zweiten Weltkrieg kamen modernere Ansätze auf, darunter die Kontingenztheorie. Sie betonte, dass Organisationsstrukturen gezielt an die jeweiligen Konfliktsituationen angepasst werden müssen. Dabei wurden Teams und Verhandlungsstrategien als zentrale Mittel zur Konfliktlösung etabliert, während der Fokus weiterhin auf Effizienz und Zielerreichung lag. (Morrill und Rudes 2010, S. 629–630).

Die rationalistische Tradition bringt den Vorteil mit sich, klare und strukturierte Ansätze zur Konfliktbearbeitung anzubieten. Dabei versprechen standardisierte Prozesse und eindeutige Verantwortlichkeiten eine schnelle und effiziente Lösung von Konflikten. Das ist besonders in großen Organisationen hilfreich, in denen Effizienz und Zielerreichung oberste Priorität einnehmen. Dieser Ansatz vernachlässigt jedoch häufig die sozialen und kulturellen Dynamiken, die Konflikte prägen. Dadurch bleiben die eigentlichen Ursachen oft unberücksichtigt. In einigen Fällen kann sich die Situation sogar zuspitzen, weil sich die beteiligten Parteien nicht ausreichend gehört und verstanden fühlen. (Morrill und Rudes 2010, S. 631–632).

Konfliktbearbeitungsansatz der rationalistischen Tradition

Der praxisrelevanteste Ansatz der rationalistischen Tradition ist zweifellos das „Harvard-Konzept". *Getting to Yes* (1981), wie es im englischen Original heißt, hat das allgemeine Bewusstsein für Konfliktlösung nachhaltig geprägt. Das Werk knüpft an die theoretischen Grundlagen der Verhaltenstheorie des kollektiven Verhandelns (Walton und McKersie 1965) – distributiv/integrativ – an, sowie an die Typologie von Formen der Konfliktlösung im Management: Rückzug, Beschwichtigen, Zwang, Kompromiss und Problemlösung (Blake et al. 1964; Blake und Mouton 1984).

Getting to Yes propagiert ein integratives beziehungsweise prinzipiengeleitetes Verhandeln, das sich in unterschiedlichsten Kontexten anwenden lässt – von internationalen Rüstungskontrollgesprächen bis zu Konflikten am Arbeitsplatz (Fisher et al. 2011, S. 21–22). Die Begründer des Harvard-Konzepts, der Rechtswissenschaftler Roger Fisher und der Anthropologe William Ury, empfehlen unter anderem, dass sich die Konfliktparteien von ihren häufig ideologisch geprägten Positionen lösen müssen. Stattdessen sollen gemeinsame Interessen in den Vordergrund rücken, um sogenannte Win-win-Ergebnisse zu ermöglichen. (Fisher et al. 2011, S. 33–34).

Trotz breiter Anerkennung bemängeln manche Forscher:innen innerhalb und außerhalb der rationalistischen Tradition, dass Getting to Yes – wie andere rationalistische Ansätze – soziale Machtverhältnisse und Kontextfaktoren zu wenig beachtet. (Morrill und Rudes 2010, S. 631–632).

Die Konfliktbearbeitungsmethode des Harvard-Konzepts basiert auf der prinzipiengeleiteten Verhandlung. Diese Methode zielt darauf ab, Konflikte effizient, fair und ohne Beeinträchtigung der Beziehungen zu lösen. (Fisher et al. 2011, S. 21).

Die vier Prinzipien sind:

1. Trennung von Person und Problem:
   Bei Verhandlungen treffen Menschen mit unterschiedlichen Gefühlen und Perspektiven aufeinander, sodass Ärger, Angst oder verletzte Egos leicht die sachliche Ebene überdecken (Fisher et al. 2011, S. 37–39). Um dennoch gemeinsame tragfähige Lösungen zu finden, empfiehlt das Harvard-Konzept, persönliche und sachliche Aspekte bewusst zu trennen und gleichzeitig die Beziehungsebene zu berücksichtigen. Häufig vermischen sich Sach- und Beziehungsebene unbewusst: Ein rigides Beharren auf einer Position kann beispielsweise als mangelnde Wertschätzung wirken oder eine Seite setzt die Beziehung gezielt als Druckmittel ein (Fisher et al. 2011, S. 39–40). Empathisches Vorgehen hilft dann, Konflikte zu deeskalieren und wechselseitiges Verständnis zu fördern, während die Parteien die Sachfragen bearbeiten (Fisher et al. 2011, S. 40).

   Um Missverständnisse zu vermeiden, rät das Konzept, die Perspektive der

Gegenseite ernsthaft zu verstehen und Vorwürfe nicht persönlich zu nehmen – da Menschen oft nur die Fakten wahrnehmen, die ihr Weltbild bestätigen. Indem die Parteien Emotionen wie Ärger oder Angst offen ansprechen, lassen sich Spannungen abbauen. Dadurch sind konstruktive Gespräche leichter möglich (Fisher et al. 2011, S. 41). Aktives Zuhören und kontrolliertes „Dampf ablassen“ schaffen Raum für eine sachlichere Kommunikation (Fisher et al. 2011, S. 47–49). Durch Ich-Botschaften und Paraphrasieren fühlt sich die Gegenseite ernst genommen, Abwehrhaltungen sinken und sachliche Lösungen kommen eher in den Fokus. Dadurch rückt auch lösungsorientiertes Denken in den Vordergrund und die Parteien können besser gemeinsam an der Sache arbeiten (Fisher et al. 2011, S. 50–54).

2. Fokus auf Interessen statt Positionen:
   Das zweite Prinzip des Harvard-Konzepts betont, dass Verhandlungen weniger von starren Positionen als vielmehr von den dahinterliegenden Interessen bestimmt sein sollten. Positionen führen oft zu Blockaden, da jede Seite an ihren ursprünglichen Forderungen festhält. Wenn die Parteien jedoch Bedürfnisse, Ziele und Sorgen offenlegen, entsteht Raum für flexible Lösungen, die beiden Parteien Vorteile bringen. (Fisher et al. 2011, S. 57–59). Zentral ist dabei, gezielt nach Interessen zu fragen und den Blick in die Zukunft zu richten, anstatt der jeweils anderen Seite Schuld für vergangene Probleme zuzuweisen. Diese interessenbasierte Perspektive schafft häufig einen Mehrwert, weil sie kooperatives Denken fördert (Fisher et al. 2011, S. 66–69).
   Dabei versuchen die Verhandlungsparteien, das eigentliche Problem anzugehen, ohne die Beziehungsebene zu belasten – indem sie die Interessen der Gegenseite als Teil des gemeinsamen Problems anerkennen, um die jeweiligen Kernbedürfnisse in einer Lösung zu vereinen. Damit bleiben die Parteien „hart in der Sache, aber weich zu den Menschen“: Einerseits arbeiten sie damit konsequent am tatsächlichen Anliegen, andererseits bleibt die kooperative Atmosphäre erhalten. Auf diese Weise entsteht eher ein Klima von gegenseitigem Respekt und Offenheit, das für alle Beteiligten vorteilhaftere Lösungen ermöglicht. (Fisher et al. 2011, S. 69–70).

3. Entwicklung von Optionen zum beiderseitigen Vorteil:
   Das dritte Prinzip des Harvard-Konzepts betont die Entwicklung von Optionen, die beiden Seiten zugutekommen. Anstelle eines starren „Entweder-oder“ sollen möglichst viele Ideen entstehen, um einen Mehrwert für

alle (Win-win) zu schaffen. Oft fällt es jedoch schwer, solche kreativen Lösungswege zu finden, weil sich Parteien zu schnell auf Kompromisse einlassen oder nur ihre eigene Position verteidigen. (Fisher et al. 2011, S. 71–72).
Mehrere Hindernisse erschweren die Ideengenerierung: Zum einen verwerfen Parteien häufig vorschnell neue Vorschläge, bevor sie gründlich durchdacht sind. Zum anderen schränkt die Suche nach einer einzigen „richtigen“ Lösung den Denkrahmen zu früh ein. Auch das Nullsummen-Denken – die Annahme, dass der Verhandlungsgegenstand ein „unteilbarer Kuchen“ ist – blockiert gemeinsame Wertschöpfung. Zudem kann eine „Dein Problem ist nicht mein Problem“-Haltung jede Kooperationsbereitschaft verhindern (Fisher et al. 2011, S. 72–74).
Um diese Blockaden zu überwinden, empfiehlt das Konzept, das Erfinden von Optionen strikt von ihrer Bewertung zu trennen. Zunächst sammeln alle Seiten Ideen – ohne Kritik oder Urteil – damit sie ungewöhnliche Einfälle nicht im Keim ersticken. Erst im Anschluss prüfen die Parteien in einem separaten Schritt, welche Vorschläge realistisch und vorteilhaft sind. Methoden wie das Circle Chart oder der Wechsel zwischen abstrakter und konkreter Ebene helfen, neue Lösungsansätze zu entdecken. (Fisher et al. 2011, S. 75–88).
Ebenso wichtig ist, Optionen so aufzubereiten, dass die Gegenseite sie möglichst leicht annehmen kann. Zugeständnisse, die wenig kosten und dennoch für die andere Partei wertvoll sind, erleichtern die Einigung. Auch das „Gesicht wahren“ trägt dazu bei – zum Beispiel, indem die Gegenseite die finale Formulierung des Vertrags verfasst oder eine Einigung zuerst bekanntgeben darf (Fisher et al. 2011, S. 88–91).

4. Bestehen auf objektiven Kriterien:
Das vierte Prinzip betont das Bestehen auf objektiven Kriterien, um Verhandlungen sachorientiert und fair zu gestalten. Basieren Lösungen ausschließlich auf dem Willen der Beteiligten, drohen entweder kräftezehrende Machtkämpfe oder übermäßiges Nachgeben. Das führt in der Regel zu ineffizienten Ergebnissen, weil sich keine unabhängigen Maßstäbe für Fairness oder Vernunft finden lassen. (Fisher et al. 2011, S. 92–93).
Statt die Frage „Wer gibt nach?“ zu stellen, empfiehlt das Konzept, gemeinsam nach anerkannten Bezugsgrößen zu suchen. Beispiele dafür sind marktübliche Preise, wissenschaftliche Standards oder gesetzliche Regelungen – wichtig ist nur, dass beide Seiten das Kriterium als unabhängig und angemessen empfinden. Ein sogenannter Reziprozitätstest – „Würde

ich dieses Kriterium auch akzeptieren, wenn es gegen mich wirkt?" – hilft, die Fairnessqualität zu überprüfen (Fisher et al. 2011, S. 95–96).
Durch diese Orientierung an objektiven Standards fühlen sich Verhandlungspartner eher gerecht behandelt und weniger übervorteilt. Dieses Vorgehen pflegt die Beziehungsebene – weil das persönliche „Kräftemessen" in den Hintergrund tritt und stattdessen gemeinsame Fakten zählen. Zudem steigt die Effizienz, da die Parteien weniger Energie in Forderungen und Zugeständnisse stecken, sondern sich auf sachgerechte Lösungen konzentrieren. Letztlich schafft die Einigung auf legitime Kriterien Ergebnisse, die die Parteien als fair, praktikabel und tragfähig wahrnehmen. (Fisher et al. 2011, S. 93–95).

Die kulturelle Tradition

Die kulturelle Tradition betont, dass Organisationen in breitere soziale und kulturelle Kontexte eingebettet sind. Konflikte gelten nicht als rein technische Probleme. Vielmehr spiegeln sie unterschiedliche Bedeutungen, Werte und Machtverhältnisse wider.

Ein zentraler Aspekt dieser Tradition ist die Legitimierung von Konfliktlösungsmechanismen wie Mediation und Schlichtung (Alternative Dispute Resolution). Diese Verfahren sind weit verbreitet. Allerdings stehen sie auch in der Kritik, weil sie häufig die Macht des Managements stärken und strukturelle Ungleichheiten fortschreiben. (Morrill und Rudes 2010, S. 634–635). Neben diesen formalisierten Verfahren richtet sich ein weiterer Schwerpunkt auf informelle Konfliktlösungsprozesse, die sich im Alltag durch soziale Interaktionen entfalten. Ethnografische Studien zeigen, dass soziale Hierarchien und kulturelle Normen diese Konflikte oft beeinflussen. Diese Dynamiken sind eng mit organisationalen Kulturen verflochten und können die Konfliktlösung sowohl begünstigen als auch erschweren. (Morrill und Rudes 2010, S. 636–637).

Die kulturelle Tradition ermöglicht eine vertiefte Auseinandersetzung mit dem sozialen und kulturellen Kontext von Konflikten. Indem sie Machtverhältnisse und strukturelle Ungleichheiten in den Blick nimmt, schafft sie die Grundlage für nachhaltigere Konfliktlösungen. Informelle Konfliktlösungsprozesse können zudem den sozialen Zusammenhalt stärken und das Vertrauen in einer Organisation fördern. Jedoch besteht das Risiko, dass solche Prozesse intransparent bleiben und bestehende Hierarchien eher festigen. Dies erhöht die Gefahr, bestimmte Gruppen oder Individuen zu benachteiligen, insbesondere wenn der Konfliktbearbeitungsprozess Machtasymmetrien nicht ausreichend berücksichtigt. (Morrill und Rudes 2010, S. 636).

Konfliktbearbeitungsansatz der kulturellen Tradition

Der in der Praxis inzwischen bedeutendste Ansatz der kulturellen Tradition ist die „Mediation". Dies zeigt sich auch in der Existenz von Mediationsgesetzen zahlreicher europäischer Staaten (Directorate-General for Justice and Consumers 2025).

Die Mediation ist ein strukturiertes, freiwilliges Verfahren zur Konfliktbearbeitung. Bei diesem streben die beteiligten Parteien mithilfe eines allparteilichen Dritten eigenverantwortlich eine einvernehmliche Lösung an (Wand 2019, S. 63–65). Dabei liegt ein wesentlicher Vorteil darin, dass das Verfahren nur selten eine Gewinner-Verlierer-Konstellation hervorbringt, sondern die Bedürfnisse aller Beteiligten einbezieht; das fördert die Akzeptanz des Ergebnisses. Außerdem ermöglicht die Vertraulichkeit des Verfahrens den offenen Austausch über heikle Themen (Wand 2019, S. 75).

Der Begriff Mediation leitet sich vom griechischen *medos* (vermittelnd, neutral) ab und verweist auf die unparteiische Vermittlung. Damit unterscheidet sich die Mediation klar von Gerichts- oder Schiedsverfahren. Während dort Richter:innen oder Schiedsrichter:innen am Ende eine Entscheidung treffen, entwickeln die Konfliktparteien in der Mediation ihre Lösung selbst. Der:die Mediator:in strukturiert dabei die Gespräche und achtet auf Prinzipien wie Freiwilligkeit, Eigenverantwortlichkeit und Allparteilichkeit (Wand 2019, S. 63–65). Diese Eigenverantwortung kann jedoch auch ein Nachteil sein, wenn eine der Konfliktparteien keinerlei Kooperationsbereitschaft zeigt. Die Mediation lässt sich dann gar nicht erst durchführen. (Wand 2019, S. 76).

Der Verfahrensablauf einer Mediation und die Bezeichnung der jeweiligen Phasen unterscheidet sich je nach Autor:in und „Schule der Mediation" (Wand 2019, S. 66–67). Meist verlaufen Mediationsverfahren in diesen Phasen:

In der **Vorbereitungsphase** klärt der:die Mediator:in zuerst, ob sich alle Seiten auf das Verfahren einlassen möchten und informiert über Ablauf, Ziele sowie Grundsätze. Sind die relevanten Personen oder Gruppen bestimmt, schließen alle Beteiligten eine schriftliche Mediationsvereinbarung, die zum Beispiel die Kostenaufteilung oder zeitliche Modalitäten dokumentiert (Wand 2019, S. 67–68). Durch die flexible Gestaltung des Verfahrens verkürzt sich oft die Dauer; auch sinkt der Aufwand, sodass Mediation in vielen Fällen weniger zeit- und kostenintensiv ist als ein Gerichtsprozess. Darüber hinaus können die Parteien eine:n Mediator:in auswählen, der über branchenspezifisches Fachwissen verfügt, was bei komplexen Themen eher ein Vorteil ist (Wand 2019, S. 75–76).

Die **Konfliktanalyse/Bestandsaufnahme** folgt als nächste **Phase**: In dieser schildern alle Seiten detailliert ihre Sichtweisen und Hintergründe. Der:die Mediator:in achtet darauf, nicht nur die vordergründigen Positionen, sondern vor allem die dahinterliegenden Interessen herauszuarbeiten. Auf diese Weise lassen sich meist Kommunikationsblockaden aufweichen. Auch zeigt sich oft, dass sich scheinbar unüberwindliche Forderungen durch die Klärung der wahren Bedürfnisse relativieren lassen (Wand 2019, S. 68–69). Jedoch ergibt sich hieraus keine Erfolgsgarantie: Wenn sich keine tragfähige Gesprächsbasis herstellen lässt, kann die Mediation ohne Ergebnis scheitern – auch wenn Zeit und Mühe investiert wurden, ohne dass der Konflikt (endgültig) gelöst ist (Wand 2019, S. 76–77).

In der **Phase** der **Lösungsfindung** leitet der:die Mediator:in die Parteien dazu an, zunächst unterschiedliche Optionen für eine Lösung zu entwickeln. Erst im Anschluss daran bewerten alle Seiten die einzelne Lösungsideen nach gemeinsamen Kriterien – vor allem danach, dass so viele Interessen wie möglich von jeder Seite in der Lösung Berücksichtigung finden. So entsteht Raum für Win-win-Ansätze, bei denen die Parteien von einer selbstbestimmten Vereinbarung profitieren (Wand 2019, S. 69).

Bei einer Einigung wird in der letzten **Phase** – der **Abschlussvereinbarung** – festgehalten, welche konkreten Schritte wer wann durchzuführen hat. Damit liegt eine eindeutige Grundlage für die Umsetzung vor. Die Mediation endet grundsätzlich mit dieser von allen Seiten unterzeichneten Vereinbarung (Wand 2019, S. 69–70).

Wenn die Parteien längerfristig zusammenarbeiten, kann sich in einer zusätzlichen **Evaluationsphase** zeigen, ob gegebenenfalls Anpassungen nötig sind oder ob die getroffenen Regelungen sich in der Praxis bewähren (Wand 2019, S. 70). Hierbei zeigt sich erneut der Vorteil einer selbstbestimmten, beziehungsorientierten Ausrichtung der Mediation: Sie strebt an, die zukünftige Zusammenarbeit intakt zu halten (Wand 2019, S. 75). Allerdings kann ein starkes Machtgefälle dazu führen, dass die schwächere Partei ihre Interessen nicht voll zur Geltung bringen kann – insbesondere dann, wenn der:die Mediator:in die Asymmetrie allein nicht ausgleichen kann (Wand 2019, S. 74).

3.2 Neue und Transformative Autorität

Der Grund für die Verwendung des Ansatzes der „Neuen Autorität“ liegt darin, dass er sowohl die epistemologische Grundlage für das theoretische Modell als auch den Konfliktstil der Transformativen Autorität maßgeblich prägt.

Die Neue Autorität ist ein Konzept, das von dem Psychologen Haim Omer entwickelt und gemeinsam mit Arist von Schlippe in Deutschland bekannt gemacht und fortentwickelt wurde (Omer und von Schlippe 2010, 2023; von Schlippe 2019, S. 86). Es hat seinen Ursprung in der Not von Eltern, die in höchst belastenden und eskalativen Erziehungssituationen unter Handlungsdruck standen (Omer und von Schlippe 2023, S. 14–15). Dieser Ansatz strebt danach, bedrohte Bindungsbeziehungen zwischen Eltern und Kindern durch eine „Ankerfunktion“ zu stabilisieren, anstatt durch eskalierendes Verhalten weitere Schäden zu verursachen (Omer et al. 2013, S. 202; Omer und von Schlippe 2023, S. 25–28; von Schlippe 2019, S. 86). Das zentrale Prinzip zeigt sich in dem Postulat: „Stärke statt Macht". Präsenz und Beziehung sollen einen Ausweg aus dem Dilemma ermöglichen, sich entweder durchzusetzen oder nachzugeben – also entweder stark und mächtig oder schwach und ohnmächtig sein. Im Kontext Neuer Autorität ist es möglich, auf Zwang und Machtausübung zu verzichten, ohne zugleich die eigene Stärke zu verlieren. Diese Stärke zeigt sich in der Fähigkeit zu widerstehen, in der Selbstkontrolle und der immer inhärenten Bereitschaft, sich auf die Bedürfnisse und Gefühle der Kinder einzulassen. Damit lässt sich das Dilemma des traditionellen Machtfokus auf Gewinnen und Verlieren vermeiden (von Schlippe 2019, S. 97).

Dieses Konzept entstand durch zwei heuristische Prinzipien: Es ersetzt die inakzeptablen Grundlagen traditioneller Autorität. Und es überprüft die Vorstellungen von Autorität anhand der Personen, die Menschen als Autorität respektieren. Daraus ergaben sich vier grundlegende Pfeiler: Präsenz, Selbstbeherrschung, Unterstützung und Beharrlichkeit. (Omer und von Schlippe 2023, S. 22–24).

Die vier Pfeiler

Folgende vier Pfeiler sind die Basis des Konzepts der Neuen Autorität:

- Präsenz: Autorität, die auf Distanz beruht, wird als inakzeptabel angesehen. Autorität kann kraftvoller und entschlossener sein, wenn sie auf Präsenz – also auf Nähe und Augenhöhe – beruht. Erhöhen Eltern und Lehrer:innen ihre Präsenz, drücken sie eine nicht bedrohliche Form von Autorität aus. Damit senden sie die Botschaft: „Ich bin hier und bleibe hier!". Solche Personen bleiben in Erinnerung, selbst wenn sie nicht physisch anwesend sind. Präsenz versteht die Neue Autorität nicht nur als physische Anwesenheit, sondern vielmehr als mentale Begleitung. Diese „wachsame Sorge" (Omer 2016) fördert die Verinnerlichung von Werten bei Kindern und stärkt deren Selbstvertrauen.
- Selbstbeherrschung: Es ist entscheidend, Autorität nicht als strenge Kontrolle und Einforderung von unbedingtem Gehorsam zu definieren, sondern als eine Form von Selbstbeherrschung (Omer und von Schlippe 2023, S. 108–111). Damit ist eher eine Haltung gemeint als eine Praktik des „Sich-Zusammenreißens". Denn in Konfliktsituationen sind die Einladungen zur Eskalation sehr zahlreich, so dass es wichtig ist, diesen zu widerstehen. Menschen, die Selbstbeherrschung ausstrahlen, erzeugen eher ein Gefühl des Respekts. Autoritäre Figuren mit ihren Wutausbrüchen erzeugen ein Klima der Angst und wirken dazu noch meist

unglaubwürdig. Verantwortungsbewusste Personen verkörpern: „Ich handle so, weil es meine Pflicht ist!". Diese Haltung strahlt eine Art von Autorität aus, die das Gegenteil von tyrannischem Verhalten darstellt.
- Unterstützung: Skepsis gegenüber starren Hierarchien ist in unseren Gesellschaften weit verbreitet, insbesondere wenn diese gegen Kritik immun sind. Die Alternative besteht in einer breiten, unterstützenden Autorität. Führungspersönlichkeiten mit einer solchen Haltung verwenden das Wort „wir" anstelle von „ich". Auch wenn sie Verantwortung tragen, handeln sie immer im Namen eines größeren Netzwerks. Diese Art von horizontaler Autorität fördert Legitimität und Stärke, anstatt diese zu entwerten oder zu missbrauchen. Der Aufbau eines unterstützenden Netzwerks entscheidet wesentlich darüber, wie eine Führungsperson Transparenz erreichen und Willkür reduzieren kann.
- Beharrlichkeit: Unmittelbare Bestrafung wird als illegitime Form von Autorität angesehen und abgelehnt. Stattdessen basiert Autorität in der Logik des Konzepts auf Beharrlichkeit. Sofortige Reaktionen schaffen lediglich eine flüchtige Erscheinung von Autorität. Im Gegensatz dazu sorgt Beharrlichkeit für Nachhaltigkeit und Kontinuität. Eltern und Lehrer:innen, die sich konsequent an diesen Prinzipien orientieren, erleben, wie ihre Autoritätswirkung wächst und sich verfestigt. Dieser dauerhafte Ansatz fördert intensivere Beziehungen und stabilisiert das Vertrauen.

Diese vier Prinzipien der Neuen Autorität sind tief in den Praktiken des gewaltlosen Widerstands verwurzelt (Omer und von Schlippe 2023, S. 22–24). Das hängt vor allem mit dem Werk von Gene Sharp, *The Politics of Nonviolent Action* (Sharp 1973), zusammen. Es ermöglichte Omer und von Schlippe, die Ansätze des gewaltlosen Widerstands aus dem gesellschaftspolitischen Kontext auf den Kontext von Familien zu transferieren (Omer und von Schlippe 2023, S. 17–18). Das Konzept der Neuen Autorität mit seinen vier Pfeilern lässt sich auch als umfassende Erweiterung des gewaltlosen Widerstands verstehen, da es sowohl Reaktionen auf akute Probleme als auch präventive Interventionen beinhaltet (ebd. 2023, S. 22–24). Die elterliche Ankerfunktion manifestiert sich als ein Element dieses gewaltlosen Widerstands.

Die Ankerfunktion

Die Ankerfunktion verbindet die vier Grundpfeiler der Neuen Autorität mit der Bindungstheorie. Denn Omer betrachtet die Bindungstheorie (Ainsworth 1991; Bowlby 1982) als zentral für das Verständnis der elterlichen Rolle in der kindlichen Entwicklung. Er kritisiert, dass diese Theorie die Bedeutung elterlicher Autorität oft vernachlässigt – besonders in der mittleren Kindheit und Jugend. Mit dem Konzept der Ankerfunktion erweitert er die Bindungstheorie. Denn diese verbindet legitime

Autorität mit Sensibilität, um Kinder beziehungsweise Jugendliche zu unterstützen und eine sichere Bindung zu fördern. (Omer et al. 2013, S. 195).

Anstatt die „Stärke der Faust" der traditionellen Autorität einzusetzen, bieten Eltern die „Stärke des Ankers". Dieser Anker ist symbolisch stabil und beharrlich, verfolgt jedoch nicht das Ziel zu dominieren. Vielmehr dient er dazu, die Bindung zwischen Eltern und Kind zu stärken. Bringen Eltern diese Neue Autorität zur Geltung, verändern sie sich selbst. Und diese persönlichen Veränderungen wirken sich in der Folge positiv auf das emotionale Wohlbefinden der Kinder aus.

Wenn Eltern präsenter sind, fühlen sich die Kinder nicht nur physisch, sondern auch mental unterstützt. Selbst in Abwesenheit spüren Kinder die Nähe ihrer Eltern durch deren Gedanken und Fürsorge. Können Eltern sich selbst beherrschen, wird die Beziehung zu ihren Kindern ausgeglichener. Ein starkes Unterstützungsnetzwerk erhöht die Akzeptanz der elterlichen Werte und Einstellungen. Und indem Eltern beharrlich statt impulsiv handeln, fördern sie ein Gefühl der Kontinuität bei ihren Kindern.

Die Neue Autorität bietet daher nicht nur Unterstützung in Krisensituationen, sondern auch einen stabilen und fürsorglichen Beziehungsrahmen (Omer und von Schlippe 2023, S. 25–28).

Die hieraus resultierenden, deutlichen Verbesserungen in verschiedenen Bereichen konnten zahlreiche, empirische Studien über gewaltlosen Widerstand im Kontext von Familien belegen (vgl. Kapitel „Forschung", Omer und von Schlippe 2023, S. 44 ff.): Bei Kindern aller Altersgruppen verringerten sich sowohl externalisierende als auch internalisierende Symptome. Auch das Leiden und die Hilflosigkeit der Eltern nahmen ab. Gleichzeitig stieg deren Präsenz und Ankerfunktion, was zu einer Reduktion von Eskalationen und Konflikten in der Eltern-Kind-Beziehung führte. Die Eltern zeigten zudem eine erhöhte Selbstbeherrschung und nahmen mehr Unterstützung wahr. Auch fiel – im Vergleich zu anderen Ansätzen – die niedrigere Abbrecherquote bei Eltern auf, die im gewaltlosen Widerstand trainiert wurden. (Schorr-Sapir et al. 2022).

Die Verortung der Neuen Autorität in systemischen Ansätzen

Die Neue Autorität wird von den Herausgebern des Handbuchs *Neue Autorität* (Körner et al. 2019) als ein systemisches Konzept verstanden, das Personen mit verschiedenen systemischen Ansätzen verknüpfen können. Es bereichert systemisches Denken und Arbeiten (von der Recke 2019, S. 82). So greift das Konzept Elemente der strukturell-strategischen Familientherapie auf, die zum Beispiel die elterliche Präsenz als normative Grundlage für die positive Entwicklung von Kindern und der Familie betrachtet (von der Recke 2019, S. 48). Omer und von Schlippe beziehen sich unter anderem auf die Werke von Salvador Minuchin und Jay Haley (Pioniere der Familientherapie) sowie von Milton Erickson (Hypnotherapie) (Omer und von Schlippe 2023, S. 16). Auch der gewaltlose Widerstand wird in der Beratung von Eltern als systemische Intervention angesehen, weil hier nicht das störende Verhalten der Jugendlichen im Fokus steht, sondern die Interaktion und Kommunikation zwischen Eltern und Kindern (Wiebenga und Bom 2023, S. 306).

Ein zentrales Merkmal der Neuen Autorität in diesem Zusammenhang ist mit dem Begriff Polykontexturalität zu fassen, das heißt ihre Fähigkeit, in verschiedenen sozialen Medien wie Macht, Liebe und Intimität zu operieren. Diese „Vielsprachigkeit" ermöglicht es der Neuen Autorität, sich flexibel an unterschiedliche Situationen und Bedürfnisse anzupassen. Die Fähigkeit, zwischen verschiedenen Medien zu oszillieren, ist entscheidend, um in eskalierten Situationen nicht im Medium Macht stecken zu bleiben (von Schlippe 2019, S. 98). Ihre Legitimität bezieht sie aus konkreten Beziehungen, nicht aus formalen Machtzuschreibungen (von Schlippe 2019, S. 101).

Meine Weiterentwicklung der Neuen Autorität, die ich als Transformative Autorität bezeichne und im Folgenden weiter erläutere, verorte ich systemtheoretisch in der Personzentrierten Systemtheorie (vgl. 3.3) sowie in den feld- und systemtheoretischen Ansätzen von Ciompi (vgl. 3.4.3) und Shimizu (vgl. 3.4.2). Mit diesen Überlegungen erarbeite ich die theoretischen Grundlagen einer Transformativen Autorität (vgl. 4.4).

Weiterentwicklungen der Neuen Autorität
Epistemologisch finden sich aktuell drei Weiterentwicklungen:

- Die systemischen Therapeuten und Coaches für Neue Autorität, Bruno Körner und Martin Lemme, entwickelten den Ansatz mit Omer und von Schlippe intensiv weiter. Aus ihrer langjährigen Arbeit entstand ein prozessdynamisches Modell von Präsenz. Dieses systemische Betrachtungsmodell beschreibt einerseits die methodische Vorgehensweise im Konzept. Andererseits betont es die Bedeutung von Selbstreflexion vor schnellem Handeln. Daraus entstand der Begriff „systemische" Autorität. Dieser verdeutlicht, dass im Zentrum dieses Ansatzes die wechselseitigen Beziehungen stehen, eingebettet in einen kontinuierlichen Selbstreflexionsprozess (Körner und Lemme 2022, S. 19–20). Körner und Lemme spannen einen Bogen von neuropsychologischen bis hin zu humanistisch-systemischen Ansätzen. Darin verankern sie theoretisch den Begriff der systemischen Autorität. In diesem Zusammenhang scheint das Adjektiv „systemisch" nützlich, um Missverständnisse im Zusammenhang mit dem Begriff „Autorität" zu vermeiden (von Schlippe in: Körner und Lemme 2022, S. 12).

- Die niederländischen Familientherapeut:innen und Expert:innen für Neue Autorität, Eliane Wiebenga und Hans Bom, beschreiben diese Autoritätshaltung als eine „verbindende" Autorität. Diese koppelt die Verantwortung für die Sicherheit in Familien mit dem Vertrauen in die Veränderungsfähigkeit von Menschen (Wiebenga und Bom 2023, S. 307). Verbindende Autorität vereint Mitgefühl und gewaltlosen Widerstand. Dies zeigt sich in Form eines konstruktiven Streits, wenn Menschen sich in Situationen befinden, die weder ignoriert noch vermieden werden sollten (Wiebenga und Bom 2023, S. 310). Dabei greift die verbindende Autorität zentrale Werte von Beziehung und Verbindung auf, die auch in den Ansätzen des gewaltlosen Widerstands, der Bindungstheorie und der Systemtheorie grundlegend sind (Wiebenga und Bom 2023, S. 307).
- Den Begriff „Transformative" Autorität führte ich im Jahr 2020 ein. Dieser war ein Ergebnis meines 2010 begonnenen, konzeptionellen Prozesses, der die Neue Autorität auf Führungskontexte in Unternehmen beziehungsweise Organisationen transferierte; mit diesen zentralen Veröffentlichungen: *Mit neuer Autorität in Führung* (Baumann-Habersack 2015; Baumann-Habersack 2017), *Führen mit transformativer Autorität* (Baumann-Habersack 2020) sowie *Mit transformativer Autorität in Führung* (Baumann-Habersack 2021b).

Auf Basis meiner derzeitigen Erkenntnisse definiere ich die Transformative Autorität in dieser Form:

> „Die transformative Autorität in der Führung versteht sich als verkörperte, transformative Führungshaltung, mit einem Set transformativer Werte und Handlungen. Mit der Zeit evolviert sie das Bewusstsein zu mentalen Modellen und Mustern in Führungsbeziehungen hin zu Gleichwertigkeit, Gewaltlosigkeit und vernetzter Autonomie, sodass Menschen in Co-Führung für Ziele effektiv wirken." (Baumann-Habersack 2023, S. 348).

Sieben wechselwirkenden Elemente – als sich überlagernde Feldkräfte (vgl. 4.4) – bieten konkrete Ideen, wie die Haltung einer Führungskraft in ihrem Verhalten zum Ausdruck kommen kann, unter Berücksichtigung des jeweiligen Kontextes, der spezifischen Situation und der individuellen Persönlichkeit.

Die folgenden Ideen lassen sich leicht als strikte Verhaltensanweisungen verstehen. Eine solche Interpretation würde die dynamische Aushandlung in einer Autoritätsbeziehung erneut in eine „verdinglichte" Position verwandeln – was im Gegensatz zur Haltung der Transformativen Autorität steht. Vielmehr geht es darum, den Verhandlungsprozess innerhalb der Beziehung zu bereichern und aufrechtzuerhalten. Dadurch steigt die Wahrscheinlichkeit, dass die Mitarbeiter:innen den

Personen mit institutioneller Führungsverantwortung freiwillig Autorität zuschreiben.

- Präsenz: Führungskräfte sind innerlich wie äußerlich in der Interaktion nahbar und füllen ihre Autoritätsfunktion auch unabhängig vom Ort aus. Präsenz bedeutet dabei mehr als bloße Anwesenheit – sie steht für die Einbindung der Führungskraft als ganze Person in die Beziehung.
- Selbstführung: Führungspersonen konzentrieren sich darauf, ihr eigenes Verhalten, ihre Gedanken und Emotionen zu steuern. Durch die konsistente Veränderung des eigenen Verhaltens löst dies in der Regel auch bei anderen entsprechende Reaktionen aus. Zudem trägt dies zur Deeskalation von Konflikten bei.
- Beharrlichkeit und Deeskalation: Konflikte sind ein unvermeidlicher Bestandteil von Führung und Transformation. Die Transformative Autorität betrachtet diese als Gelegenheit zur Neugestaltung der Autoritätsbeziehung, hin zu Gleichwertigkeit und Co-Führung. Dieses Element erinnert Führungskräfte daran, Grenzen beharrlich zu wahren und dabei gleichzeitig deeskalierend zu agieren.
- Wiedergutmachung/sozialer Ausgleich: Fehler oder auch unbeabsichtigte Kränkungen sind im Führungsalltag nahezu unvermeidbar. Als Rollenmodell im Umgang mit eigenen Fehlern oder verursachten sozialen Schäden gehen Führungskräfte als Modell voran, indem sie Gesten der Wiedergutmachung zeigen. Dieser soziale Ausgleich kann wesentlich zur Wiederherstellung gestörter Beziehungen und zum Aufbau von Vertrauen führen.
- Reflexion: Durch Selbstreflexion können Führungspersonen ihre eigenen biografischen Autoritätsmodelle kritisch hinterfragen und auch ihren Anteil an Fehlern erkennen. Die regelmäßige Reflexion der Führungsbeziehung zu Mitarbeiter:innen kann mit der Zeit zur Entstehung von Co-Führung beitragen.
- Transparenz: Führungspersonen machen Entscheidungen nachvollziehbar und sprechen auch offen über eigene Fehler, um so eine gemeinsame Lern- und Entwicklungskultur zu etablieren. Das ermöglicht es, dass alle Beteiligten von den gemachten Erfahrungen profitieren und sich in Richtung Co-Führung entwickeln. Gleichzeitig fördert dies die Autorisierung von Führung durch die Geführten.
- Führungskoalition/-netzwerk: Die transformative Konfliktbearbeitung und die damit verbundenen, anspruchsvollen Aufgaben können Führungspersonen grundsätzlich nur in Zusammenarbeit mit anderen Führungskräften bewältigen. Das Element Führungskoalition/-netzwerk betont die Notwendigkeit der offenen Zusammenarbeit innerhalb eines Führungskreises. Das signalisiert auch ein Bekenntnis zu Zusammenarbeit und kollegialer Unterstützung aller innerhalb der Organisation. Führung wird so zu einer gemeinsamen Aufgabe, die

keine Führungskraft mehr allein bewältigen muss. (Baumann-Habersack 2023, S. 346–347).

Die Verortung der Transformativen Autorität in ausgewählten Führungsansätzen

Eine umfassende Verortung der Transformativen Autorität in unterschiedlichen Führungsansätzen würde den Rahmen dieser Arbeit überschreiten und läge außerhalb des spezifischen Forschungsschwerpunkts. Daher konzentriere ich mich auf zwei wesentliche Ansätze, die mit der Haltung der Transformativen Autorität verwoben sind:

a. Das Führungsverständnis Gandhis im Kontext des Prinzips der Gewaltlosigkeit der Neuen Autorität;
b. Transformative Leadership, ein Ansatz, der die Transformation von Machtstrukturen explizit in den Kontext von Führung integriert und sich von transformationaler Führung im Wesen unterscheidet.

Das Führungsverständnis Gandhis

Mahatma Gandhi verkörperte einen Führungsansatz, der tief in den Prinzipien der Gewaltlosigkeit (Ahimsa) und der Wahrheit (Satya) verwurzelt war. Gewaltlosigkeit verstand er nicht nur als Verzicht auf physische Gewalt, sondern auch auf emotionale und mentale Aggression. Für ihn waren Ahimsa und Satya untrennbar miteinander verbunden. Diese Prinzipien setzte er in sozialen und politischen Bewegungen wie dem gewaltfreien Widerstand Satyagraha um, um Konflikte durch die Suche nach Wahrheit und Liebe friedlich statt durch Zwang oder Gewalt zu lösen (Japee 2024, S. 233–234; Vengadasalam 2018, S. 103–104).

Gandhi lebte Werte wie Selbstlosigkeit, Demut, Dienst und Wahrhaftigkeit und integrierte diese in sein Führungsverhalten. Er glaubte, dass diese universellen Werte die Grundlage für effektive Führung und soziale Transformation bilden. Seine Führungspraktiken basierten auf persönlicher Integrität, mit der er die Loyalität und das Vertrauen seiner Anhänger:innen gewann (Alfoqahaa und Jones 2020, S. 224; Dhiman 2015, S. 95). Er betonte, dass sich wahre Freiheit nur durch Selbstdisziplin und die Bereitschaft, für das Gemeinwohl zu arbeiten, erreichen lassen. In Entscheidungsprozessen setzte Gandhi auf Partizipation und gab allen Beteiligten eine Stimme, um soziale Gerechtigkeit und Gleichheit zu fördern – insbesondere für Frauen und marginalisierte Gruppen. (Behera und Nayak 2022, S. 7; Japee 2024, S. 233–234).

Seine Vision eines freien, vereinten und gerechten Indiens war moralisch und spirituell geprägt. Gandhi inspirierte seine Anhänger:innen durch sein Beispiel und seine Integrität, anstatt Zwang auszuüben (Alfoqahaa und Jones 2020, S. 225). Sein Führungsansatz ist jedoch nicht frei von Kritik. Beispielsweise gelten seine Skepsis gegenüber parlamentarischer Demokratie sowie seine Vorstellung dezentraler Selbstverwaltung als utopisch und schwer mit modernen politischen Systemen vereinbar (Behera und Nayak 2022, S. 8–9).
Dennoch bietet Gandhis Ansatz eine bemerkenswerte Alternative zu herkömmlichen Führungsmodellen, indem er zeigt, wie Führung auf ethischen Prinzipien und Inklusion basieren kann. Seine Haltung zu Führung dient als Beispiel für den Führungsstil Servant Leadership (Alfoqahaa und Jones 2020, S. 225; Greenleaf 2022, S. 20–21).

Transformative Leadership

Häufig kommt es zu einer Verwechslung zwischen transformationaler und transformativer Führung. Beide Ansätze weisen Gemeinsamkeiten auf, wie die Förderung positiver Veränderungen, die Betonung moralischer Werte und die Entwicklung von Individuen innerhalb einer Organisation (Hewitt et al. 2014, S. 229, 2014, S. 227–228). Dennoch unterscheiden sie sich grundlegend in ihrem Fokus und ihren Zielen:
Transformational Leadership nach Burns zielt auf die Steigerung der Effizienz und Effektivität innerhalb bestehender Strukturen ab. Der Schwerpunkt liegt darauf, Motivation und Engagement der Mitarbeitenden zu fördern, um organisatorische Ziele zu erreichen. Dabei steht die Optimierung des Status quo im Vordergrund, ohne diesen grundlegend zu hinterfragen oder zu verändern. (Burns 2003; Hewitt et al. 2014, S. 227–228).
Transformative Leadership hingegen hinterfragt und stört bestehende Machtstrukturen und Ungerechtigkeiten. Dieser Ansatz geht über die bloße Optimierung hinaus und strebt tiefgreifenden, sozialen Wandel an, indem er systemische Ungleichheiten adressiert. (Hewitt et al. 2014, S. 229).
Transformational Leadership optimiert eher bestehende Systeme, während Transformative Leadership diese grundlegend hinterfragt und in Wandel bringt. Unter anderem deshalb habe ich ab 2020 begonnen (Baumann-Habersack 2020, 2021b), die Neue Autorität als Transformative Autorität zu bezeichnen. Die wesentlichen Prinzipien und Merkmale von Transformative Leadership nach Shields basieren auf einer kritischen und normativen Perspektive. Diese stellt Werte wie Gerechtigkeit, Inklusion, Exzellenz und soziale Gleichheit in den Mittelpunkt. (Shields 2018, S. 20). Transformative Leadership fördert sowohl individuelles als auch kollektives Wohl, indem ungerechte Praktiken

aktiv hinterfragt und Wandel herbeiführt werden (Shields 2011, S. 5). Acht miteinander verbundene Prinzipien charakterisieren diesen Ansatz:

- Förderung tiefgreifender und gerechter Veränderungen,
- Dekonstruktion und Rekonstruktion von Wissensstrukturen,
- Auseinandersetzung mit ungleicher Machtverteilung,
- Gleichzeitige Förderung von individuellem und kollektivem Wohl,
- Orientierung an Befreiung, Demokratie und Gerechtigkeit,
- Betonung von Interdependenz und globalem Bewusstsein,
- Balance zwischen kritischer Analyse und Hoffnung,
- Mut zur moralischen Verantwortung.

Die Anwendung dieser Prinzipien erfordert Reflexion, Dialog und Beziehungsaufbau. Ziel ist es, Chancen- und Leistungslücken zwischen privilegierten und marginalisierten Gruppen zu schließen und die demokratische Teilhabe aller zu stärken. (Shields 2020, S. 1–2).

Beide dargestellten Führungsansätze zeigen, dass sozialer Wandel stets mit Konflikten verbunden ist. Solche Konflikte sind oft nötig, um unterdrückende Machtstrukturen in Bewegung zu bringen. Die entstehenden theoretischen Grundlagen der Transformativen Autorität legen daher Wert auf einen gewaltfreien Konfliktstil. Dieser soll Führungskräfte dabei unterstützen, Transformationsprozesse initiieren oder begleiten zu können.

Der Konfliktstil der Transformativen Autorität

Die Bedeutung von konstruktiver, würdewahrender Konfliktbearbeitung wurzelt epistemologisch in den vier Pfeilern sowie in der Ankerfunktion der Neuen Autorität; und praxeologisch in der unausweichlichen Notwendigkeit, Interessenskonflikte in Unternehmen zieldienlich zu verhandeln.

Um den spezifischen Konfliktstil der Neuen Autorität für den betrieblichen Kontext zu explorieren, wählte ich im Rahmen einer wissenschaftlichen Arbeit drei Konfliktstilinventare aus (Baumann-Habersack 2020), die sich als besonders nützlich im organisationalen Umfeld erwiesen haben. Sie legen den Fokus auf zwischenmenschliche Beziehungen. Das „Rahim Organizational Conflict Inventory" zählt zu den bekanntesten und am umfassendsten erforschten Verfahren in diesem Kontext. Das „Inventar zur Erfassung interpersonaler Probleme" ist ebenfalls international anerkannt. Es stammt aus der klinischen Psychologie, hat jedoch auch eine Validierung für den Arbeitskontext erhalten. Das „Inventar zum individuellen Konfliktlöseverhalten am Arbeitsplatz" ist speziell auf den betrieblichen

Kontext ausgerichtet. Es betont die beiden Konfliktbearbeitungsstile Kompromiss und Konsens (Baumann-Habersack 2020, S. 101).

Exkurs Konfliktstilinventare
Rahim Organizational Conflict Inventory
Nach Rahim basieren individuelle Konfliktstile auf zwei grundlegenden Dimensionen: dem Ausmaß an Berücksichtigung eigener Interessen und dem an fremden Interessen (Rahim 1992, S. 28–30). Diese können sich symmetrisch/integrativ oder asymmetrisch/distributiv ausprägen. Sie bilden in ihrem Zusammenwirken das sogenannte *dual concern model.* (Rubin et al. 1994, S. 29–30). Daraus ergeben sich insgesamt fünf typische Konfliktstile:

- Integration (integrating),
- Anpassung (obliging),
- Dominanz (dominating),
- Vermeidung (avoiding),
- Kompromiss (compromising) – diesen kennzeichnen mittlere Ausprägungen beider Dimensionen von Interessen.

Das *Rahim Organizational Conflict Inventory* greift diese fünf Stile auf und misst sie mithilfe von 28 Items, die jeweils unterschiedliche Verhaltensformen bei der Konfliktbearbeitung abbilden (Rahim 1992, S. 28–30). Dieses Konfliktstilinventar hat sich in Forschung und Praxis als zuverlässiges sowie valides Instrument erwiesen. Das bestätigt eine konfirmatorische Faktorenanalyse mit Daten von 1.219 Managern. (Rahim und Magner 1994, S. 35).

Inventar zur Erfassung interpersonaler Probleme
Ein interpersonales Problem entsteht, wenn die Rolle, die eine Person gerne ausüben würde, von der Rolle abweicht, die sie tatsächlich einnimmt. Wünscht sich eine Person eine bestimmte Art der Interaktion, die sich jedoch nicht realisieren lässt, definiert Horowitz dies als interpersonales Problem (Horowitz et al. 1997, S. 352). Auf Basis der unterschiedlichen Interaktionsarten entwickelt Horowitz das Modell der Circumplexstruktur interpersonaler Probleme (Bilsky und Wülker 2000, S. 15).
Da das *Inventar zur Erfassung interpersonaler Probleme* hauptsächlich in der klinischen Psychologie zur individuellen Status- und Veränderungsdiagnostik eingesetzt wird, stellt sich die Frage, ob es auch im betrieblichen Kontext hilfreiche Erklärungsansätze liefern kann. Ein Forschungsbericht der Universität

Münster zeigt eine Korrelation zwischen Rahims Konfliktstilen und interpersonalen Problemen (Bilsky und Wülker 2000, S. 18). Daher lassen sich die acht Konfliktstile als Typologie auch in betrieblichen Kontexten verwenden. Basierend auf der Itemstruktur und Beschreibung der deutschen Übersetzung des *Inventory of Interpersonal Problems* (Horowitz et al. 2016) lassen sich acht Konfliktbearbeitungsstile definieren (Bilsky und Wülker 2000, S. 16). Diese Stile sind im Folgenden jeweils in ihrer hohen Ausprägung beschrieben.

- Zu autokratisch/dominant:
  Menschen neigen dazu, andere zu kontrollieren und zu manipulieren. Sie zeigen aggressive Verhaltensweisen und versuchen, ihr Umfeld aktiv zu verändern.
- Zu streitsüchtig/konkurrierend:
  Betroffene sind misstrauisch und argwöhnisch. Sie kümmern sich wenig um die Bedürfnisse und das Wohlergehen anderer.
- Zu abweisend/kalt:
  Personen haben Schwierigkeiten, Gefühle auszudrücken oder Liebe für andere zu empfinden. Sie scheuen langfristige Verpflichtungen und tun sich schwer, großzügig zu sein, mit anderen auszukommen oder zu vergeben.
- Zu introvertiert/sozial vermeidend:
  Betroffene fühlen sich in der Gegenwart anderer ängstlich und verlegen. Sie haben Schwierigkeiten, soziale Interaktionen zu initiieren, ihre Empfindungen auszudrücken und sich gesellschaftlich einzubringen.
- Zu selbstunsicher/unterwürfig:
  Personen fällt es schwer, eigene Bedürfnisse zu artikulieren. Sie fühlen sich in autoritären Rollen unwohl und haben Probleme, sich durchzusetzen.
- Zu ausnutzbar/nachgiebig:
  Betroffene haben Angst, durch das Zeigen von Ärger andere zu verletzen. Sie gelten als leichtgläubig und lassen sich schnell ausnutzen.
- Zu fürsorglich/freundlich:
  Diese Personen wollen es allen recht machen. Sie sind übermäßig großzügig, vertrauensvoll im Umgang mit anderen und sorgen sich oft zu sehr.
- Zu expressiv/aufdringlich:
  Menschen zeigen eine übermäßige Offenheit, suchen nach Aufmerksamkeit und haben Schwierigkeiten, alleine zu sein.

Inventar zum individuellen Konfliktlöseverhalten am Arbeitsplatz
Dieses Inventar verbindet verschiedene Analyseverfahren, darunter die Inventare von Rahim und Kilmann, und ergänzt sie um zwei weitere Instrumente: eines zur Persönlichkeitsbefragung und eines zur Erfassung des Eskalationsgrads von Konflikten. Auf dieser Grundlage entwickeln die Forscher:innen eine neue Itemstruktur für Konfliktverhaltensstile, die explizit auch Konsens und Kompromiss als Formen der Konfliktlösung berücksichtigt (Kolodej et al. 2011, S. 18).
Das Inventar unterscheidet insgesamt acht Konfliktlösestile, die während einer Konfliktaustragung zum Tragen kommen können (Kolodej et al. 2016, S. 46–47). Die acht Konfliktlösestile (nach Kolodej et al. 2011, S. 25):

- Dominanz: Ich nutze meine Autorität, um eine Entscheidung in meinem Sinne herbeizuführen.
- Kompromiss: Ich verhandle, um eine für beide Seiten akzeptable Lösung zu erreichen.
- Konsens: Ich versuche, alle Interessen offen zu besprechen, um die bestmögliche Lösung zu finden.
- Vermeiden: Ich weiche der Auseinandersetzung mit anderen aus.
- Nachgeben: Ich stelle meine eigenen Wünsche zurück, um den Konflikt zu umgehen.
- Dulden: Ich fühle mich hilflos und nehme den Konflikt hin.
- Leugnen: Ich tue so, als gäbe es keinen Konflikt.
- Delegation: Ich ziehe externe Fachleute hinzu, um den Konflikt zu lösen.

In der damaligen Theoriearbeit untersuchte ich erstmals den spezifischen Konfliktbearbeitungsstil jeder Autoritätshaltung. Ich verband dazu die drei Autoritätshaltungen (autoritär, antiautoritär, „neu“ beziehungsweise mittlerweile „transformativ“) mit den beschriebenen Konfliktstilinventaren. Hierdurch wurde sichtbar, wie Führungskräfte in Abhängigkeit von ihrer Autoritätshaltung in Konfliktsituationen tendenziell agieren können (Baumann-Habersack 2020, S. 106).

Daraus leitete sich auch der Konfliktstil der Transformativen Autorität ab – für Konflikte zwischen Führungskräften und ihren jeweiligen Mitarbeiter:innen. Der zentrale Unterschied zu den Konfliktstilen traditioneller Autoritätshaltungen (autoritär, antiautoritär oder eine Mischung aus beiden) besteht darin, dass es nicht nur darum geht, Konflikte effektiver zu lösen. Vielmehr zielt dieser Konfliktbearbeitungsstil darauf ab, die Autoritätsbeziehung hin zu Gewaltfreiheit, Gleichwertigkeit und Co-Führung zu evolvieren. Dies könnte in Organisationen eine neue Streitkultur fördern, in der Interessengegensätze nicht mehr zwangsläufig zu Konflikten im Sinne einer Handlungseinschränkung führen. Im besten Fall entstehen dadurch weniger Konflikte. Meinungsverschiedenheiten sowie sachliche Auseinandersetzungen könnten die Beteiligten würdewahrend selbst bearbeiten oder sogar lösen (Baumann-Habersack 2020, S. 122).

Der Konfliktbearbeitungsstil einer transformativen Autoritätshaltung zeigt sich in diesen Aspekten:

- Nähe-Distanz- und Hierarchierelation in der Beziehung:
  Transformative Autorität basiert auf Gleichwertigkeit aller Beteiligten. Führungskräfte streben gemeinsam mit allen nach Lösungen. Sie bringen die Interessen des Unternehmens, der Mitarbeiter:innen und sich selbst bestmöglich in Einklang. Dabei kann soziale Nähe Sicherheit in der Beziehung schaffen, um den Umgang mit Konflikten zu erleichtern und Stress zu reduzieren. Manchmal fehlt Führungskräften aber auch die nötige Distanz zur Konfliktlösung. Expert:innen, wie Mediator:innen, können dann hilfreich sein.
- Verständnis von Veränderungen:
  Führungskräfte erkennen auch ihre eigenen Anteile am Konflikt und arbeiten an gemeinsamen Lösungen. Wo kein Konsens möglich ist, streben Führungspersonen einen Kompromiss an. Unterstützung kann durch andere Führungskräfte oder Fachkräfte erfolgen, um Vertrauen zu stärken und Kooperation zu fördern
- Umgang mit Eskalationen:
  Die transformative Haltung zielt darauf ab, Eskalationen zu minimieren. Sie setzt auf Deeskalation, um Lösungen im Dialog zu finden. Verzögertes Handeln kann dabei Raum für durchdachte Lösungen geben. Und Mediator:innen können unterstützend wirken, um Lösungsalternativen zu entwickeln und Konsens zu fördern.
- Vereinzelung und Vernetzung:
  Die Transformative Autorität beruht auf Vernetzung und Unterstützung innerhalb von Führungskoalitionen. Dies kann den Stress senken und konstruktive Gespräche fördern. Führungskräfte können sich fachliche, methodische oder emotionale Unterstützung von anderen holen, um den Konflikt gemeinsam zu bewältigen.
- Umgang mit Transparenz:
  Transparenz in der Konfliktbearbeitung stärkt grundsätzlich Vertrauen und fördert das Verständnis für die Positionen beziehungsweise Interessen der Beteiligten. Mediator:innen können diesen Prozess unterstützen. Führungskräfte agieren dabei als Rollenmodelle und laden Mitarbeiter:innen dazu

ein, ebenfalls auch ihre Anliegen offen mitzuteilen. In der Regel können Führungskräfte Konflikte deeskalieren, wenn sie Entscheidungen transparent erklären.

- Verständnis von Ausgleich:
  Führungskräfte fordern Korrekturen von Fehlern beziehungsweise Schäden und zeigen gleichzeitig Gesten der Wertschätzung. Dies kann die Beziehungsebene stärken und die Kooperationsbereitschaft erhöhen. Bei starken sozialen Schäden, wie Würdeverletzungen, können Mediator:innen zur Befriedung/ Versöhnung beitragen.
- Umgang mit Selbstreflexion:
  Führungskräfte reflektieren auch ihre eigenen Anteile am Konflikt. Das minimiert das Risiko, dass sie die Verantwortung einseitig auf die Mitarbeiter:innen abwälzen. Das kann die Bereitschaft der Mitarbeiter:innen zur Zusammenarbeit erhöhen.
  (Baumann-Habersack 2020, S. 116–120).

3.3 Personzentrierte Systemtheorie

Da es nicht *die* Systemtheorie gibt, sondern diverse Systemtheorien, ist es selbst für Werke, die sich um eine Einführung in die Systemtheorie beziehungsweise eine Systematisierung der Systemtheorien bemühen (Baecker 2016; Ebert 2001; Elverfeldt und Egner 2015; Kriz 2016), schwierig, eine gemeinsame Ordnungsbasis für die Theorien anzubieten. Zu unterschiedlich sind die Fokusse.

Da ich systemisch orientiert forsche, ist es unerlässlich, die Transformative Autorität systemtheoretisch zu verorten. Dafür nutze ich die Personzentrierte Systemtheorie (PST). Das hat zwei Hauptgründe: Erstens fügt sich die PST nahezu nahtlos in die ontologische Basis meiner Arbeit ein. Zweitens liefert sie hilfreiche Erklärungen für meine Forschungsfragen. Denn eine ihrer Prozessebenen berücksichtigt explizit die mikrosoziale Ebene – ein Fokus, der für das Verständnis einer Autoritätsbeziehung, insbesondere in der Transformativen Autorität, von besonderer Bedeutung ist.

Grundsätzliches zur Theorie

Die Personzentrierte Systemtheorie vertritt eine humanistische Perspektive auf den Menschen. Sie sieht ihn als Individuum (Person) zusammenwirkend mit seiner sozialen Mitwelt beziehungsweise seinem Umfeld; eingebettet in einen Kontext dynamisch evolutionärer, bio-psychosozialer sowie soziogenetisch-kultureller Entwicklungen.

Sinn, Bedeutung oder auch Kohärenz finden auf der personalen Prozessebene statt. Diese Ebene beeinflusst erheblich soziale Prozesse in ihrer biografischen und historischen Dynamik.

Sowohl die Beschreibung als auch die Erklärung dieser Interaktionen folgt vor allem den Prinzipien der interdisziplinären Systemtheorie: vernetzte Variablen, die selbstorganisiert Strukturen erzeugen und verändern – typischerweise mit nichtlinearen Entwicklungssprüngen. Die PST erachtet es als zentral, inhärente Möglichkeiten zur Weiterentwicklung zu fördern. Dies wird dadurch erreicht, dass Menschen jene Bedingungen verändern, welche zur Stabilisierung dysfunktionaler oder sogar leidvoller Strukturen beigetragen haben (Kriz 2017, S. 17).

> „Ein besonderes Anliegen der Systemtheorie ist es, die Komplexität alltagsweltlichen Geschehens zumindest auf den vier zentralen Prozessebenen Körper, Psyche, Interpersonelles und Kultur zu berücksichtigen und diese in ihrer gegenseitigen Abhängigkeit und Verflochtenheit verständlich zu machen. [Das zweite, wichtige Anliegen ist die] Einbeziehung und Betonung einer biosemiotischen Perspektive[, um] auch der Subjektivität der handelnden Personen besser gerecht werden zu können, als es übliche systemtheoretische Beschreibungsansätze vermögen." (Kriz 2017, S. 123–124).

Diese Theorie betont, dass Entwicklungen von lebenden Systemen prozesshafte Verläufe aufweisen. In diesen finden vielfach nichtlineare, sprunghafte und qualitative Ordnungs-Ordnungs-Übergänge statt. Und zwar grundsätzlich dann, wenn eine bestehende Ordnung bislang mindestens ausreichend für die bisherigen Umgebungsbedingungen funktional (angepasst) war, jedoch nun durch veränderte Umgebungsbedingungen immer mehr unter Anpassungsdruck gerät und somit dysfunktionaler wirkt. Lebende Systeme (insbesondere „menschliche Systeme") müssen sich dann ebenfalls parallel verändern (oder noch mehr stabilisieren) (Kriz 2017, S. 128, 2017a, S. 84).

Die vier Prozessebenen der Personzentrierten Systemtheorie

Diese Übergänge verlaufen auf vier unterscheidbaren Prozessebenen:

- körperliche Ebene,
- psychische Ebene,
- mikrosoziale Ebene,
- makrosoziale Ebene (Kriz 2017, S. 121).

Jede Ebene bildet für die anderen Ebenen jeweils die Umgebung. Alle Ebenen wirken hierdurch mit, Ordnungen zu (de-)stabilisieren. Die Prozesse auf den vier Ebenen spielen in Form von Wirkungsfeldern zusammen und nicht als Teile. Sie überlagern sich dynamisch und erzeugen Sinn und Bedeutung. (Kriz 2023, S. 47).

Die körperliche Prozessebene

Der Begründer der Affektlogik, Luc Ciompi (Ciompi 2000, 2009), konstatiert, dass Affekte und Kognitionen das menschliche Leben gleichzeitig und in komplexer Wechselwirkung beeinflussen. Affekte sind gefühlsartige Befindlichkeiten, die auf umfassenden psycho-physischen Prozessen beruhen. Sie sind evolutionär relevant, um Organismen auf situative Gegebenheiten vorzubereiten. Kognitionen umfassen hingegen verschiedene Einzelfunktionen wie Wahrnehmung, Aufmerksamkeit oder Gedächtnis.

Übereinstimmend betonen sowohl Affektlogik als auch PST, wie affektive Zustände entscheidend kognitive Prozesse – beispielsweise Wahrnehmung und Verhalten – beeinflussen. Ebenso wirken das Denken sowie gelingendes oder misslingendes Handeln und wahrgenommene „äußere Umstände" wiederum auf die Affekte. Die Bedeutung dieser Umstände hängt jedoch von der individuellen Interpretation in der Wahrnehmungs- und Wirkwelt ab.

Affektive und kognitive Prozesse laufen kontinuierlich ab, wobei affektive Prozesse den langsameren biochemischen Rahmen bilden für die schnell veränderlichen, kognitiven Prozesse mit ihrer bioelektrischen Basis. Sowohl die Hirn- als auch die Säuglingsforschung haben die strukturierenden Leistungen des menschlichen Organismus, aufgrund evolutionär erworbener Präformierungen, aufgedeckt. Diese Vorprägungen umfassen unser Fight-Flight-Freeze-Reaktionssystem sowie die somatische Basis von „Grundbedürfnissen" oder auch von Bindungsverhalten. Die Fachwelt verwendet für diese evolutionären Prästrukturierungen den Begriff des „Social Brain" nach Dunbar (Dunbar 2024). Die evolutionäre Architektur unseres Gehirns als „soziales Organ" gewährleistet eine hochdifferenzierte dynamische Einbettung in die Sozialgemeinschaft.

Vor dem Hintergrund biosemiotischer Befunde reagieren Organismen nicht nur auf physikalisch-chemische Reize, sondern ihre Biologie gibt der jeweiligen Umgebung Bedeutung in Form von Zeichen. Die Evolution integrierte bei „höheren" Lebewesen zwischen die sensorischen und motorischen Systeme immer komplexere „innere Verarbeitungssysteme" in Form von komplexen Nervensystemen. Dadurch können solche Lebewesen auch immer komplexere Umstände in ihrer Umgebung zu einer für sie lebensrelevanten Umwelt machen. Dies erfordert eine erhebliche Integrationsleistung der unmittelbaren Sinneserfahrungen der Rezeptoren und führt – im wörtlichen Sinn – zu „übersinnlichen" Bedeutungen. Denn Bedeutungen wie „Nahrung", „Feind" oder auch verborgene Objekteigenschaften wie „essbar" oder „gefährlich" realisieren die Sinnesorgane nicht isoliert voneinander, sondern erst durch ihr funktionelles Zusammenwirken. Durch die Architektur des menschlichen Gehirns sind eine Vielzahl weiterer Bedeutungskategorien bereits vorgegeben, wie „Gesicht", „unbelebte Gegenstände", „Körperteile", „Früchte", „Kausalität" oder „Intentionalität" (Kriz 2017, S. 186, 2023, S. 45–47).

In diesem Zusammenhang ist hervorzuheben: Systeme an sich existieren nicht. Es handelt sich dabei lediglich um ein Prinzip, Phänomene zu erklären. Weil alle „Dinge" oder Bezeichnungen unserer Realität – im Sinne der Semiotik – Zeichen darstellen. Und diese können sich nur auf eine begrenzt greifbare Wirklichkeit von Menschen in ihren Welten beziehen (Kriz 2017, S. 119).

Die psychische Prozessebene

Die psychische Prozessebene legt den Fokus darauf, wie wir die komplexe Vielfalt an Sinneseindrücken durch unsere Erfahrungen und erlernten Ordnungen reduzieren und damit strukturieren, um die Welt um uns herum zu verstehen beziehungsweise zu interpretieren. Die dafür nötigen individuellen Sinnattraktoren sind mit den anderen Prozessebenen verbunden, und Gedanken und Emotionen sind eng mit unseren Lebensprozessen vernetzt. Affekte erzeugen Sinn und beeinflussen die sinnhaften Prozesse auf psychischer und interpersoneller Ebene stark. Diese beeinflussen wiederum die Affekte.

Menschen als auch andere Lebewesen suchen ständig nach Ordnung und Regelmäßigkeiten in ihrer Umgebung. Ihre kognitiven Prozesse formen aus komplexen „Unordnungen" vertraute Muster. Sobald sie solche Muster erkennen, verstärkt ihr kognitives System diese Strukturen.

Ordnung vereinfacht Komplexität in verständliche Muster, die mit Alltagserfahrungen übereinstimmen. Menschen nehmen Ordnung subjektiv wahr. Jedoch wurde ihre Wahrnehmung bereits durch evolutionäre und kulturelle Einflüsse (vor-)geprägt und damit intersubjektiv eingeschränkt. Wenn sich eine Ordnung als unbedeutend oder fremd zeigt, kann sie zusammenbrechen. Menschen ordnen sie dann zugunsten klarerer Muster um (Kriz 2017, S. 149–170). Personen sind ebenfalls fähig, sich selbst zu beobachten, darüber nachzudenken sowie ihre Emotionen in Bezug auf ihre Erfahrungen zu bewerten (zum Beispiel sich über das eigene Ärgern ärgern). Durch ihre Handlungen und auch verbale Äußerungen wirken Menschen aktiv auf die Welt ein und gestalten sie mit (Kriz 2023, S. 43).

Die mikrosoziale oder interpersonelle Prozessebene

Die interpersonelle Prozessebene beinhaltet hauptsächlich die Face-to-face-Kommunikation, die sich in Familien, Kleingruppen oder Teams vollzieht – unabhängig von der Anwesenheit zugehöriger Personen. Diese Perspektive ermöglicht es, auch Aspekte auf der psychischen Ebene zu berücksichtigen. Die PST lehnt eine strenge Trennung von Systemen wie Kommunikation, Psyche und Körper ab.

Sie betont, dass psychische Prozesse eine wichtige Umgebung für Kommunikationen bieten. Jede Interaktion und Kommunikation kann ein Mensch nur durch persönliche Sinndeutungen verstehen; sie sind daher immer persönliche

Interpretationen. Dies unterstreicht die Bedeutung von Gedanken und Gefühlen in interpersonellen Beziehungen (Kriz 2017, S. 133–134).

Die meisten Wissenschaftler:innen und Praktiker:innen in diesem Bereich sind sich einig, dass psychische und interpersonelle Prozesse eng miteinander verbunden sind. Das ist eine Basis, um menschliches Erleben zu verstehen. Wahrnehmungen, Gedanken oder Gefühle bestimmen nicht ausschließlich das zwischenmenschliche Verhalten – beeinflussen es aber maßgeblich. Dabei ist zu beachten, dass die interpersonelle Ebene in zwei weiteren Ebenen eingebettet ist: in die kulturelle und körperliche Prozessebene (Kriz 2023, S. 43–44).

Die makrosoziale oder kulturelle Prozessebene

Der menschliche Organismus ist aus biosemiotischer Perspektive als Subjekt in seine individuelle Lebenswelt eingewoben. Seine Wahrnehmungs- und Wirkwelt unterscheidet sich von anderen Menschen und vor allem von Tieren. Obwohl es Gemeinsamkeiten zwischen Menschen gibt – basierend auf gemeinsamer, biologischer Verfasstheit und von evolutionären Entwicklungen – trennen sie jedoch verschiedene Umwelten. Diese Unterschiede beruhen auf der hohen Komplexität unserer Symbolwelten und der Intersubjektivität der Gesellschaft. Sie erzeugen nicht nur unsere Umgebung, sondern bringen auch jene Symbole hervor (Kriz 2017, S. 169–170). Dabei gestalten Symbole für Menschen den Bezug zur Wirklichkeit wesentlich mit, indem sie zwischen Wahrnehmung und Reaktion treten. Durch diese Symbole als Kulturwerkzeuge, wie beispielsweise Sprache, Regeln oder auch Gesetze, können Menschen durch ihr reflexives Bewusstsein die Subjektivität intersubjektiv verhandeln beziehungsweise „objektivieren". Der Mensch kann sich in seiner Subjektivität nur selbst wahrnehmen und verstehen, wenn er die intersubjektiven Werkzeuge seiner Kultur verwendet (Kriz 2017, S. 60).

Die Passung als auch Abstimmung der subjektiven Umwelten in einer gemeinsamen Umgebung realisieren sich durch diese materielle, symbolische und soziale Gestaltung der menschlichen Umgebungen sowie durch das gemeinsame Verwirklichen des Lebens (Kriz 2017, S. 169–170).

Viele dieser makrosozialen, übergreifenden Sinnstrukturen, wie beispielsweise die für interpersonelle Prozesse relevante Bedeutungen von Wörtern und Sätzen, die inneren Bilder über das Zusammenleben oder auch die Erwartungen der Mitmenschen, sind bereits kulturell vorgegeben, wenn ein Mensch auf die Welt kommt; sie sind das Ergebnis, welches sich durch viele Generationen zuvor entwickelte. Am deutlichsten nehmen Personen die Einbettung in eine Kultur mittels „Werkzeugen" wahr: die meisten Dinge des täglichen Lebens, die Gesetze und Regeln des gesellschaftlichen Miteinanders oder die digitale Vernetzung des Alltags. Obgleich diese Aspekte zwischen verschiedenen Kulturen stark variieren können, hinterfragen viele

Menschen sie weder im Alltag, noch bemerken sie jene überhaupt – sie bleiben größtenteils unbewusst. Solche Einflüsse haben scheinbar wenig mit dem „wahren Mensch-Sein" zu tun; außer, dass sie das menschliche Leben bereichern und vereinfachen. Dennoch haben diese „Kulturwerkzeuge" eine erhebliche Wirkung.

Bei dem Kulturwerkzeug „Sprache" ist das ersichtlich anders: Menschen können andere Menschen, ihre Umwelt beziehungsweise Umgebung oder auch sich selbst nur verstehen, wenn sie Sprache gebrauchen. Tiere können zwar auf rein organismischer Ebene und ohne Sprache ebenfalls Empfindungen haben. Der menschliche Organismus ist jedoch darüber hinaus fähig, wahrgenommene Objekte und Situationen zu bewerten und darauf zu reagieren. Bei Menschen stehen diese Fähigkeiten auch ohne Sprache bereit.

Damit Menschen Empfindungen verstehen, benötigen sie zugleich sprachliche Ausdrücke, auch dafür, um anderen zu beschreiben oder zu erklären, wie eine Person sich fühlt und warum sie sich in einer bestimmten Umgebung und Situation gerade so verhält. Sprache spielt daher eine entscheidende Rolle bei der Kommunikation mit anderen und beim Verstehen eigener Erfahrungen. Selbst um intimste, individuell-subjektive Empfindungen zu verstehen, benötigen Menschen einen kulturellen Werkzeugkasten – die Sprache. Dabei geht es nicht nur um die korrekte Abfolge von Sprachlauten oder die Bedeutung von Wörtern. Ebenso essenziell sind die vermittelten Bedeutungsbilder, Prinzipien, Regeln und Handlungsweisen, die Sprache vermittelt (Kriz 2023, S. 45).

Systemtheoretische Grundlagen der Personzentrierten Systemtheorie

In unseren gesellschaftlichen als auch betrieblichen Lebenswelten existieren viele Felder, die nach relativ simplen Ursache-Wirkungs-Gefügen funktionieren. Insbesondere bei der Steuerung von Maschinen, technischen Apparaten und so weiter, finden diese Prinzipien weitgehend Anwendung. Jedoch lassen sich Bereiche, die mit Lebewesen zu tun haben, nur unangemessen beziehungsweise ineffektiv auf Ursache-Wirkungs-Prinzipien reduzieren (Kriz 2017, S. 129).

Vier zentrale Merkmale stellen aus Sicht der PST systemtheoretische Essenzen dar. Sie können Phänomene in den Kontexten von Coaching, Beratung, Führung oder auch Therapie erklären.

- Prozesse:
  Miteinander dynamisch vernetzte Teile erzeugen Prozesse, zum Beispiel Handlungen, Kommunikationen, Gedanken, Wahrnehmungen und so weiter. Alle Teile in ihren wechselseitig voneinander abhängigen Einflüssen beziehungsweise Wirkungen stellen ein Feld dar. Begriffe wie beispielsweise Problem, Führung, Team, Autorität und so weiter repräsentieren nicht etwas Statisches, sondern verweisen auf die Struktur eines dynamischen (eventuell auch auf einen stabilen) Prozesses.

- Rückkopplung:
  Da Rückkopplung bedeutet, dass die Systemelemente durch einen Prozess miteinander vernetzt sind, folgt daraus: Wenn sich bei einem Element etwas verändert, setzt sich die Veränderung im System fort, sodass sie sich schlussendlich auf alle andere Systemelemente auswirkt. Das Feld (die Gesamtheit der beobachteten Elemente) reagiert ganzheitlich.
- Mikro-Makro-Ebene (Bottom-up/Top-down):
  Dynamisch vernetzte Systemelemente bringen als Mikroebene Bottom-up-Ordnungen als Makroebene hervor. Diese Makroebene wirkt top-down auf die selbstorganisierte Ordnung der Mikroebene mit ihren Elementen. Diese Ordnung spiegelt eine ganzheitliche Reaktion des Systems auf die Gesamtbedingungen wider. Solche Reaktionen sind nicht linear-kausal durch äußere Ordnungsstrukturen bestimmt.
- System und Umgebung:
  Einem System ist inhärent, dass es eine selbstorganisierte Ordnung bildet. In der Regel bieten sich einem System eine sehr große Anzahl von inhärenten Möglichkeiten, Ordnungen zu bilden. Wie das System eine bestimmte Ordnung realisiert, hängt stets mit den verfügbaren Möglichkeiten des Systems zusammen, sich (auch) an die Bedingungen der Umgebung anzupassen. Somit betrachtet die PST ein bestimmtes System immer im Zusammenhang mit seiner Systemumgebung und den Vorstellungen, wie sich die Beziehung zwischen System und Umgebung darstellt (Kriz 2017, S. 72–74).

Daher zeigt sich grundsätzlich, dass rückgekoppelte Prozesse (vor allem kognitiv-kommunikative Prozesse) drei Tendenzen zeigen: Ordnungen ausbilden, Komplexität reduzieren und sich gegenüber Umfeldeinflüssen stabilisieren (Kriz 2017, S. 91).

Wenn Rückkopplungen zwischen Elementen eines Systems zu einem Prozess werden, bilden sie eine Ordnung heraus. Diese Ordnung bezeichnet die Systemtheorie als Attraktor. Die Gestaltpsychologie versteht unter „Gestalt" ebenfalls eine dynamische Ordnung von Elementen, die sich auf menschlich phänomenale Prozesse bezieht. (Kriz 2017, S. 98–99).

Das Modell von „Welt" in der Personzentrierten Systemtheorie

Aus dem Bisherigen ergibt sich ein systemdynamisches Weltmodell der PST (Kriz 2017, S. 126). Dieses ersetzt aus dem klassischen Weltmodell

- lokale Kausalität durch die Einbindung von Kontext und Vernetzung aller Lebensprozesse und die daraus emergierenden Strukturen in ihrer Gesamtheit.

- Determinismus durch Freiheit, da der weitere Entwicklungsverlauf nicht durch vergangene Gegebenheiten bestimmt wird, sondern auf zukünftige Strukturen ausgerichtet ist.
- Kontrolle durch die Selbstorganisation des Systems mit seinen inhärenten Strukturmöglichkeiten, entsprechend seinen Umgebungsbedingungen.
- Homogenität durch Individualität und Einmaligkeit von vielen (aber nicht beliebig vielen) Möglichkeiten.
- Analyse und Synthese durch das Verständnis, dass das Ganze sich von der Summe seiner Teile unterscheidet: die Bottom-up-Dynamik erzeugt eine neue Systemordnung; das lässt sich als Ganzheitlichkeit und Gewordenheit beschreiben.
- die Geschichtslosigkeit der Zustände durch eine Sensibilität des Systems für den bisherigen Weg.
- Linearität und Kontinuität durch nichtlineare Zusammenhänge: In Reichweite von Instabilitätspunkten können kleine Ursachen zu großen Wirkungen führen; dies lässt sich als Entwicklungsschübe oder auch als „plötzliche Einsichten" bei Menschen beobachten (Kriz 2017, S. 131).

3.4 Feldtheoretische Ansätze

Der Begriff des sozialen Feldes blieb in den Sozialwissenschaften bislang weitgehend ungenutzt. Dabei beschreibt er einerseits die Beziehungen, die eine soziale Gruppe prägen. Andererseits illustriert er die Art, wie Menschen miteinander umgehen, sich organisieren und Entscheidungen treffen. (Pomeroy und Herrmann 2024, S. 678). Gerade in betrieblichen Autoritätsbeziehungen spielen diese Phänomene eine zentrale Rolle und begründen damit die Relevanz von Feldtheorien für diese Arbeit. Darüber hinaus lassen sich Feldtheorien nahtlos in die ontologische Grundierung meiner Dissertation integrieren (vgl. 6).

Meine Auswahl der feldtheoretischen Ansätze folgt der Idee der Multiperspektivität und umfasst sowohl traditionelle (Lewin) als auch eher neuere Ansätze (Scharmer). Ergänzend berücksichtige ich Konzepte aus eher europäischen (Ciompi) und eher asiatischen Ontologien (Shimizu), um komplexe Dynamiken hilfreicher erklären zu können.

In diesem Kapitel stelle ich jeden Ansatz in der Weise vor, wie er für meine Forschungsfrage hilfreich ist. Eine umfassende Darstellung würde sowohl den Rahmen dieser Arbeit sprengen als auch über den eigentlichen Forschungsscope hinausgehen.

Den feldtheoretischen Ansatz von Bourdieu verwende ich hier nicht, auch wenn sein Ansatz thematisch zu meinem Scope passen würde. Denn Bourdieu sieht Felder (ausschließlich) als konkurrierende, auf Macht oder Kapital fußende Positionen an, die um Ressourcen kämpfen. Damit ontologisiert er Feldkräfte wie Konkurrenz und Kampf um Positionen im sozialen Raum (Schützeichel und Wächter 2017, S. 31–32). Auch wenn jene Feldkräfte derzeit offensichtlich überwiegend vorherrschen, grenzt diese Ontologisierung andere Feldkräfte aus, wie zum Beispiel Kooperation. Der feldtheoretische Ansatz Lewins' betrachtet Konflikte und Spannungen ebenfalls als durchweg prägende Kräfte (Schützeichel und Wächter 2017, S. 31), ohne diese jedoch ontologisch vorzubestimmen – daher passt er ideal zu meiner Arbeit.

Das „soziale Feld"

Ein soziales Feld entsteht durch die Handlungen von Akteur:innen, wechselwirkt aber simultan mit diesen. Es lässt sich als sozialpsychologischer Raum verstehen, der zwischen den Individuen existiert und Muster des zwischenmenschlichen und kollektiven Verhaltens in sich trägt. Dieser Raum fördert bestimmte Verhaltensweisen, Gefühle und Gedanken, während er andere hemmt. (Pomeroy und Herrmann 2024, S. 678).

> „Eine der grundlegenden Unterscheidungen zwischen dem sozialen Feld und dem sozialen System besteht darin, dass das soziale Feld die kollektive, interne Erfahrung umfasst, ein sozialer Körper zu sein." (Pomeroy und Herrmann 2024, S. 682).

Die Eigenschaften sozialer Felder – Interkorporalität, Autonomie und Affordanz – sind miteinander verflochtene Phänomene, die jedem sozialen Feld inhärent sind. Sie stehen in einer dynamischen Rückkopplungsschleife und beeinflussen sich gegenseitig. Gemeinsam bilden sie ein Gesamtsystem, das individuelles Verhalten und kollektive Prozesse prägt. Dieser Einfluss geht über die Summe der einzelnen Bestandteile hinaus und unterscheidet sich überdies noch qualitativ davon. Diese Betrachtung sieht das soziale Feld als eigenständige Einheit an. Es steht in einer wechselseitigen, co-kreativen Beziehung zu den Akteur:innen, die es konstituieren. Dabei entwickelt es eigenständige, emergente Eigenschaften. (Pomeroy und Herrmann 2024, S. 681–682).

Die drei Merkmale sozialer Felder

In jeder der von mir ausgewählten Feldtheorien zeigen sich auch diese Merkmale (Tabelle 3.1).

Tabelle 3.1 Die Merkmale sozialer Felder

Merkmal	Definition	Erklärung
Interkorporalität (Pomeroy und Herrmann 2024, S. 682–684)	Dynamisch-zirkuläre Wechselwirkung zwischen den Körpern von Individuen, bei der die Gesten und Erfahrungen eines Individuums die Intentionen und Wahrnehmungen eines anderen widerspiegeln können und eine vorreflexive, körperliche Resonanz erzeugen.	Interkorporalität beschreibt, wie körperliche Interaktionen fortlaufend meist unbewusst Resonanzen und ein gegenseitiges Verständnis erzeugen, indem physiologische Prozesse die Basis für Intersubjektivität schaffen. Diese Dynamik erzeugt ein Gefühl wechselseitiger Verkörperung, welches maßgeblich die soziale Atmosphäre in Gruppen prägt.
Autonomie (Pomeroy und Herrmann 2024, S. 685–686)	Eigendynamik sozialer Interaktionen, die über individuelle Absichten hinausgeht und diese überlagern kann, indem unbewusste Koordination emergente Muster schafft, die die Richtung und Natur der Interaktion durch das steuern, was zwischen den Individuen entsteht.	Autonomie erklärt, wie soziale Prozesse unabhängig von individuellen Intentionen durch emergente Dynamiken verlaufen können. Der Interaktionsprozess verhält sich autonom und beeinflusst die Handlungen der Akteur:innen in ihrer Interaktion. Die Interaktion selbst führt dann die Prozesse.
Affordanz (Pomeroy und Herrmann 2024, S. 687–688)	Handlungsmöglichkeiten, die eine Umgebung als Einladung bietet und die das Verhalten von Individuen sowie die Qualität und Dynamik sozialer Felder beeinflussen, indem sie bestimmte Handlungsneigungen begünstigen oder hemmen.	Affordanz nehmen Menschen körperlich-affektiv wahr. Sie zeigt, wie die Umgebung Handlungstendenzen (hinzu/weg von, dominieren/unterwerfen, …) auslöst, die Gedanken, Gefühle sowie Reaktionen beeinflussen. Diese Handlungsräume formen die autonomen Muster sozialer Felder und können deren Dynamik verstärken oder verändern.

3.4.1 Feldtheorie nach Lewin

Lewins Feldtheorie betrachtet – als umfassendes Konzept – Verhalten als ein Ergebnis aus gleichzeitig wechselwirkenden Faktoren, wie

- Bedürfnisse,
- Ziele und Wünsche des Individuums,
- die Art und Weise, wie eine Person Vergangenheit und Zukunft sieht,
- die Verortung von Schwierigkeiten und
- die sozialen Gruppen, denen das Individuum angehört.

Alle diese Faktoren bilden das sogenannte Feld (Graumann und Lewin 1982, S. 25–26). Eine Veränderung in einem Feldteil wirkt sich zu einem gewissen Grad auch auf jeden anderen Feldteil aus – in Abhängigkeit von der Konstellation des Gesamtfeldes. Psychologische als auch nichtpsychologische Phänomene können diese Veränderungen hervorrufen (Graumann und Lewin 1982, S. 25).

Als Lebensraum bezeichnet die Feldtheorie jeweils ein psychologisches Feld, welches zu einem gegebenen Zeitpunkt jeweils mit einem Individuum übereinstimmt. Dieser Raum ist sowohl mit der Umwelt, der Person, als auch mit ihrer Wahrnehmung der Umwelt verwoben. Physikalische Reize und andere, nichtpsychologische Phänomene, die das psychologische Feld beeinflussen – ohne selbst ein Ergebnis psychologischer Vorgänge zu sein – definiert diese Theorie als Randbedingungen des Lebensraums (Bogner 2021, S. 4; Graumann und Lewin 1982, S. 25–26).

Lewin verwendete den Begriff Feldtheorie ab etwa 1939 als Bezeichnung für seine Arbeitsweise. In diesem Zusammenhang führte er auch zentrale psychologische Grundbegriffe ein (Graumann und Lewin 1982, S. 1–12), vor allem

- (Psychologischer) Ort: räumliche Beziehungen von Regionen.
- Lokomotion: der Bezug zwischen verschiedenen Orten zu verschiedenen Zeiten (Lewin 2012, S. 82–84) beziehungsweise anders ausgedrückt: Die Lokomotion eines Individuums entspricht seinem Verhalten, also der Veränderung seines Ortes (Lewin 2012, S. 281).
- Erkenntnisstruktur: die gegenseitige Lage verschiedener Teile eines Feldes oder die Vielzahl von Punkten oder Regionen eines Ortes.
- Kraft: die vektorielle Tendenz zur Lokomotion (hemmend oder treibend), ähnlich einer gerichteten Triebstärke.
- Kraftfeld: die Anordnung von Kräften in einem Raum.

- Ziel: ein Kraftfeld mit einer besonderen Struktur, in der alle Kräfte in Richtung derselben Region streben.
- Einfluss: die Möglichkeit, in einer anderen Person Kräfte zu induzieren.
- Werte: die Entscheidung, welche positive (anziehende) oder negative (abstoßende) Spannung die Handlungen eines Individuums in einer bestimmten Situation hin zu oder weg von einem Ziel lenken (Valenz) (Lewin 2012, S. 82–84).

Das Ortsverhältnis von Teilen erzeugt die (topische) Struktur eines Lebensraums. Wenn eine Person ihren Ort von einer Region zu einer anderen wechselt (Lokomotion), verändert das auch die Struktur des Lebensraums (Lewin 2012, S. 284).

Lewin versteht seine Theorie nicht in einem traditionellen Sinn, wie zum Beispiel das Gravitationsgesetz. Stattdessen legt seine Feldtheorie eher die Voraussetzungen für die Form einer begründeten Theorie fest, ohne deren Inhalt zu bestimmen (Graumann und Lewin 1982, S. 26).

Die Feldtheorie und die Systemtheorie schließen in vielen Aspekten einander an, weil beide Ansätze neben der Dynamik und Selbstorganisation von Systemen auch die adaptive Neuordnung unter gegebenen Randbedingungen betonen. Beide Theorien sehen Systeme als nichtlinear und wechselseitig abhängig an (Kriz 2015, S. 288–297). „Lewin [hat] mit seiner Feldtheorie viele Konzepte der heutigen Systemtheorie vorweggenommen […] und kann daher durchaus als früher Systemiker bezeichnet werden.“ (Kriz 2015, S. 312–313).

3.4.2 Feldtheoretischer Ansatz nach Shimizu

Die Feld- und Systemtheorie Shimizus basiert auf dem Konzept *ba* des japanischen Philosophen Nishida Kitaro. Dieser entwickelte *ba* in der ersten Hälfte des 20. Jahrhunderts an der Kyoto-Schule in intensiven Dialogen mit der deutschen Phänomenologie und dem amerikanischen Pragmatismus. Das Konzept wurzelt sowohl im Zen- als auch im chinesischen Buddhismus. *Ba* bedeutet ein sich selbst bestimmender „Ort“, der zwischen Einzelnen vermittelt – ihnen aber nicht gegenübersteht (Hanks et al. 2019, S. 63–64; Latka 2003, S. 49–50; Nonaka et al. 2000, S. 13–14).

Ba ist ein gemeinsamer Raum entstehender Beziehungen, der physische, virtuelle und mentale Räume sowie Zeit simultan verflechtet. Er existiert somit auf unterschiedlichen ontologischen Ebenen, die miteinander verbunden ein größeres *ba* bilden können. Hierdurch überschreitet *ba* konzeptionell die Grenze zwischen Mikroebene und Makroebene.

Weil Beziehungen zwischen den verschiedenen *ba*-Ebenen nicht vorgegeben sind, existiert auch kein dominierendes Zentrum oder keine dominierende Mikro- oder Makroebene. Vielmehr interagieren die Ebenen miteinander, um ein höheres Selbst auszubilden (Nonaka et al. 2000, S. 14, 2000, S. 19).

Menschen erschließen sich *ba* durch Interaktion, indem sie sich mit dem Kontext verbinden und ihn gleichzeitig teilen. Dies schafft einen offenen, gemeinsamen Ort, den jedes Individuum mit seinem Kontext betreten und wieder verlassen kann.

Ebenfalls ermöglicht *ba* dem Selbst, sich als Teil eines größeren Ganzen wahrzunehmen. Zum Beispiel kann ein Team das *ba* für das Individuum sein, die Organisation das *ba* für das Team und der Markt das *ba* für die Organisation (Nonaka et al. 2000, S. 15, 2000, S. 13–14; Nonaka und Konno 1998, S. 40–41).

Ba ist nicht an einen bestimmten Raum oder eine bestimmte Zeit gebunden. Dies lässt Menschen Zeit und Raum teilen und gleichzeitig transzendieren. Daher kann *ba* auch als ein Ort der Wissenserschaffung dienen: Er sammelt und integriert immaterielles, unbegrenztes, dynamisches und nicht lagerbares Wissen eines Bereichs in ein bestimmtes Raum-Zeit-Gefüge (Nonaka et al. 2000, S. 14–15).

Die Pluralität von ba

Es existieren zwei Arten von *ba*:

- Das primäre *ba* sucht nach einem ontologischen Niveau, das vor der Subjekt-Objekt-Unterscheidung liegt und die Untrennbarkeit von Menschen und Natur beschreibt. Es kann nicht verlassen werden, da es Kategorien auflöst, die gewöhnliches praktisches Denken bestimmen. Primäres *ba* entspricht dem „Basho of absolute nothingness“ von Kitaro: ein ursprünglicher Raum, in dem weder Dinge noch irgendein Ausdruck existieren, weil keine Unterscheidungen gemacht werden. Daher gibt es keine getrennten Objekte oder Subjekte (Hanks et al. 2019, S. 64–65).
- Die sieben Dimensionen der Phänomenologie (Empathie, gemeinsames Wissen, Co-Präsenz, Motivverzahnung, Kooperation, gemeinsame Zeit und Perspektivwechsel) entsprechen nicht genau dem basho des absoluten Nichts, sind jedoch ähnlich in ihrer Richtung: Sie betten das Subjekt in eine intersubjektive Formation ein (Hanks et al. 2019, S. 66–67).

- Das sekundäre *ba* beschreibt einen Interaktionsraum, in dem Sprache und soziale Praxis verschiedene Objekte, Hierarchien und Unterscheidungen erzeugen. Dieser kann verlassen werden. Sekundäres *ba* entspricht eher den Begriffen „Kontext" oder „Situation" (Hanks et al. 2019, S. 64–65).

Die *ba*-Theorie besteht aus einer Reihe theoretischer Konzepte, um Kontexte und Informationen modellieren zu können. Diese Theorie lässt sich als eine Art Metasprache verstehen, die die Beziehungen zwischen primärem und sekundärem *ba* betrachtet (Hanks et al. 2019, S. 65). So benennt die *ba*-Theorie „Co-Präsenz" als eine Form gleichzeitiger, wechselseitiger Wahrnehmung, die Menschen aneinander bindet. Denn Menschen nehmen in einer Interaktion wechselseitig simultan wahr – sowohl über den Ausdruck als auch die Rezeption. Damit teilen die beteiligten Personen einen gemeinsamen, interaktiven Raum-Zeit-Bereich. Das ist ein Aspekt der untrennbaren Beziehung im primären *ba* (Hanks et al. 2019, S. 66–67).

Weiterentwicklung des ba-Prinzips durch Shimizu
Hiroshi Shimizu, ein Kognitionswissenschaftler, erweiterte die Systemtheorie durch die Integration von Kitaros Philosophie des Ortes *ba* (Latka 2003, S. 62–74), um eine umfassendere Sichtweise auf lebende Systeme zu entwickeln. Er kritisierte insbesondere die Selbstorganisationstheorien von Haken und Prigogine. Denn diese Wissenschaftler betonten die Dominanz der Gesamtheit über Einzelteile. Dadurch berücksichtigen ihre Theorien nicht ausreichend die Autonomie lebender Systeme. Shimizu konstatierte, dass lebende Systeme ihre Randbedingungen selbstreferentiell herstellen. Damit verfügen sie über eine größere Autonomie als bisher angenommen (Latka 2003, S. 63–66).

Shimizu schlug eine wissenschaftliche Theorie des Entstehens von Informationen in dynamischen Systemen vor. Er definierte basho (das primäre *ba*) als einen Ort, an dem ein relationaler Prozess von innen heraus entsteht (Hanks et al. 2019, S. 65–66) – mit dem Ziel, die Beziehung zwischen System und Umwelt neu zu definieren. Statt Systeme durch Exklusion von der Umwelt zu definieren, versteht Shimizu Systeme durch Inklusion in einen Ort. Dies führt, neben einem Paradigmenwechsel von geschlossenen zu offenen Systemen, auch weg von einer exo- hin zu einer endosystemischen Perspektive (Latka 2003, S. 88–92). Das steht im Gegensatz zum üblicherweise distanzierten Subjekt (Hanks et al. 2019, S. 65–66) beziehungsweise Raum, die die moderne, westliche Philosophie häufig als negativ konnotierte Gegensätze zu Zeit, Evolution und damit zum Leben versteht (Latka 2003, S. 265).

Shimizu konzipierte ein zweizentriges Modell von Teil und Ganzem. Dieses betrachtet das Selbst sowohl aus einer egozentrischen als auch aus einer topozentrischen Perspektive (Latka 2003, S. 73–74, 2003, S. 95–97). Die zwei Arten der Repräsentation von basho sind in einem Echtzeitprozess miteinander verwoben:

- Basho-/topozentrische Repräsentation (primäres *ba*): Diese bietet eine holistische, transzendentale Skizze von basho, in der Subjekt und Objekt untrennbar sind. Diese Nicht-Trennbarkeit ist im primären *ba* verwurzelt.
- Egozentrische Repräsentation (sekundäres *ba*): Diese bietet eine mikroskopische Skizze von basho. Sie basiert auf einer Logik der Trennung zwischen Subjekt und Objekt. Dies entspricht dem sekundären *ba*, wo Trennung und Artikulation entstehen.

Der Mensch mit seinem Bewusstsein (das reflexive Subjekt) stellt den „Konvergenzpunkt" dar, an dem sich die beiden Arten der basho-Repräsentation durch einen emergenten Prozess der Artikulation herausbilden. Aus dem holistischen basho entsteht das getrennte basho, und durch das basho des Ganzen wird das basho des Getrennten eingegliedert (Hanks et al. 2019, S. 65–66).

Weil Shimizu sowohl rein makroskopische als auch rein mikroskopische Systembeschreibungen als ungenügend ansieht, führt er eine neue Elemententheorie ein (Latka 2003, S. 68–69). Holon und Relaton sind dabei die zentralen Begriffe in Shimizus Theorie der selbsterschaffenden (und damit auch selbstorganisierenden) Systeme. Sie sind untrennbar miteinander verbunden.

- Holone sind komplexe Strukturen in inhomogenen, selbstorganisierenden Systemen, die gleichzeitig sowohl Teile eines größeren Ganzen als auch eigenständige Einheiten repräsentieren. Sie stellen die strukturellen Elemente eines Systems dar. Mit dem Begriff Holon drückt Shimizu seine grundlegende Überzeugung aus, dass Elemente in einem System immer in Beziehung zu anderen Elementen und dem Gesamtsystem stehen – und nie isoliert zu betrachten sind.
- Relatone drücken sowohl die Interaktionen und funktionalen Verbindungen der Holone miteinander als auch gleichzeitig mit dem Gesamtsystem aus. Relatone verdeutlichen, dass die Systemdynamik, neben den Eigenschaften der einzelnen Holone, auch durch die Art und Weise der Interaktion dieser Holone bestimmt wird.

Das Zusammenwirken von Holonen und Relatonen ermöglicht es dem System, aus einem unbestimmten Zustand heraus eine bestimmte Ordnung selbst zu erschaffen, statt diese nur selbst zu organisieren (Latka 2003, S. 69–72).

3.4.3 Feldtheoretischer Ansatz nach Ciompi

Luc Ciompi, ein schweizer Schizophrenie-Forscher und Begründer der Affektlogik, entwickelte den Ansatz einer allgemeinen psycho-physischen Feldtheorie. Diese basiert auf systemtheoretischen Erkenntnissen, dass zwischen der Struktur und Dynamik verschiedener Systeme – physischer, chemischer, biologischer und sozialer Art – viele Analogien und Übereinstimmungen existieren. Gleichwohl versteht er seinen feldtheoretischen Ansatz auf einem höheren Abstraktionsniveau im Vergleich zu bekannten Feldtheorien wie jenen nach Lewin oder Capra (Ciompi 1988, S. 249).

Zentral für Ciompis Theorie ist die Hypothese, dass grundlegende Prinzipien physischer Systeme auch auf psychische oder geistige Systeme übertragbar sind (Ciompi 1988, S. 249).

> „Die ‚Eigenwahrheit' eines jeden affektiv-kognitiven Bezugssystems beeinflußt und ‚krümmt' [..] das umliegende psychische und psychosoziale Feld prinzipiell gar nicht anders, als lokal verdichtete, materielle ‚Bezugssysteme' benachbartes materielles Geschehen beeinflussen." (Ciompi 1988, S. 252).

Ähnlich wie die Wirkungen von Magnet- und Gravitationsfeldern in der physischen Welt die Raum-Zeit um Materiepunkte oder Himmelskörper strukturieren, beeinflussen im psychosozialen Bereich Ideologien, Theorien, individuelle Menschen und Gruppen oder sogar ganze „Volksgruppen" als Felder den umgebenden Sozialraum. Diese Felder wirken wie Kraftlinien, die sowohl die Wahrnehmung als auch das Verhalten der Menschen in diesem Raum strukturieren (Ciompi 1988, S. 250–251).

In beiden Systemlogiken zieht die Kraft der Feldwirkung die umliegenden Ereignisse an. Hierdurch bringt sie die Ereignisse dazu, sowohl Raum- als auch Zeitaspekte des Feldes zu übernehmen – und damit auch Teile der „Eigenwahrheit" des Feldes in sich zu aufzunehmen (Ciompi 1988, S. 250–251). In diesem Zusammenhang stellt Ciompi besonders heraus, dass den anziehenden, „zentripetalen" Wirkungen psychischer und materieller Bezugssysteme ebenfalls abstoßende, „zentrifugale" Kräfte gegenüberstehen. Grundsätzlich lassen sich anziehende und abstoßende Kräfte somit auch als bindende und trennende Dynamiken zwischen wechselwirkenden Systemen verstehen (Ciompi 1988, S. 253).

Zudem weist alles, was existiert, räumliche als auch zeitliche Muster auf. Dadurch ist Existierendes jeweils Teil eines synchronen als auch diachronen Systems (Ciompi 1988, S. 267). Physikalische Ereignisse finden in spezifischen „Eigenzeiträumen" statt, ebenso wie psychosoziale Ereignisse und Bezugssysteme.

Das Raum-Zeit-Muster einer Gruppe oder eines Individuums lässt sich durch die verbrachte Zeit in bestimmten Umgebungen erkennen. Auch immaterielle Gestaltformen wie Religionen, Ideologien und Kulturen zeigen unverkennbare Raum-Zeit-Muster auf, indem sie nur zu bestimmten Zeiten und an bestimmten Orten existieren.

Systemdynamisch betrachtet lassen sich die Prinzipien von Zeit und Raum sowohl in der Physik als auch im psychischen Bereich parallel finden: Psychische Konzepte repräsentieren verdichtete Information, während der physische Begriff der Materie auf verdichtete Energie hinweist. Durch eine kontinuierliche Zufuhr von Energie oder Informationen entstehen sowohl in der physikalischen als auch in der psychischen Sphäre strukturelle Transformationen (Ciompi 1988, S. 257–258).

Synchrone (räumliche) und diachrone (zeitliche) Systeme unterscheiden sich durch ihre Varianzen und Invarianzen. Varianzen manifestieren sich in konkreten Unterschieden in Rhythmen, Tempi und räumlichen Konstellationen. Invarianzen weisen hingegen auf grundlegende, kontinuierlich nach Gleichgewicht strebende Wechselwirkungen zwischen Elementen hin, die ein System konstituieren. In Raumsystemen wirken alle Elemente gleichzeitig zusammen. Dieses Zusammenwirken führt zu einer ständigen Äquilibrierung der simultan wechselwirkenden Komponenten. Zeitsysteme bestehen demgegenüber aus allen Elementen einer zusammengehörigen, konkreten Kette von Geschehnissen. Sie beeinflussen die zeitliche Abfolge von Ereignissen. Beide Systeme sind reziprok und strukturell gekoppelt, beeinflussen sich gegenseitig und tragen zur Schaffung von Realität und Gegenwart bei. Rückkopplungsmechanismen regulieren beide Systeme dynamisch, um ständig Gleichgewichte zu wahren sowie mit Anpassungen auf Störungen zu reagieren (Ciompi 1988, S. 270–271). Raum und Zeit repräsentieren somit die Pole eines Ordnungskontinuums, durch das sich ein realer Ereigniszusammenhang in eine Raum-Zeit-Ordnung einordnen lässt (Ciompi 1988, S. 274).

Die Charakterisierung von Feld nach Ciompi

Den Begriff „Feld“ charakterisiert Ciompi mit diesen Merkmalen:

- Dualstruktur: Diese beschreibt die wechselseitige strukturelle Kopplung zwischen physischer und psychischer Welt. Gegensätze wie beispielsweise Materie und Antimaterie oder gut und schlecht bilden eine untrennbare Einheit. Zwischen deren Extremen bewegt sich alles. Lokale Zusammenhänge innerhalb dieser

Gegensätze haben jeweils eigene Zeiten, Räume und Wahrheiten. Diese Zusammenhänge bilden eigenständige Bezugssysteme. Die Interaktion von synchronen (räumlichen) und diachronen (zeitlichen) Subsystemen erzeugt kontinuierlich Gegenwart (Ciompi 1988, S. 277–278).

- Wirkungs- und Beziehungsgefüge: Ein Feld besteht aus einem Netzwerk von Einflüssen und Verbindungen, die sich über einen bestimmten Raum ausbreiten und miteinander interagieren.
- Psychische Gravitationskraft: Innerhalb eines Feldes weisen bestimmte Verdichtungen oder Knotenpunkte eine höhere Konzentration von Energie oder Information auf. Sie üben eine Art Gravitationskraft aus, die das umliegende psychische und psychosoziale Feld strukturiert. Diese Kräfte sind umso größer, je massiver die Verdichtungen und je größer die psychische Nähe zu ihnen ist.
- Wahrnehmung und Beurteilung: Psychische Felder wirken ähnlich wie Raster oder Wahrheitssysteme, durch die Menschen alles Wahrgenommene beurteilen. Solche Raster beeinflussen sowohl kognitive als auch affektive Aspekte der Wahrnehmung. Sie können insbesondere in emotional geladenen Kontexten zu Wahrnehmungsverzerrungen führen.
- Kommunikation: Kommunikationsprozesse spielen eine zentrale Rolle in der Erschaffung und Aufrechterhaltung von Feldern. Ähnlich der Gravitationskraft im physisch-materiellen Bereich strukturiert Kommunikation den gesamten sozialen Raum (Ciompi 1988, S. 250–256).

Ciompi schließt in die Zukunft fragend seine Überlegungen:

> „Angesichts der vielen, frappierenden Parallelen zwischen den Verhältnissen im physischen und psychischen Bereich darf man sich schließlich wohl die Frage stellen, ob über die genannten Ansätze zu einer ‚psycho-physischen Feldtheorie‘ hinaus in weiterer Ferne nicht sogar so etwas wie eine ‚Relativitätstheorie des Geistes‘ in Sicht kommen könnte. Jedenfalls erweisen sich eine ganze Reihe von relativistischen Begriffen – ich nenne neben den beschriebenen Feldeffekten von Schwerkraft und Trägheit insbesondere die ‚Eigenzeiten‘ und ‚-räume‘ von psychischen Bezugssystemen, ferner ihre ‚geodätischen‘ Bewegungen – als ganz gleich valide im psychischen wie im physischen Bereich.“ (Ciompi 1988, S. 280).

Mehr als 30 Jahre später verstärkt der Gesellschaftswissenschaftler Ferdinand Zehenreiter mit seinem Entwurf einer „Relativitätstheorie der sozialen Zeit“ Ciompis Ausblick auf eine „Relativitätstheorie des Geistes“. Denn auch Zehenreiters „Relativitätstheorie der sozialen Zeit“ basiert auf der Möglichkeit, das Relativitätsprinzip und das Reziprozitätsprinzip ineinander zu übersetzen (Zehentreiter 2022, S. 22). Er gründet seine Theorie auf den Perspektiven von Pragmatismus und genetischer Erkenntnistheorie. Darüber hinaus hebt diese Relativitätstheorie die Bedeutung von sozialer Praxis und kognitiven Strukturen in der Konstruktion von Zeit hervor (Zehentreiter 2022, S. 9–16). Ontologisch betrachtet versteht Zehenreiters Ansatz Zeit als sozialen Charakter, der sich in der Dynamik sozialer Interaktionen widerspiegelt (Zehentreiter 2022, S. 9). Epistemologisch beruht diese Theorie auf den Gedanken, dass einerseits Beobachtungen und Messungen immer im inneren Bezug zur beobachteten Wirklichkeit stehen (Zehentreiter 2022, S. 26); und dass soziale Prozesse andererseits als nichtlineare, generative Entwicklungen zu bewerten sind (Zehentreiter 2022, S. 9–10).

3.4.4 Feldtheoretischer Ansatz nach Scharmer

Die Theorie U weist zwei Teile auf, die miteinander verwoben sind: Die Theorie U als Feldtheorie, die ich in diesem Abschnitt darstelle. Und die Theorie U als Transformationsprozess (U-Prozess); diesen Teil stelle ich im Teil Transformationsansätze unter 3.5.1 „Theorie U" dar.

Scharmer verbindet die in der Theorie U beschriebenen Bewegungen und Phasen – der sogenannte U-Prozess (Scharmer 2020b, S. 77) – im Kontext einer bewusstseinsbasierten, sozialen Feldtheorie (Scharmer 2020a, S. 327). Daher ist die Theorie U „not a phase model; it's a field theory." (Scharmer 2020a, S. 327), in der sich Qualitäten von Beziehungen zeigen, die in Denk-, Kommunikations- und Organisationsmustern münden. Diese Muster bringen praktische Ergebnisse hervor (Scharmer und Hildenbrand 2019, S. 31). Mit Hilfe der Theorie U lassen sich soziale Felder insbesondere durch diese sechs Merkmale erkennen (Scharmer 2020b, S. 265):

1. Soziale Felder sind ein sich entfaltendes Ganzes, durch die Verbindung aller Felder mit ihrem geteilten Ökosystem als auch durch direkte soziale Beziehungen aller untereinander.
2. Sie unterscheiden sich von sozialen Systemen durch die Beobachtungsperspektive: Soziale Systeme sind soziale Felder, die ein:e Beobachter:in von außen betrachtet. Wenn ein:e Beobachter:in das Innere eines sozialen Systems erkundet, wechselt die Perspektive zur Wahrnehmung des sozialen Feldes. Die Grenze zwischen einem sozialen System und Feld verläuft durch das Bewusstsein der Beobachtung von außen und des Erkundens von innen.
3. Durch den Wechsel der Beobachtungsperspektive zur Wahrnehmung beziehungsweise Erkundung des sozialen Feldes verändert sich die Art und Weise,

wie sich Akteur:innen einer Situation zuwenden, sich auf sie einlassen. Das wiederum bestimmt, wie sie soziale Systeme und Strukturen verkörpern und realisieren.

4. Soziale Felder können vier unterschiedliche Feldqualitäten beziehungsweise soziale Realitäten (oder auch Bewusstseine) hervorbringen, aus denen Menschen handeln können:

   Qualität 1 (Ich-in-mir):
   gewohnheitsmäßig; handeln aus dem Zentrum, innerhalb der eigenen Organisationsgrenze; Raumerfahrung durch eindimensionale, mentale Bilder; getrennte Wahrnehmung von Zeitverlauf und eigener Erfahrung; Selbsterleben aus Gewohnheiten; Intersubjektivität durch die Anpassung an einen vorgegebenen Bezugsrahmen mit Regeln (regelwiederholende Handlungen); gemeinsamer Ort als abwesender, toter Körper.

   Qualität 2 (Ich-in-Ding):
   Subjekt – Objekt; handeln von der Peripherie aus, an der eigenen Organisationsgrenze; zweidimensionale Raumerfahrung durch äußere Verbundenheit zwischen Beobachter:innen und Beobachteten; chronologisch strukturierte Zeitwahrnehmung durch sequenzielle, äußere Ereignisse; rationales Selbsterleben aus dem Kopf; Intersubjektivität durch den Austausch unterschiedlicher Ansichten und Belange (regelanwendende Handlungen); gemeinsamer Ort als nutzbare Ressource und Interaktionspunkt.

   Qualität 3 (Ich-in-dir):
   relational; handeln von jenseits der eigenen Organisationsgrenze; dreidimensionale Raumerfahrung durch das Bewegen der Beobachter:innen im Feld der Beobachteten; verlangsamte, intensivierende, innere Zeitwahrnehmung; relationales Selbsterleben aus dem Herzen; Intersubjektivität durch Reflexion sowie Verbindung miteinander als auch Empathie füreinander (regelreflektierende Handlungen); gemeinsamer Ort als lebendiges System mit uns und den mit uns verbundenen sozialen und ökologischen Interaktionen.

   Qualität 4 (Ich-in-wir):
   generativ; handeln von der entstehenden Sphäre, über die offenen, eigenen Organisationsgrenzen hinweg; Raumwahrnehmung durch einen vierdimensionalen, sich panoramisch erweiternden Zeitraum; Zeitwahrnehmung als

Stille, durch die etwas Entstehendes im Begriff ist, sich zu manifestieren; authentisches Selbsterleben aus der Wahrnehmung der höchsten, zukünftigen Möglichkeit des eigenen Selbst; Intersubjektivität durch die Auflösung bestehender Grenzen und neue Möglichkeitsräume (regelgenerierende Handlungen); gemeinsamer Ort als sinnliches Erleben eines über uns hinausgehenden Sinns.

5. Wenn Akteur:innen allmählich die Veränderungen hin zu dem sozialen Feld wahrnehmen, transformieren sich auch ihre persönlichen Erfahrungen innerhalb des Feldes: die Wahrnehmung des sozialen Raums und der sozialen Zeit, des Selbst, der Intersubjektivität und des gemeinsamen Ortes. Wenn sie versuchen, diese Erfahrung zu beschreiben, wird die Sprache oft vage.
6. Soziale Felder entwickeln sich als Zeitskulpturen. Diese entstehen, wenn die zwei Zeitströme – gewordene und werdende Zeit – im Jetzt aufeinandertreffen. Gewordene Zeit sind Muster der Vergangenheit, die sich bis in die Gegenwart ausdehnen. Und werdende Zeit lässt sich als eine im Entstehen begriffene Zukunft beschreiben.

3.5 Transformationsansätze

Ich habe zwei bewährte Ansätze ausgewählt, die die transformative Entwicklung von Menschen in Organisationen fördern: Die Theorie U sowie die Theorie des transformativen Lernens. Beide passen zu meinem systemischen Forschungsansatz und stimmen mit der ontologischen Grundlage meiner Arbeit überein. Zudem tragen sie zum gesellschaftlichen Wandel bei.

Für die Theorie U entschied ich mich, weil sie

- sich für Managementkontexte empfiehlt, in denen etwas (neues) im Entstehen ist und das traditionelle, zweckrationale Managementmodell nicht mehr wirkt (Scharmer 2020a, S. 326–327). Die Transformative Autorität zielt auf diese Kontexte.
- in der Führungs- und Beratungspraxis ihre Nützlichkeit (Kühl 2015, S. 201; Scharmer 2020a, S. 323–324) demonstriert. Für eine systemisch-orientierte Forschung stellt dies ein relevantes Kriterium dar. Ebenfalls zeigt sich aus meiner rund 30-jährigen Berufserfahrung als Berater und Führungskraft, dass die Praxis der Theorie meist etwas voraus ist. Denn die Praxis arbeitet bereits mit wirksamen Phänomenen, ohne sie begründen zu müssen. Systemaufstellungen bieten sich hierfür als treffende Analogie an (Schmidt und Kleve 2021, S. 48).

- häufig Anwendung findet in Gruppen mit gegensätzlichen Interessen: Sie bezieht alle relevanten Akteur:innen eines sozialen Systems mit ein, insbesondere die am stärksten marginalisierten – damit sie gemeinsam neue Formen des Zusammenwirkens erkunden und entwickeln. Dadurch würdigt die Theorie U nicht nur die gegensätzlichen Interessen zwischen Individuen, Gruppen, Organisationen oder auch sozialen Klassenunterschieden. Sie widerspricht damit zwangsläufig auch kollektiven Ideologien, wie zum Beispiel Sozialismus, Faschismus, neoliberaler Kapitalismus (Scharmer 2020a, S. 325). Dadurch unterstützt die Theorie U die axiologische Verortung meiner Dissertation (vgl. 6.4).

Für die Theorie des transformativen Lernens nach Mezirow entschied ich mich, weil

- der Transformationsansatz von Mezirow eher progressiv ist. Dieser versteht Wandel als Anpassung innerhalb bestehender Strukturen, um Ungleichheit, Ungerechtigkeit sowie Hegemonie zu verändern. Mithilfe von Empowerment sollen sich durch Handeln soziale Bedingungen so verändern, dass eine offenere, gerechtere und demokratischer Gesellschaft entstehen kann (Toka und Gioti 2023, S. 279).
- die Theorie des transformativen Lernens in den letzten 30 Jahren entscheidend zur Veränderung der Sichtweise beigetrug, wie Erwachsene am besten lernen (Kitchenham 2008, S. 121–122).

3.5.1 Theorie U

Der Ansatz der Theorie U des Aktionsforschers Otto Scharmer betrachtet soziale Systeme so, als ob Menschen diese aktiv gestalten können – also eine Wirkung haben (Scharmer 2020a, S. 324) – und konzentriert sich dabei auf Beziehungsqualitäten (Scharmer 2020a, S. 325). Er versteht menschliches Handeln als ein sich entwickelndes Bewusstsein und ein sich erforschendes Selbst.

Die Matrix der sozialen Evolution fasst den Rahmen der Theorie U zusammen: die Feldtheorie und der sogenannte U-Prozess (siehe Tabelle 3.2: Matrix der sozialen Evolution nach Scharmer (Scharmer 2020b, S. 32; Scharmer und Hildenbrand 2019, S. 52)). Sie stützt sich auf die späteren, epistemologischen Arbeiten zum biologischen Konstruktivismus des Neurobiologen Francisco Varela: sich mit Hilfe von Methoden verkörpernden Wissens mit konkreten Spezifika einer sozialen Situation verbinden, um präsent zu sein. Dies stellt einen Kontrast zur Theorie sozialer Systeme nach Luhmann (Luhmann 1987) dar: Diese bedient sich Methoden entkörperlichten Wissens und konzentriert sich auf ein abstraktes Ganzes (Scharmer 2020a, S. 330–331), indem sie beispielsweise zwischen verschiedenen gesellschaftlichen Teilsystemen differenziert.

Tabelle 3.2 Matrix der sozialen Evolution nach Scharmer (Scharmer 2020b, S. 32; Scharmer und Hildenbrand 2019, S. 52)

Feldstruktur der Aufmerksamkeit (Bewusstsein)	Mikro wahrnehmen (Individuum)	Meso kommunizieren (Gruppe)	Marko organisieren (Institution)	Mundo koordinieren (Ökosystem)
Habitus-Bewusstsein	herunterladen gewohnter Denkmuster	aus der Anpassung heraus sprechen: freundliche Phrasen	zentralisiert von oben nach unten	Befehl
Egosystem-Bewusstsein	faktisches Zuhören, mit offenem Denken	aus der Differenzierung heraus sprechen: differenzierte Standpunkte debattieren	dezentralisiert	Wettbewerb
Stakeholder-Bewusstsein	empathisches Zuhören, mit offenem Fühlen	aus dem Erkunden des Anderen und des Selbst heraus sprechen: reflektierte Dialoge	vernetzt	Kooperation
Ökosystem-Bewusstsein	schöpferisches Gewahrwerden, mit offenem Willen	aus dem sich hindurch Bewegenden heraus sprechen: schöpferische Dialoge	co-kreativ	Gemeinsames Gestalten (kollektives Handeln als Bewusstsein)

Scharmer folgt dem Friedensforscher Johan Galtung in dessen Motivation, Invarianzen zu identifizieren und zu verändern. Daraus leitet sich das Ziel der Theorie U ab: den Status quo transformieren, statt ihn nur beschreiben (Scharmer 2020a, S. 327).

Wenn eine Entwicklung es erfordert, sich selbst zu evolvieren, weil die Bewahrung des Status Quo nicht nur die ökologischen, sozialen als auch spirituellen Spaltungen aufrechterhält – so Scharmers Annahme – sondern sich durch diese Spaltungen die Menschheit im weiteren Verlauf auch selbst zerstören wird, sind die gegenwärtigen Theorien sozialer Systeme größtenteils mit Analphabeten [sic] vergleichbar (Scharmer 2020a, S. 328). Beispielsweise konstatieren große Teile der Psychologie Erleben und Handeln von Menschen vor allem aus vergangenen Ursachen und einer Zielgerichtetheit. Diese Wissenschaftsdisziplin widmet der imaginativen und kreativen Neugier von Menschen weiterhin wenig Aufmerksamkeit. Geht es darum, zukünftige Ziele zu erreichen, liegt daher der Fokus vor allem auf Plänen zur Zielerreichung, der Kontrolle der Schritte und der dafür nötigen Bedingungen dafür. Dieses Prinzip führt unweigerlich zu Problemen in einer komplexen Lebenswelt, deren objektive Bedingungen sich kontinuierlich verändern. Selbst wenn sich Pläne an veränderte Bedingungen anpassen lassen, bleibt dieses Prinzip ein starres Zuordnungssystem. In diesem nimmt Kontrolle einen hohen Stellenwert ein – beziehungsweise muss sie dies sogar tun (Kriz 2017, S. 127).

Darüber hinaus verstehen Theorien – insbesondere die von Luhmann inspirierten Theorien sozialer Systeme – Zukunft eher als eine den Status quo aufrechterhaltende Erweiterung beziehungsweise Veränderung der Vergangenheit. Zukunft lässt sich jedoch auch als ein Feld von Möglichkeiten verstehen, welches sich völlig von der Vergangenheit unterscheiden kann. Die Theorie U adressiert diesen blinden Fleck des strukturellen Konservatismus und geht über ihn hinaus. Darüber hinaus können Wissenschaftler:innen mithilfe der Theorie U ihre Ansätze anreichern oder sogar vollständig überarbeiten, um zukunftsgestaltenden Akteur:innen Räume für Veränderungskonstellationen zu schaffen – in denen sich das Bewusstsein innerhalb eines Systems von ego- zu ökosystemisch verlagern kann. (Scharmer 2020a, S. 328–329).

Der sogenannte U-Prozess der Theorie U führt Individuen als auch Gruppen von ihrer ersten Wahrnehmung einer Situation bis hin zu tiefgreifenden Veränderungen im Denken und Handeln. Diese U-förmig verlaufende, nichtlineare als auch iterative Entwicklung beinhaltet fünf Phasen. Jede Phase ist entscheidend für den Transformationsprozess. Die sich in der Transformation bewegenden Personen können häufig zwischen diesen Phasen wechseln. Dadurch vertiefen sich nicht nur ihre Erkenntnisse, sondern es verfeinern sich auch ihre Ansätze. Die Übergänge zwischen den Phasen erfordern sowohl das Loslassen bisheriger Denkmuster als auch die Offenheit, sich Unsicherheiten und neuen Möglichkeiten zu stellen. In diesen Übergangsräumen verändert sich Wahrnehmung und Verhalten. Reflexions-, Dialog- und Experimentierräume erleichtern den Phasenwechsel.

- In Phase eins – mit-initiieren – treffen alle relevanten Interessengruppen zusammen. Sie entwickeln gemeinsame Absichten und schaffen einen Raum für offene Diskussionen über anstehende Probleme.
- Der Übergang von Phase eins zu zwei setzt voraus: die Personen haben ein kollektives Einverständnis über die Bedeutung des Themas und eine Bereitschaft, es gemeinsam zu erforschen.
- In Phase zwei – miterleben – nehmen die Akteur:innen aufmerksam unterschiedliche Perspektiven und die Anforderungen des Lebens wahr. Daraus gewinnen sie Erkenntnisse.
- Der Übergang von Phase zwei zu drei erfordert ein kollektives Verständnis der erforderlichen Veränderungen, um eine andere Realität zu erreichen.
- In Phase drei – präsent sein – verbinden sich die in Transformation befindlichen Personen mit ihrer innersten Quelle von Selbst und Willen, um eine klare Vision einer gewünschten Zukunft zu entwickeln.
- Eine gemeinsame Vision inspiriert den Übergang von Phase drei zu vier, um vom Nachdenken in das Handeln zu gelangen.
- In Phase vier – mitgestalten – kreieren die Akteur:innen neue Wege des Seins und Handelns, die zu der entwickelten Vision passen. Darüber hinaus experimentieren sie mit neuen Praktiken, Prozessen und Strukturen in Form von Prototypen.
- Der Übergang von Phase vier zu fünf lässt sich gleichzeitig als Phase fünf verstehen, die sich als ein kontinuierlicher Prozess des Lernens und der Anpassung zeigt: Die Akteur:innen realisieren die Prototypen mit iterativen Feedback-Loops.
- In Phase fünf – co-evolvieren – festigen und skalieren die Personen ihre neuen Praktiken, damit sie sich nachhaltig weiterentwickeln können. Der Prozess der Ko-Evolution endet nicht wirklich (Scharmer 2020b, S. 165–252; Scharmer und Hildenbrand 2019, S. 40–41).

Einordnung der Theorie U im wissenschaftlichen Diskurs

Auch wenn die Theorie U eine hohe Anschlussfähigkeit und Nützlichkeit für die Praxis aufweist, ist wissenschaftliches Arbeiten mit ihr bislang noch kritisch zu bewerten. Maren Albrecht weist in ihrer Dissertation darauf hin, dass Scharmer die Theorie U in eklektischer Art und Weise aus unterschiedlichen Aspekten diverser Theorien, Disziplinen oder auch Religionen zusammenführt. Und dass er diese Einflüsse in seinem Gesamtkonzept nur teilweise oder vage erklärt, meist ohne dezidierte Quellenangabe. Daher steht die Frage nach einer vollständigen, wissenschaftlichen Nützlichkeit der Theorie U noch im Raum (Albrecht 2023, S. 85). Scharmers wissenschaftliche Art und Weise lässt sich möglicherweise auch mit seinem Forschungsansatz der Aktionsforschung erklären. Denn diese Methodologie strebt im Gegensatz zu jener in der konventionellen Sozialwissenschaft nicht in erster Linie danach, soziale Konstellationen zu verstehen. Stattdessen zielt sie darauf ab, Wissen in der Praxis zu erzeugen – in dem Forscher:innen und Praktiker:innen gemeinsam Veränderungen herbeiführen und damit ihre Handlungskompetenz erweitern. Aktionsforschung ist selbst transformativ in der Wissenserzeugung, da sie über die Gatekeeping-Funktion des professionellen Wissenschaftsbetriebs hinaus geht (Bradbury-Huang 2010, S. 93).

3.5.2 Transformative Learning

Die Theorie des transformativen Lernens nach Mezirow ist eine metakognitive Erkenntnistheorie des evidenzbasierten (instrumentellen) und dialogischen (kommunikativen) Begründens. Unter Begründen versteht Mezirow einen Prozess der Förderung und Bewertung einer Überzeugung. Durch ihn können Menschen problematische Bezugsrahmen verändern – und zwar so, dass diese Rahmen integrativer, differenzierter, offener, reflektierender und emotional veränderungsfähiger werden. Bezugsrahmen stellen kulturelle und sprachliche Strukturen dar, durch die Menschen Bedeutung konstruieren – indem sie ihnen mit ihren Erfahrungen Kohärenz und Sinnhaftigkeit zuschreiben. Diese Rahmen formen und begrenzen selektiv menschliche Wahrnehmung, Kognition und Gefühle. Denn sie geben Absichten, Überzeugungen, Erwartungen und Ziele vor. Ein Bezugsrahmen umfasst kognitive, konative sowie affektive Komponenten und kann innerhalb oder außerhalb des Bewusstseins wirken. Er setzt sich aus den Dimensionen Denkgewohnheiten und daraus resultierenden Standpunkten zusammen:

- Denkgewohnheiten im Bezugsrahmen sind von Annahmen beeinflusste, weit gefasste, abstrakte, Orientierung gebende, gewohnheitsmäßige Denk-, Gefühls- und Handlungsweisen. Daraus bilden sich Regeln. Regeln, die kultureller, sozialer, sprachlicher, erzieherischer, wirtschaftlicher, politischer, psychologischer, religiöser, ästhetischer und anderer Art sein können. Denkgewohnheiten zeigen sich in bestimmten Sichtweisen. Das sind Konstellation von Überzeugungen, Erinnerungen, Werturteilen, Einstellungen und Gefühlen, die eine bestimmte Interpretation prägen.

- Standpunkte im Bezugsrahmen sind leichter zugänglich für das Bewusstsein, für das Feedback von anderen. Eine positive Erfahrung kann einen Standpunkt verändern, aber nicht unbedingt eine Denkgewohnheit (Mezirow 2008, S. 93–94).

Die beiden Hauptelemente des transformativen Lernens sind erstens die kritische (Selbst-)Reflexion über Annahmen sowie die kritische Bewertung der Quellen, des Wesens und der Folgen unserer Denkgewohnheiten; und zweitens die barrierefreie und freiwillige Teilnahme am dialektischen Diskurs, damit die Reflexion ein optimales Ergebnis erzielen kann (Mezirow 2008, S. 93–94). Die Theorie befähigt damit Erwachsene, sich durch einen Lernprozess kritisch mit übernommenen Annahmen auseinanderzusetzen, die ihr Handeln leiten. Auf dieser Grundlage können sie ihr Wirken nach eigenen Zielen und Bedeutungen auszurichten (Eschenbacher und Levine 2022, S. 51).

Mezirows' Theorie ist nicht individualistisch, auch wenn sie sich auf das Individuum konzentriert. Der Kontext des Lernens als auch der Prozess der Bedeutungsgebung stellen für Mezirow soziale Prozesse dar. Denn transformatives Lernen bedeutet Diskurs und intersubjektive, kritische Reflexion. Soziokulturelle Dimensionen des Lernens sind Teil der Theorie, beispielsweise die Unterstützung demokratischer Prozesse oder auch progressiver, sozialer Veränderungen. Jedoch systematisiert die Theorie diese Veränderungsprozesse nicht, sie stellt sie auch nicht in den Vordergrund (Finnegan 2019, S. 47).

Als Kontrast zu Mezirow vertritt Brookfield, auf Mezirow aufbauend, einen fundamentaleren Transformationsansatz. Dieser folgt der Tradition der Kritischen Theorie. Transformatives Lernen strebt vor diesem Hintergrund danach, subtil wirkende Werteorientierungen des kapitalistischen Systems aufzudecken. Implizite Macht- und Bedeutungsstrukturen sind im Rahmen des institutionellen Lernkontexts Teil der kritischen Reflexion, um in der Folge Bewegungen und Systeme so zu gestalten, dass diese einen gleichberechtigten Zugang zu Wissen beziehungsweise Bildung realisieren (Brookfield 2012, S. 134).

Angesichts dessen ist an Mezirows' Ansatz kritisch zu bewerten, dass er transformatives Lernen unbeeinflusst von kontextuellen Machtdynamiken und Hegemonie ansieht. Die persönliche Transformation mit kritischer Reflexion von Annahmen stellen für Mezirow den Kern dar; kollektives Handeln sieht er je nach Umstand (nur) als Option (Toka und Gioti 2023, S. 280).

Gleichwohl verwende ich den Transformationsansatz nach Mezirow, da er epistemologisch durch den Konstruktivismus und ontologisch durch den Pragmatismus beeinflusst wurde (Toka und Gioti 2023, S. 272). Dies schließt sowohl an die epistemologische als auch ontologische Grundierung meiner Arbeit an. Darüber hinaus versteht sich die Transformative Autorität vorrangig als eine Führungshaltung innerhalb einer Organisation und deren Transformation. Dies schließt nicht aus, dass sich als Folge Transformationsimpulse in den Kontext ausbreiten – im Gegenteil, diese Folgewirkungen unterstützt die Autoritätshaltung sogar ausdrücklich – jedoch zielt sie darauf nicht primär. Dass die Ausbreitung durch Mezirows' Ansatz grundsätzlich möglich ist, illustrierte eine französische Studie mit 47 Teilnehmerinnen. So bewirkte transformatives Lernen individuelle, organisatorische als auch in die gesellschaftliche Ebene hineinwirkende Veränderungen. Die transformativen Lernprozesse stärkten das Selbstbewusstsein und die Selbstwirksamkeit der Teilnehmerinnen. In der Folge führten die neuen Ansätze sowohl zu einer veränderten Balance in professionellen Interaktionen als auch in familiäre Beziehungen. Insbesondere die Wahrnehmung sozialer Rollen von Männern und Frauen wandelte sich. Dialoge und Austausch mit anderen Frauen förderten diese sozialen Veränderungen maßgeblich. (Chasserio und Bacha 2024, S. 468).

Brookfields' Ansatz bleibt relevant, liegt jedoch außerhalb des Fokus meiner Arbeit, da ich mich primär auf betriebliche Kontexte konzentriere. Aus diesem Grund berücksichtige ich diesen Ansatz hier nicht weiter.

Der Prozess des transformativen Lernens

Der Prozess des transformativen Lernens kann problematische Denkweisen und Gewohnheiten verändern, um sie inklusiver und reflektierter zu gestalten. Dies geschieht durch die kritische Reflexion eigener und fremder Annahmen sowie durch die Teilnahme an einem informierten Diskurs. Ziel ist es, fundiertere Überzeugungen zu entwickeln. Transformative Lernprozesse können plötzlich oder schrittweise erfolgen. (Mezirow 2008, S. 92).

Der Prozess des transformativen Lernens umschließt

- kritisches Nachdenken über die Quelle, das Wesen und die Konsequenzen relevanter Annahmen – eigener und den von anderen;
- beim instrumentellen Lernen die Feststellung, dass etwas wahr ist, durch die Anwendung empirischer Forschungsmethoden;
- beim kommunikativen Lernen, dass Menschen durch die freie und umfassende Teilnahme an einem informierten, fortlaufenden Diskurs zu besser begründeten Überzeugungen gelangen;
- Handeln in Bezug auf veränderte Perspektiven: Menschen treffen eine Entscheidung und handeln nach ihren Vorstellungen, bis sie auf neue Beweise, Argumente oder eine Perspektive stoßen, die diese Orientierung problematisch werden lassen und eine Neubewertung erfordern;

- die Entwicklung einer Bereitschaft, auf der Grundlage einer veränderten Einsicht zu handeln. Dies geschieht, indem eine Person eigene Annahmen und die anderer kritisch reflektiert, eine Validierung von transformierten Einsichten durch eine freiere und umfassendere Teilnahme am Diskurs anstrebt sowie eine Entscheidung trifft und diese konsequent verfolgt. (Mezirow 2008, S. 93–94, 2008, S. 92).

Auf Basis von Mezirows' Studien folgen Transformationen häufig diesen zehn Phasen der Bewusstwerdung (Mezirow 1997, S. 197, 2008, S. 94):

1. Sich in einem verwirrenden Dilemma erleben,
2. Eigene Gefühle von Angst, Wut, Schuld oder Scham selbst erforschen,
3. Eigene epistemische, gesellschaftliche oder auch psychische Annahmen kritisch bewerten,
4. erkennen, dass die eigene Unzufriedenheit und der Veränderungsprozess miteinander einhergehen; dass dies weit verbreitet ist und auch andere Menschen ähnliche Prozesse bereits bewältigt haben,
5. Erkunden von Optionen für neue Rollen, Beziehungen und Handlungen,
6. Planen von weiteren Schritten beziehungsweise Vorgehensweisen,
7. Aneignen von Wissen und Fähigkeiten, um die eigenen Pläne zu realisieren,
8. Vorläufiges Ausprobieren von neuen Rollen,
9. Aufbauen von Kompetenz und Selbstvertrauen in den neuen Rollen und Beziehungen,
10. Die neue Perspektive in das eigene Leben wiedereingliedern, auf Basis der Bedingungen/Annahmen, die der neuen Perspektive zugrunde liegen.

Transformatives Lernen findet größtenteils unbewusst und intuitiv statt. Lernbegleiter:innen können Lernende einerseits unterstützen, durch die kritische Reflexion von Annahmen den Lernprozess bewusst zu erleben. Und andererseits können sie die Fähigkeiten und Neigung zu fördern, sich auf solch transformatives Lernen einzulassen (Mezirow 2008, S. 94).

Von der theoretischen Erkundung zum integrativen Modell

In diesem Kapitel öffnete ich bewusst einen breiteren, theoretischen Theorieraum. Ich habe die verschiedenen Ansätze nebeneinander sichtbar gemacht, um unterschiedliche Perspektiven auf Autorität, Konflikt und Transformation in ihrer jeweiligen Logik verstehen zu können. Die nun folgenden Kapitel übernehmen eine andere Aufgabe: Hier führe ich die Argumentationslinien zusammen, arbeite die für meine Fragestellung zentralen Unterscheidungen heraus und verdichte sie zu einem integrativen Modell transformativer Konfliktbearbeitung. Damit verschiebt sich der Fokus von der theoretischen Erkundung hin zu einer Struktur, die den empirischen Teil meiner Studie leitet.

4 Begründung des eigenen Ansatzes

Mein wissenschaftlicher Ansatz verknüpft die theoretischen Grundlagen der Transformativen Autorität mit einem integrierten Transformationsprozess, sodass sich die Haltung zu Autorität in Arbeitsbeziehungen transformieren kann. Dafür verwebe ich die Theorieansätze der Personzentrierten Systemtheorie sowie die feldtheoretischen Ansätze von Lewin, Ciompi und Scharmer mit dem Konzept der Transformativen Autorität. Daraus entstehen erstmalig Konturen einer Theorie der Transformativen Autorität. Ebenso integriere ich die zwei Transformationstheorien von Mezirow und Scharmer zu einer integrierten, ganzheitlicheren Transformationstheorie.

4.1 Die Transformative Autorität als Umwelt

Die Transformative Autorität fördert gemäß der Personzentrierten Systemtheorie (PST) die inhärente Fähigkeit von Menschen, Bedingungen zu verändern, die dysfunktionale Strukturen (auf allen Prozessebenen der PST) stabilisieren. Solche Veränderungen verlaufen prozesshaft, nichtlinear und sprunghaft als qualitative Ordnungs-Ordnungs-Übergänge. Diese Übergänge manifestieren sich auf allen vier Ebenen: körperlich, psychisch, mikrosozial und makrosozial. Jede Ebene bildet eine Umgebung für die anderen. Alle Ebenen wirken dynamisch als Felder zusammen, überlagern sich und erzeugen Sinn, Bedeutung sowie die (De-) Stabilisierung von Ordnungen. Die strukturelle Kopplung der vier Ebenen der PST lässt sich nach Ciompi auch als Feld bezeichnen: ein Netzwerk von Einflüssen und Verbindungen, die sich über einen bestimmten Raum ausbreiten und interagieren.

F. Baumann-Habersack, *Transformative Autorität*,
https://doi.org/10.1007/978-3-658-51824-0_4

Primär wirken die sieben Elemente der Transformativen Autorität auf der psychischen Prozessebene, indem sie eine spezifische, subjektive Umwelt in Verbindung mit der körperlichen Ebene erzeugen. Beide Ebenen wechselwirken gleichzeitig mit den mikro- und makrosozialen Prozessebenen. Wahrnehmungen, Emotionen und Gedanken beeinflussen dabei das Verhalten maßgeblich, wenn auch nicht ausschließlich.

Auf der psychischen und körperlichen Ebene nehmen die Elemente Präsenz, Reflexion, Selbstführung, Beharrlichkeit und Deeskalation sowie Transparenz Gestalt an; ein Mensch „verkörpert" sie (mehr oder weniger). Sie wirken stark auf die mikrosoziale Ebene, die durch die Elemente Führungskoalition/Führungsnetzwerk und Wiedergutmachung/sozialer Ausgleich noch größere Wirkung entfalten können. Damit gestalten sie auch die makrosoziale Ebene mit.

Die Transformative Autorität zeichnet sich besonders dadurch aus, auch in Umgebungen wirksam werden zu können, die Gewaltlosigkeit oder Gleichwertigkeit zunächst nicht teilen. Als subjektive Umwelt betrachtet, ermöglicht die Theorie ein Verständnis dafür, dass sie mit subjektiven Umwelten anderer Menschen in Konflikt geraten kann. So können beispielsweise affektive Reaktionen einer eskalierten Person auf psychischer und körperlicher Prozessebene in Widerspruch zu den jeweiligen Prozessebenen einer Führungskraft geraten, die durch Präsenz, Deeskalation und Beharrlichkeit – sowie mithilfe von Unterstützung einer Führungskoalition – auf mikrosozialer Prozessebene in Verbundenheit agiert. Sie strebt primär auf dieser Prozessebene danach, die Arbeitsbeziehungen für gemeinsame Ziele zu verbessern. Die Abb. 4.1 illustriert die Verwobenheit der sieben Elemente der Transformativen Autorität mit den vier Ebenen der PST. Sie wirken dynamisch als Felder zusammen, überlagern sich und erzeugen Sinn, Bedeutung sowie die (De-)Stabilisierung von Ordnungen.

Konflikte zwischen den subjektiven Umwelten unterschiedlicher Akteur:innen, beispielsweise zwischen eskalierten und deeskalierenden Handlungen, können als Katalysatoren für Ordnungsübergänge dienen. Diese Übergänge erleben alle Beteiligten gemeinsam zunächst auf der mikrosozialen Ebene und wirken sich bei allen auch auf die anderen Prozessebenen (körperlich, psychisch, makrosozial) aus. Solche Übergänge können kleiner oder größer ausfallen, wirken aber stets ebenenübergreifend. Je mehr Menschen auf der Grundlage der Haltung der Transformativen Autorität eine gemeinsame subjektive Umwelt schaffen, desto wahrscheinlicher sind nachhaltige Ordnungsübergänge auf mikrosozialer und perspektivisch auch auf makrosozialer Ebene.

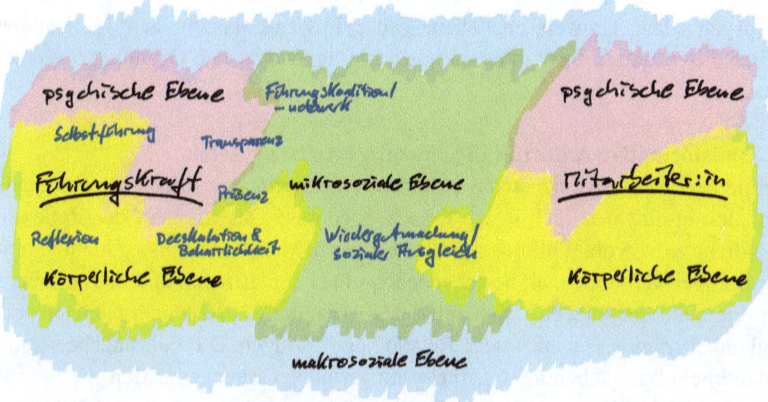

Abbildung 4.1 Die sieben Elemente der Transformativen Autorität verwoben mit den Prozessebenen der PST

4.2 Die Transformative Autorität als Feld(-kraft)

Die Transformative Autorität in Ciompis Ansatz gesetzt

Im Sinne des feldtheoretischen Ansatzes nach Ciompi stellt das psychische Konzept der Transformativen Autorität eine hochverdichtete Form von Information dar. Diese Informationsdichte entfaltet durch Kommunikation eine Art „Gravitationskraft", welche das umliegende psychische und psychosoziale Feld mit strukturiert. Dies umfasst sowohl kognitive und affektive Wahrnehmungen als auch Verhalten, und prägt die mikrosoziale Prozessebene der PST. Diese Dynamik ist insbesondere in emotional aufgeladenen Kontexten, wie etwa Konflikten zwischen Führungskräften und Mitarbeiter:innen, von Bedeutung.

Die Feldwirkung der Transformativen Autorität trägt dazu bei, dass die Konfliktbeteiligten sowohl die Raum- als auch die Zeitaspekte der sieben Elemente der Transformativen Autorität und damit auch Teile der „Eigenwahrheit" in ihr Erleben und Handeln aufnehmen. Die zentripetale Kraft der Transformativen Autorität verstärkt sich, je mehr Personen diese Haltung verkörpern und je bedeutsamer sie für die einzelnen Akteur:innen ist. Gleichzeitig wirken zentrifugale Kräfte, die entgegen den bindenden Dynamiken verlaufen und trennende Effekte erzeugen. Solche Effekte treten beispielsweise auf, wenn Individuen die Werte, Prinzipien oder Haltungen der Transformativen Autorität ablehnen. Wenn Akteur:innen jedoch kontinuierlich Energie oder Information in einen

Konflikt einbringen, können strukturelle Transformationen in der physischen wie psychischen Umwelt entstehen. Diese Prozesse lassen sich im Rahmen der Personzentrierten Systemtheorie als Übergänge zwischen Ordnungszuständen verstehen.

Die Transformative Autorität in Scharmers Ansatz gesetzt

Im Kontext der Transformativen Autorität emergieren vor allem die Feldqualitäten „Ich-in-dir" und „Ich-in-wir", nach Scharmer. Das Element der Reflexion ermöglicht es sowohl Führungskräften als auch Mitarbeiter:innen, nicht nur in gegenseitiger Verbundenheit bestehende Regeln zu hinterfragen und neu auszuhandeln. Vielmehr erschließen sich durch die Überwindung bestehender Grenzen neue Möglichkeitsräume, die auch neue Regeln hervorbringen. Die Führungsbeziehung wird hierbei als ein lebendiger, gemeinsam gestalteter Raum begriffen.

Besonders das Element Führungskoalition/Führungsnetzwerk verdeutlicht, dass jedes Individuum in ein gemeinsames soziales Feld eingebettet ist: Führung wird nicht länger als isolierte Verantwortung Einzelner verstanden, sondern als kollektiver Prozess. Dieses Führungsnetzwerk kann sogar über die Grenzen einzelner Organisationen in eine Sphäre eines Ökosystems emergieren.

Die Elemente Wiedergutmachung/sozialer Ausgleich sowie Beharrlichkeit und Deeskalation fördern ein intensives und verlangsamtes Erleben von Zeit. Diese veränderte Zeitwahrnehmung ermöglicht ein tiefes Selbsterleben als innere Präsenz. Durch die Praxis der Selbstführung können Raum und Zeit in einer vier- oder sogar fünfdimensionalen Erfahrung miteinander verschmelzen. Dabei können Menschen Stille als Resonanzraum für Entstehendes wahrnehmen.

Der Wert der Gewaltlosigkeit manifestiert sich in diesem Kontext auch als sinnlich erfahrbarer gemeinsamer Ort. Dieser Ort transzendiert individuelle Grenzen und eröffnet Zugänge zu einem umfassenderen Sinnzusammenhang.

Wenn Führungskräfte und Mitarbeiter:innen durch die Arbeit mit den sieben Elementen diese Feldqualitäten zunehmend erleben, führt dies auch immer mehr zu einer Transformation ihrer persönlichen Erfahrungswelt. Diese umfasst die veränderte Wahrnehmung des sozialen Raums und der sozialen Zeit, des Selbst, der Intersubjektivität sowie des gemeinsamen Ortes als Handlungs- und Beziehungsraum.

Die Transformative Autorität in Lewins Ansatz gesetzt

Nach Lewin lässt sich das psychische Konzept der Transformativen Autorität auch als Lebensraum oder psychologisches Feld verstehen. Ein Raum, der sich sowohl mit der Umwelt (beziehungsweise Umgebung im Sinne der PST), der Person als auch mit ihrer Wahrnehmung der Umwelt verwebt.

Der Wert der Gewaltlosigkeit der Transformativen Autorität entscheidet mit darüber, wie sich Individuen durch Handlungen in einer bestimmten Situation von einem Ziel anziehen oder auch abstoßen lassen. Lewin versteht Ziel als ein Kraftfeld mit einer besonderen Struktur, in der Kräfte in Richtung desselben Ortes streben. Eine gewaltfreie Führungsbeziehung ist das Ziel und damit ein Ort für die Transformative Autorität.

4.3 Die Transformative Autorität als Ort

Nach Shimizu generiert der interaktionale, relationale Konfliktbearbeitungsprozess, den insbesondere die Führungskraft durch das Praktizieren der sieben Elementen der Transformativen Autorität anreichert, einen gemeinsamen Ort (basho), der sich aus sich selbst herausbildet. Dieser Ort verflechtet simultan physische, virtuelle und mentale Räume sowie zeitliche Dimensionen. Innerhalb dieses Bearbeitungsprozesses nehmen sich die beteiligten Akteur:innen in ihrer konfliktären Führungsbeziehung wechselseitig simultan wahr – sowohl in ihrem Ausdruck als auch in der Rezeption der jeweils anderen. Diese Co-Präsenz (gegenseitige Wahrnehmung) erzeugt einen gemeinsamen, interaktiven Raum-Zeit-Bereich. Jener Bereich repräsentiert das primäre *ba*. Das primäre *ba* stellt eine topozentrische, holistische Repräsentation dar und kennt weder Subjekt noch Objekt. Demgegenüber steht das sekundäre *ba*, eine egozentrische, mikroskopische Repräsentation, die auf der Logik der Subjekt-Objekt-Unterscheidung basiert. Beide Repräsentationen – das holistische primäre *ba* und das differenzierende sekundäre *ba* – sind in einem Echtzeitprozess dynamisch miteinander verwoben. Im Bewusstsein jeder am Konflikt beteiligten Person konvergieren diese beiden basho-Repräsentationen durch einen emergenten Prozess der Artikulation. Dieser Prozess ermöglicht eine simultane Integration und Differenzierung der beiden basho-Ebenen, wodurch ein komplexes Verständnis des gemeinsamen Konfliktraums entsteht.

Jedes der sieben Elemente der Transformativen Autorität sowie der Wert der Gewaltlosigkeit lassen sich nach Shimizu als Holon betrachten. Ebenso können Akteure wie eine Führungskraft, ein:e Mitarbeiter:in, das Konfliktthema oder auch weitere Faktoren wie organisationale oder auch epistemische Strukturen, Holone darstellen. Ein Holon repräsentiert eine komplexe Struktur innerhalb eines inhomogenen, selbstorganisierenden Konfliktsystems. Holone stellen gleichzeitig sowohl einen integralen Bestandteil eines Systems als auch eine eigenständige

Einheit dar. Deren Funktion und Dynamik lässt sich nur in der Wechselwirkung mit anderen Holonen und dem Gesamtsystem erfassen.

Die Verbindungen zwischen den Holonen werden durch das Konzept der Relatone beschrieben. Relatone umfassen die wechselseitigen Abhängigkeiten und Interaktionen zwischen Holonen sowie deren Beziehung zum Gesamtsystem. Sie sind essenziell für das transformative Potenzial eines Konfliktsystems, da sie die Art und Weise prägen, wie die verschiedenen Systemelemente miteinander wechselwirken. Das transformative Potenzial eines Konflikts für eine Führungsbeziehung hängt – neben den Eigenschaften der beteiligten Akteure oder des Konfliktthemas – vor allem von der Art und Weise ab, *wie* diese Elemente miteinander wechselwirken.

Shimizu betont, dass lebende Systeme ihre Randbedingungen selbstreferentiell herstellen und dadurch eine größere Autonomie aufweisen, als die traditionellen Modelle von Selbstorganisation annehmen. Diese Selbstreferenzialität gilt gleichermaßen für Konfliktsysteme, die die Transformative Autorität als aktive Akteure ansieht; sie gestalten ihre eigene Dynamik und Ordnung. Relatone spielen hierbei eine Schlüsselrolle, da sie die Selbstorganisation zwischen den Holonen bewirken. Das ermöglicht dem Konfliktsystem, seine eigene Ordnung zu entwickeln und sich aus einem bestimmten Zustand heraus in einen anderen zu transformieren.

Speziell die sieben Elemente der Transformativen Autorität sowie der Wert der Gewaltlosigkeit tragen – jeweils als Holone betrachtet – im Zusammenwirken mit den Relatonen zum transformativen Charakter eines Konfliktsystems bei. Besonders dann, wenn eine Führungskraft sie aktiv und initial praktiziert. Eine solche Praxis versetzt das Konfliktsystem in die Lage, einen transformativen Prozess zu initiieren und eine andere selbstorganisierte Ordnung aus sich selbst heraus zu erschaffen.

4.4 Die theoretischen Grundlagen der Transformativen Autorität

Die theoretischen Grundlagen der Transformativen Autorität lässt sich durch die Synthese der Feldtheorien von Lewin, Ciompi, Scharmer und Shimizu in Verbindung mit der Personzentrierten Systemtheorie als dynamisches, interaktives Feld verstehen, das Transformation auf allen Prozessebenen ermöglicht: körperlich, psychisch, mikrosozial und makrosozial.

Im Sinne von Lewin stellt die Transformative Autorität einen Lebensraum (oder ein psychologisches Feld) dar, der durch die strukturelle Kopplung von Wahrnehmung, Umwelt und Handlungen entsteht. Diesen Raum prägen Werte wie Gewaltlosigkeit und Gleichwertigkeit mit, die Anziehungs- oder Abstoßungskräfte erzeugen. Ziele wirken dabei als dynamische Kraftfelder. Affektive und kognitive Prozesse können die Ziele noch weiter verstärken. Die PST erweitert diesen Ansatz, indem sie diese Wechselwirkungen als feldartige Dynamiken zwischen den vier Prozessebenen erkennt. Konflikte in Führungsbeziehungen repräsentieren damit Spannungsfelder, die qualitative Übergänge zwischen stabilen Ordnungszuständen auslösen können.

Die Dynamik dieser Spannungsfelder wird durch die Perspektive von Ciompi weiter vertieft. Die affektiven und kognitiven Prozesse der Transformativen Autorität entfalten eine Art Gravitationskraft, die Wahrnehmung, Emotionen und Verhalten strukturiert. Diese Prozesse stabilisieren oder destabilisieren bestehende Ordnungen und ermöglichen tiefgreifende Veränderungen. Konflikte fördern in diesem Zusammenhang Ordnungsübergänge, die sich über die vier Prozessebenen ausbreiten. Dabei wirken die sieben Elemente der Transformativen Autorität wie Knotenpunkte in einem Netzwerk von weiteren Einflüssen, indem sie mit individueller Wahrnehmung, sozialer Dynamik und makrosozialen Strukturen wechselwirken.

Diese Perspektive führt zu Scharmers Konzept der Feldqualitäten „Ich-in-dir“ und insbesondere „Ich-in-wir“, die er als transformative Beziehungsfelder beschreibt. Diese Felder tragen dazu bei, die Elemente Reflexion sowie Führungsnetzwerk/-koalition als treibende Kräfte zu verstehen, um den Wandel über individuelle Grenzen hinaus in den sozialen Raum zu tragen. Dadurch entstehen neue Möglichkeiten, Führung als gemeinschaftlichen Prozess zu gestalten. Führungsnetzwerke – verstanden als kollektive Felder – fördern zudem die Stabilisierung und Verwirklichung gemeinsamer Ziele. Gleichzeitig können Elemente wie Wiedergutmachung/sozialer Ausgleich, Beharrlichkeit und Deeskalation Zeit als auch Raum in tiefgreifende Resonanzräume umwandeln. Die Personzentrierte Systemtheorie integriert diese Qualitäten, indem sie ein Führungsnetzwerk als dynamisches, mikrosoziales Feld erkennt, das mit psychischen und körperlichen Prozessen gekoppelt ist und auf die makrosoziale Ebene abstrahlen kann.

Eine bereichernd erweiternde Perspektive für die theoretischen Grundlagen der Transformativen Autorität ergibt sich durch Shimizus Konzept *ba* – ein relationaler Raum-Zeit-Bereich, der physische, psychische und soziale Dimensionen integriert. Jedes der sieben Elemente der Transformativen Autorität ist in diesem Kontext als Holon zu verstehen: eine selbstorganisierende Einheit, die sowohl autonom als auch gleichzeitig als Teil eines größeren Konfliktsystems wirkt. Die Beziehungen zwischen diesen Holonen – Relatone – prägen die Dynamik des Gesamtsystems und fördern Ordnungsübergänge. Diese Wechselwirkungen lassen sich als transformative Prozesse begreifen, die sich simultan auf allen Prozessebenen der PST entfalten.

Durch die Integration der Personzentrierte Systemtheorie mit den feldtheoretischen Ansätzen nehmen die theoretischen Grundlagen der Transformativen Autorität Kontur an. Die sieben Elemente dieser entstehenden Theorie wirken dabei als Feldkräfte, die sowohl individuelle als auch kollektive Umwelten mitgestalten. Sie nutzen Konflikte als Katalysatoren für qualitative Übergänge und fördern dabei eine gewaltfreie, auf Gleichwertigkeit basierende Führungspraxis. Diese Dynamik wechselwirkt auf allen vier Prozessebenen und trägt dazu bei, dass sich Wahrnehmung, Verhalten und soziale Systeme neu ausrichten. Dadurch können neue Ordnungen emergieren, die Sinn in dynamischen Prozessen erzeugen.

5 Ein integrativer Transformationsprozess

Die Theorie des transformativen Lernens und die Theorie U verknüpfe ich erstmalig zu einem integrativen Transformationsmodell, um deren jeweilige Stärken zu kombinieren. Eine solche Integration findet sich in der wissenschaftlichen Literatur bisher so nicht.

Epistemologisch nutzen beide Theorien eine nahezu ähnliche Heuristik für das Verständnis von Transformation sowie für einen Transformationsprozess. Das zeigt sich unter anderem darin, dass beide Theorien betonen: Transformation erfordert intensive Reflexion, eine kritische Prüfung bestehender Annahmen und Offenheit für neue Perspektiven. Während Mezirow den Fokus auf kognitive Prozesse legt, erweitert die Theorie U diesen Ansatz, indem sie emotionale und somatische Dimensionen einbezieht. Zudem unterstreicht sie die Bedeutung von Empathie, Intuition und der Mitgestaltung einer emergierenden Zukunft. In der Integration dieser beiden Ansätze entsteht ein ganzheitlicherer Transformationsansatz, der kognitive, emotionale und praktische Dimensionen des Wandels gleichermaßen berücksichtigt.

Transformation gelingt nachweislich eher, wenn ein Mensch Körper, Geist und Seele in den Prozess miteinbezieht. Transformative Lerntheorien haben den Wandel traditionell stark auf rationale und kognitive Prozesse reduziert. Jedoch zeigen Papastamatis und Panitsides in ihrer Studie, dass effektives, transformatives Lernen eine enge Verbindung kognitiver, körperlicher, emotionaler und spiritueller Dimensionen erfordert (Papastamatis und Panitsides 2014, S. 75). Diese umfassende Perspektive unterstützt nicht nur individuelle, sondern auch organisatorische Veränderungen. Forschungsergebnisse legen nahe, dass kritische Reflexion, transformative Lernprozesse und daraus resultierende Handlungen auf individueller Ebene tiefgreifende Transformationen innerhalb von Organisationen fördern können. Führungskräfte, die ihre Annahmen und Verhaltensweisen durch

F. Baumann-Habersack, *Transformative Autorität*,
https://doi.org/10.1007/978-3-658-51824-0_5

transformative Lernprozesse reflektieren und anpassen, tragen zur Steigerung der Anpassungsfähigkeit von Organisationen gegenüber externen Anforderungen bei (Henderson 2002, S. 208–209).

Vergleich der Theorien: Schritte des transformativen Lernens und U-Prozess
Obwohl die beiden Theorien unterschiedliche Ursprünge aufweisen – persönliche Entwicklung bei Mezirow und kollektiver Wandel bei Scharmer – verfolgen sie ein ähnliches Ziel: die Ermöglichung tiefgreifender, systemischer Transformationen. Die Tab. 5.1 stellt im Folgenden die beiden Theorien vergleichend gegenüber.

Vor dem Hintergrund der unterschiedlichen Herkunft und Struktur der Schritte des transformativen Lernens nach Mezirow und der Phasen des U-Prozesses nach Scharmer, ist ein direkter Eins-zu-eins-Vergleich der einzelnen Schritte nicht möglich – aufgrund der unterschiedlichen Anzahl und Ausrichtung der Schritte beziehungsweise Phasen beider Modelle. Dennoch habe ich versucht, Parallelen dort zu identifizieren, wo die Prozesse inhaltlich oder methodisch Ähnlichkeiten aufweisen. Dabei ist mir bewusst, dass einige Schritte/Phasen keine direkten Entsprechungen haben. Das ist jedoch für die Anwendung und Weiterentwicklung in dieser Arbeit nicht zwingend nötig.

Gegenüberstellung der jeweiligen Schritte/Phasen der beiden Transformationsprozesse
In der folgenden Tabelle (vgl. Tab. 5.2) stelle ich interpretativ die Schritte der Theorie des transformativen Lernens und des U-Prozesses gegenüber. Überdies berücksichtige ich die unterschiedlichen Schwerpunkte der Ansätze: Mezirow konzentriert sich auf individuellen Wandel, während Scharmer systemische Veränderungen anstrebt. Mit diesem Vergleich zeige ich das Potenzial auf, beide Modelle in einen einheitlichen Transformationsansatz zu integrieren.

Tabelle 5.1 Gegenüberstellung der zentralen Merkmale der Ansätze Transformative Learning und U-Prozess

Merkmale	Transformatives Lernen	U-Prozess
Aspekte der Transformation	Kritische Reflexion und dialektischer Diskurs	Loslassen bisheriger Denkmuster sowie Offenheit, sich Unsicherheit und neuen Möglichkeit zu stellen
Phasen	1. Sich in einem verwirrenden Dilemma erleben, 2. Eigene Gefühle von Angst, Wut, Schuld oder Scham selbst erforschen, 3. Eigene epistemische, gesellschaftliche oder auch psychische Annahmen kritisch bewerten, 4. Erkennen, dass die eigene Unzufriedenheit und der Veränderungsprozess miteinander einhergehen; dass dies weit verbreitet ist und auch andere Menschen ähnliche Prozesse bereits bewältigt haben, 5. Erkunden von Optionen für neue Rollen, Beziehungen und Handlungen, 6. Planen von weiteren Schritten beziehungsweise Vorgehensweisen, 7. Aneignen von Wissen und Fähigkeiten, um die eigenen Pläne zu realisieren, 8. Vorläufiges ausprobieren von neuen Rollen, 9. Aufbauen von Kompetenz und Selbstvertrauen in den neuen Rollen und Beziehungen, 10. Die neue Perspektive wiedereingliedern in das eigene Leben, auf Basis der Bedingungen/Annahmen, die der neuen Perspektive zugrunde liegen.	1. Mitinitiieren: gemeinsame Absichten entwickeln, Raum schaffen für offene Diskussionen über anstehende Probleme, 2. Miterleben: unterschiedliche Perspektiven und Anforderungen wahrnehmen und Erkenntnisse daraus gewinnen, 3. Präsent sein: sich mit der innersten Quelle des Selbst verbinden, um eine Vision einer gewünschten Zukunft emergieren zu lassen, 4. Mitgestalten: neue Wege des Seins und Handelns kreieren, die zu der Vision passen – durch das Experimentieren mit neuen Praktiken, Prozessen und Strukturen in Form von Prototypen, 5. Co-Evolution: festigen und skalieren der neuen Praktiken, um sie nachhaltig weiterzuentwickeln.

(Fortsetzung)

Tabelle 5.1 (Fortsetzung)

Merkmale	Transformatives Lernen	U-Prozess
Ziel	Kritische Reflexion übernommener, handlungsleitender Annahmen, Ausrichten des Wirkens nach eigenen Bedeutungen und Zielen	Einen tiefgreifenden, systemischen Wandel des Status quo ermöglichen und die Zukunft mitgestalten
Fokus	Reflexiv affektiv-kognitive Prozesse, die zu einer Veränderung von Überzeugungen, Einstellungen oder Perspektiven führen	Emotionale, körperliche und intuitive Prozesse, die ermöglichen, alte Muster loszulassen, sich mit einer emergierenden öko-systemischen Zukunft zu verbinden, um diese dann mitzugestalten

Tabelle 5.2 Gegenüberstellung der korrespondierenden Phasen von Mezirow und Scharmer

Mezirows Schritte des transformativen Lernens	Ähnliche Phasen des U-Prozess nach Scharmer	Kommentierung
1. Sich in einem verwirrenden Dilemma erleben,	1. Mitinitiieren: gemeinsame Absichten entwickeln, Raum schaffen für offene Diskussionen über anstehende Probleme,	In beiden Fällen geht es darum, die Notwendigkeit von Veränderungen zu erkennen – für Mezirow auf persönlicher Ebene, für Scharmer eher auf kollektiver Ebene.
2. Eigene Gefühle von Angst, Wut, Schuld oder Scham selbst erforschen,	2. Miterleben: unterschiedliche Perspektiven und Anforderungen wahrnehmen und Erkenntnisse daraus gewinnen,	Die Selbsterforschung beinhaltet eine Selbstwahrnehmung und ein Bewusstsein für sich daraus bildende Erkenntnisse.
3. Eigene epistemische, gesellschaftliche oder auch psychische Annahmen kritisch bewerten,	2. Miterleben: unterschiedliche Perspektiven und Anforderungen wahrnehmen und Erkenntnisse daraus gewinnen,	Sowohl die kritische Bewertung als auch die Wahrnehmung unterschiedlicher Perspektiven und Anforderungen erfordern eine tiefere Reflexion, um derzeitige Grenzen zu erkennen.
4. Erkennen, dass die eigene Unzufriedenheit und der Veränderungsprozess miteinander einhergehen; dass dies weit verbreitet ist und auch andere Menschen ähnliche Prozesse bereits bewältigt haben,	3. Präsent sein: sich mit der innersten Quelle des Selbst verbinden, um eine Vision einer gewünschten Zukunft emergieren zu lassen,	Gemeinsame Unzufriedenheit erkennen sowie die präsente Gegenwart wahrnehmen, erfordern erneut eine tiefere Reflexion, um die derzeitigen Grenzen und die kollektive Dimension der Transformation zu erkennen.

(Fortsetzung)

Tabelle 5.2 (Fortsetzung)

Mezirows Schritte des transformativen Lernens	Ähnliche Phasen des U-Prozess nach Scharmer	Kommentierung
5. Erkunden von Optionen für neue Rollen, Beziehungen und Handlungen,	4. Mitgestalten: neue Wege des Seins und Handelns kreieren, die zu der Vision passen – durch das Experimentieren mit neuen Praktiken, Prozessen und Strukturen in Form von Prototypen,	Bei beiden Modellen geht es darum, in die Zukunft zu blicken und neue Möglichkeiten und Wege des Seins in Betracht zu ziehen, vor allem durch Experimente.
6. Planen von weiteren Schritten beziehungsweise Vorgehensweisen,	5. Co-Evolution: festigen und skalieren der neuen Praktiken, um sie nachhaltig weiterzuentwickeln,	Die Planung ist in beiden Modellen enthalten, der U-Prozess nennt sie aber nicht ausdrücklich als separate Phase.
7. Aneignen von Wissen und Fähigkeiten, um die eigenen Pläne zu realisieren,	Phase 4. Mitgestalten	Ähnlich wie bei der Planung ist der Erwerb neuer Fähigkeiten in beiden Modellen von wesentlicher Bedeutung, der U-Prozess benennt dafür explizit keine eigene Phase.
8. Vorläufiges Ausprobieren von neuen Rollen,	Phase 4. Mitgestalten, und Phase 5. Co-Evolution.	Dieser Schritt ähnelt der Mitgestaltungs- und Co-Evolutionsphase im U-Prozess.

(Fortsetzung)

Tabelle 5.2 (Fortsetzung)

Mezirows Schritte des transformativen Lernens	Ähnliche Phasen des U-Prozess nach Scharmer	Kommentierung
9. Aufbauen von Kompetenz und Selbstvertrauen in den neuen Rollen und Beziehungen,	Phase 4. Mitgestalten, und Phase 5. Co-Evolution.	Der Aufbau von Kompetenzen lässt sich als Teil des mitgestaltenden als auch co-evolvierenden Schritts im U-Prozess betrachten, bei denen sich neue Praktiken verankern und institutionalisieren.
10. Die neue Perspektive wiedereingliedern in das eigene Leben, auf Basis der Bedingungen/Annahmen, die der neuen Perspektive zugrunde liegen.	Implizit.	Die Wiedereingliederung ist ein Ziel beider Modelle, wenngleich sie im U-Prozess als Teil des fortlaufenden Veränderungsprozesses eher implizit ist.

Entwicklung eines integrierten Transformationsprozesses
Aufgrund meiner rund 30-jährigen Berufserfahrung im Kontext von Veränderungen und Wandel sowie der bisher dargestellten Theorien, leite ich aus dieser Gegenüberstellung (vgl. Tab. 5.2) einen Prozess zur Transformation von Führungsautorität ab.

Vor dem Hintergrund der Nichtlinearität von Transformationsprozessen erweist sich die Verwendung der Begriffe Phase oder Schritt als wenig hilfreich. Stattdessen verwende ich den Begriff Feld im Sinne Ciompis: Jedes Transformationsfeld innerhalb meines Transformationsprozesses stellt eine hochverdichtete Form von Information dar. Durch Kommunikation entfaltet es eine Art „Gravitationskraft", die das umgebende psychische und psychosoziale Feld mit strukturiert. Mit Lewins Verständnis erzeugt jedes Transformationsfeld auch ein Kraftfeld mit einer spezifischen Struktur, das Kräfte in Richtung dieses bestimmten Ortes lenkt – kurz: ein Ziel.

Der gesamte Transformationsprozess sowie die einzelnen Felder, die sich aus ihm und gleichzeitig aus sich selbst herausbilden, formen gemeinsam einen übergreifenden Ort, der aus sich selbst entsteht (vgl. basho). Innerhalb dieses nichtlinearen Prozesses nehmen sich die beteiligten Akteur:innen in ihrer konfliktären Führungsbeziehung wechselseitig simultan wahr – sowohl im Ausdruck als auch in der Rezeption der jeweils anderen (vgl. Interkorporalität). Diese spezifische Wahrnehmung – die Co-Präsenz – schafft einen gemeinsamen interaktiven Raum-Zeit-Bereich mit Zeitskulpturen (gewordene und werdende Zeit im Jetzt).

Ich begrenze mein Modell des Transformationsprozesses auf sechs Felder. Die Phasen fünf bis zehn des transformativen Lernens finden sich überwiegend in den Feldern vier – Mitgestalten – und fünf – Co-Evolution – des U-Prozesses wieder. Die Inhalte der jeweiligen Schritte beziehungsweise Phasen der beiden Modelle finden sich bei meinem Modell in einem Feld, das ich als Co-Kreieren und Co-Führen bezeichne. Denn das, was sich in den Phasen vier und fünf des U-Prozesses ereignet, vollzieht sich ähnlich in den Schritten fünf bis zehn des transformativen Lernens. Dort jedoch detaillierter beschrieben und teilweile mit weiteren Qualitäten. Diese Straffung der Phasen beziehungsweise Felder dient dazu, den Transformationsprozess für die Praxis praktikabler und handhabbarer zu gestalten.

Die Nummerierung der Felder beschreibt einen prototypischen Ablauf eines Prozesses zur Transformation der Haltung gegenüber Autorität. Die illustrierte Form einer Spirale in Abb. 5.1 stellt nur eine mögliche Form davon dar. Aufgrund der nichtlinearen Natur solcher Transformationsprozesse können auch andere Abläufe und Formen emergieren. Ähnlich verhält es sich mit der prototypischen Verortung der Felder innerhalb des Prozesses: Diese Felder überlappen sich vielmehr, insbesondere im Hinblick auf die Wirkungsfelder der PST und erzeugen dabei Bedeutung und Sinn (Tab. 5.3).

Tabelle 5.3 Integrativer Prozess zur Transformation von Führungsautorität

Transformationsfeld	Verdichtete Information
1. Mitinitiieren/desorientierendes Dilemma	In diesem Feld offenbart sich das Spannungsfeld zwischen einer autoritären und einer antiautoritären Haltung gegenüber Autorität sowie möglichen Mischformen. Die beteiligten Akteur:innen gestalten in diesem Kontext einen Raum, der offene und konstruktive Diskussionen über die auf sie zukommenden Herausforderungen ermöglicht. Aus dieser Konstellation kann der Impuls entstehen, einen Transformationsprozess der Haltung zur Autorität einzuleiten.
2. Affektregulation	Durch das desorientierende Dilemma können Gefühle wie Angst, Wut, Schuld oder Scham entstehen. Diese Emotionen haben in diesem Feld Raum, wodurch die Akteur:innen ihre Affekte regulieren können, um sich affektiv arbeitsfähig Feld drei zuzuwenden.
3. Gemeinsame Absicht	In diesem Feld entwickeln die Akteur:innen ein gemeinsames Einverständnis, ihrer transformativen Haltung zu Autorität eine konkrete Form zu verleihen. Diese Form steht für gewaltfreie, gleichwertige und zieldienliche Führungsbeziehungen, geprägt von einem ökosystemischen Bewusstsein im Sinne eines „Ich-in-wir"-Verständnisses.

(Fortsetzung)

Tabelle 5.3 (Fortsetzung)

Transformationsfeld	Verdichtete Information
4. Gemeinsam wahrnehmen/kritische Bewertung eigener Annahmen	In diesem Feld setzen sich die Akteur:innen kritisch mit ihren Annahmen zu Macht, Autorität, Gewalt, Führen und Folgen sowie zu Freiwilligkeit und Zwang auseinander. Dabei reflektieren sie auch, wie sich diese Phänomene historisch bis in die Gegenwart entwickelt haben – möglicherweise auch unter Einbezug ihrer persönlichen Biografie. Sie können erkennen, dass ihre Unzufriedenheit mit diesen Themen nicht individuell, sondern eher kollektiv ist. Darüber hinaus können sie auch bemerken, dass solche Erfahrungen Teil eines Wandelprozesses sind, den etliche Menschen bereits ähnlich durchlaufen haben. Sie nehmen damit unterschiedliche Perspektiven und die Anforderungen des Lebens wahr.

(Fortsetzung)

Tabelle 5.3 (Fortsetzung)

Transformationsfeld	Verdichtete Information
5. Sich mit der Zukunft verbinden	Aus diesen Erkenntnissen kann ein Verständnis dafür entstehen, Führung und Autorität auf eine neue beziehungsweise andere Art und Weise zu gestalten – vor dem Hintergrund der gemeinsamen Absicht. Die Akteur:innen treten in Verbindung mit ihrem tiefsten Selbst. Zugleich richten sie ihren Willen darauf aus, die von ihnen gewünschte Zukunft von Autorität Gestalt annehmen zu lassen.
6. Co-Kreieren und Co-Führen/Erkunden von neuen Optionen	In diesem Feld beginnen die Akteur:innen mithilfe von Prototypen Führungspraktiken, -rollen, -prozesse und -strukturen zu entwickeln und zu erproben. Ziel ist es, ihre angestrebte Zukunft schrittweise zu gestalten und ihr näherzukommen. Dabei erwerben sie neues Wissen und Fertigkeiten zum Thema Führung, stärken ihre Kompetenzen und entwickeln Selbstvertrauen in ihren neuen Führungs- als auch Folge-Rollen und Beziehungen. Nach und nach verweben sie diese Führungspraktiken zunehmend mit ihrem beruflichen Leben. Diese Praktiken basieren auf der Haltung der Transformativen Autorität. Das Feld mündet in einen fortlaufenden Prozess des Lernens, Reflektierens und Anpassens.

Diese sechs Felder illustriere ich in Abb. 5.1 prototypisch zunächst als eine Form von Spirale. Diese könnte aber auch ein Ausschnitt beispielsweise einer Rhizomstruktur darstellen.

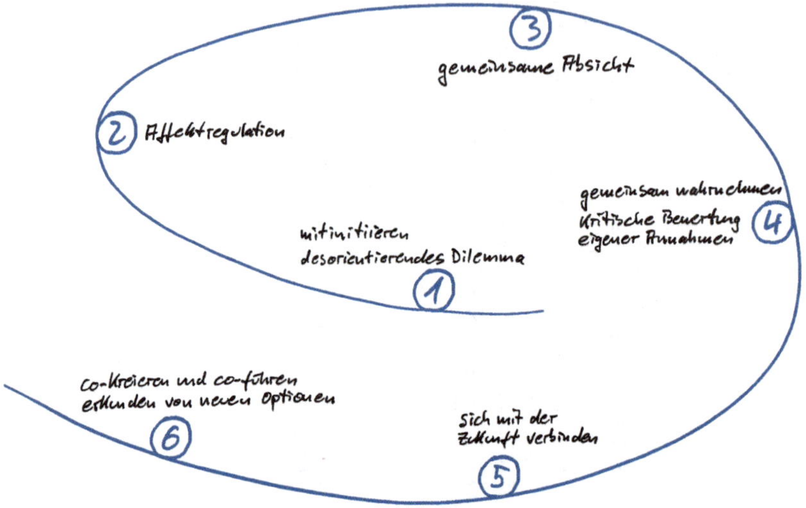

Abbildung 5.1 Integrativer Prozess zur Transformation von Führungsautorität

Vor dem Hintergrund der theoretischen Grundlagen sowie der Erweiterung und neuen Verknüpfung bestehender Theorien, ergibt sich mein Forschungsziel in Verbindung mit den entsprechenden Forschungsfragen.

6 Wissenschaftstheoretische Verortung

Meine Forschung zielt darauf ab, die Konturen eines transformativen Autoritätsverständnisses zu skizzieren und zu konkretisieren. Daraus ergibt sich die Notwendigkeit, die Form und den Inhalt des Forschungsprozesses kongruent mit dem transformativen Ansatz zu gestalten. Dies bedeutet, dass auch der Forschungsprozess selbst transformative Prinzipien verkörpern muss.

Ontologische Perspektive eines transformativen Ansatzes

Ein transformativer Ansatz geht von der ontologischen Prämisse aus, dass Realität sozial konstruiert ist. Innerhalb dieser sozialen Konstruktionen nehmen bestimmte Individuen Machtpositionen ein. Dies kann zur Folge haben, dass andere Individuen von wesentlichen Entscheidungen über den Forschungsprozess – etwa zur Wahl des Forschungsschwerpunktes, der Forschungsfragen oder der methodischen Vorgehensweise – ausgeschlossen bleiben (Mertens 2007, S. 216).

Dieses Phänomen zeigt sich besonders deutlich bei Autorität. Ein kulturelles Konstrukt, das durch spezifische Zuschreibungen geprägt ist. Die überwiegende Mehrheit der Menschen verknüpft Autorität mit Kategorien wie Geschlecht, sozialer Position, ethnischer Herkunft und kultureller Normativität. Historisch betrachtet wird Autorität häufig als weiß, europäisch und christlich beziehungsweise säkular normiert dargestellt. Sie weist räumliche und zeitliche Muster auf. Das bedeutet, dass ihre Ausprägungen global sowie innerhalb konkreter sozialer Gruppen stark variieren. Darüber hinaus verbindet Autorität spezifische (diskursive) Anforderungen an Individuen mit der psychischen Verarbeitung und Resonanz auf diese Anforderungen (Niggemann 2022, S. 276).

F. Baumann-Habersack, *Transformative Autorität*,
https://doi.org/10.1007/978-3-658-51824-0_6

Methodologische Perspektive eines transformativen Ansatzes
Ein zentraler methodologischer Aspekt des transformativen Ansatzes ist die bewusste Einbeziehung der Beforschten in den Forschungsprozess. Dies betrifft insbesondere die Auswahl von Datenerhebungsmethoden zu. Diese können sowohl qualitative als auch quantitative Verfahren umfassen. In diesem Zusammenhang ist ein tiefes Verständnis der zugrunde liegenden kulturellen Themen unabdingbar. Der Aufbau von Vertrauen spielt hierbei eine Schlüsselrolle, um relevante und valide Daten zu generieren. Darüber hinaus besteht die Herausforderung darin, die erhobenen Daten mit sozialen Veränderungsprozessen zu verknüpfen. Diese Entscheidungen zur Datenerhebung sind komplex und erfordern ein Bewusstsein für die kulturellen Werte und Praktiken der jeweiligen Interessengruppe (Mertens 2007, S. 219–220).

Epistemologische Perspektive eines transformativen Ansatzes
Epistemologisch stellt der transformative Ansatz Fragen des Kulturverständnisses und des Vertrauensaufbaus zwischen Forschenden und mitwirkenden Beforschten in den Vordergrund. Dies führt zu einem zyklischen Forschungsmodell, das auf der Entwicklung von Partnerschaften basiert. In diesem Modell werden Machtunterschiede anerkannt und Vertrauen durch den Einsatz kulturell kompetenter Forschungspraktiken aufgebaut (Mertens 2007, S. 218).

Axiologische Perspektive eines transformativen Ansatzes
Ein transformativer Forschungsansatz ist axiologisch durch das Prinzip geleitet, Menschen mit Würde sowie Respekt zu behandeln – und dabei mögliche Schäden strikt zu vermeiden. Gleichzeitig besteht ein ethischer Anspruch, bestehende Ungleichheiten abzubauen. Dies beinhaltet, den Stimmen benachteiligter Gruppen in der Gesellschaft Vorrang oder zumindest gleiches Gewicht einzuräumen. Das implizite Ziel ist es, diejenigen miteinzubeziehen, die möglicherweise nicht über genügend Macht verfügen, um ihre Standpunkte korrekt darzustellen. Oder auch die weniger Begünstigten in die Lage zu versetzen, eine aktive Rolle im sozialen Wandel zu übernehmen (Mertens 2007, S. 222).

Diese transformativen Perspektiven bereichern die wissenschaftstheoretische Verankerung meiner Arbeit. Die Auswahl der jeweiligen Verortungen bestimmt jedoch maßgeblich mein Forschungsziel und die damit verbundenen Forschungsfragen.

6.1 Ontologische Verortung

Weil ich systemisch orientiert forsche, um die Komplexität des Forschungsscopes und des Forschungsziels so gut wie möglich abzubilden, empfiehlt sich die Ontologie des (Neo-)Pragmatismus nach Rorty. Sie bildet damit die ontologische Basis meiner Arbeit, die sich auf alles andere auswirkt. Daher räume ich der Darstellung einen besonderen Umfang ein.

Der Pragmatismus nach Rorty, auch Neopragmatismus genannt – und Panrelationismus als eine Form davon –, stellt keine Wahrheitstheorie dar. Sondern eine transformative Vision einer postmetaphysischen, wahrhaft demokratischen Kultur. In dieser beschreibt der Mensch sein Selbstbild als (sprach-)schöpferisches sowie solidarisches Wesen neu. Er transformiert sein (Sprach-)Verständnis weg von Leitidee der Wahrheit hin zu Freiheit beziehungsweise dem freien Gespräch (Müller 2023, S. 24). Damit bekommt Sprache die Funktion eines Werkzeugs, mit dem sich Menschen mit ihrer Umwelt kooperativ auseinandersetzen. Und nicht als ein Medium, das die Wirklichkeit vermittelt (Kronenberg 2023, S. 659).

Unterschiedliche Philosophen wie Davidson, Derrida, Putnam, Latour, Brandom und Foucault vertreten die ähnliche Auffassung, dass Dinge nur durch ihre Beziehungen zu anderen Dingen sind. Sie folgen hiermit der Tradition der weltspiegelnden leibnizschen Monaden sowie Whiteheads' Geflecht von Erfassensakten wirklicher Entitäten. Dadurch lassen sie nicht nur die diversen Weltbilder zurück, die mit Hilfe von griechisch metaphysischen Gegensätzen konstruiert und übernommen wurden – die Unterscheidungen zwischen Wesen und Akzidens, Substanz und Eigenschaft als auch zwischen Realität und Erscheinung. Stattdessen streben diese diversen Philosophen danach, ein Weltbild als Ersatz anzubieten, welches einem Strom kontinuierlich wechselnder Relationen gleicht. Diese Relationen und ihre Relata lassen sich wiederum in ein Geflecht weiterer Relationen auflösen. Daraus bildet sich eine Form von Panrelationismus, mit einer Konsequenz: diese Philosophen machen keinen Unterschied zwischen intrinsischen, nichtrelationalen und extrinsischen, relationalen Eigenschaften (Rorty und Brandom 2023, S. 209).

> „Eine weitere Konsequenz liegt darin, dass sie mit modalen Unterscheidungen nichts anfangen können, insbesondere nicht mit Unterscheidungen zwischen notwendigen und kontingenten Eigenschaften, wie sie von Essentialisten wie Aristoteles und Kripke verwendet werden, um die Grenze zwischen Wesen und Akzidens zu ziehen, und wie sie von Kantianern benutzt werden, um die Grenze zwischen Bedingungen der Möglichkeit und Bedingungen der Wirklichkeit zu ziehen. Indem sie Leibniz' Unterscheidung zwischen dem Physischen und dem Metaphysischen sowie

> Whiteheads Unterscheidung zwischen begrifflichen und physischen Akten des Erfassens fallenlassen, bringen sie einen Panrelationalismus hervor, in dessen Rahmen keine Relationen einer Sache wesentlicher sind als irgendwelche anderen Relationen – es sei denn, unter einer bestimmten Beschreibung ebendieser Sache." (Rorty und Brandom 2023, S. 209–210).

Durch die Behauptung des Panrelationismus, dass keine Sache existiert, die sie unter allen möglichen Beschreibungen dieser Sache ist, lässt sich die Subjekt-Objekt-Unterscheidung fallenlassen; somit auch die Unterscheidung zwischen Elementen des menschlichen Wissens, die einerseits vom Geist und andererseits von der Welt stammen sollen (Rorty und Brandom 2023, S. 210). Diese Philosophie bricht sowohl mit dem Dualismus zwischen Schein und wahrer Wirklichkeit als auch zwischen Vergänglichem und Unvergänglichem. Vor allem wendet sie sich auch gegen eine Weltsicht, die den Blick auf die Zukunft verschließt. Es geht vielmehr um die Erweiterung unserer Möglichkeiten in der Welt (Kronenberg 2023, S. 656).

Menschen, als Wesen unserer Natur, sind in einem kooperativen Austausch mit ihrer natürlichen Umwelt. Dadurch entsteht ein immer komplexeres Verhalten in Form von sozialen und sprachlichen Praktiken. Das lässt sich als Subjektnaturalismus bezeichnen. Dieser basiert nicht auf einer physikalischen oder neurophysiologischen Terminologie, sondern auf einer physiologischen und verhaltensbezogenen. Das Physische ergibt sich durch die im Evolutionsprozess ausdifferenzierende, organische Struktur von Lebewesen. Dadurch können sie sich komplexer miteinander und zur Umwelt verhalten.

Kultur ist in diesem Verständnis keine ontologische Basis einer Wirklichkeit, die die Natur (in sich) trägt, sondern eine Kontinuität von Geschichte.

Als Kontrast zum Subjektnaturalismus, scheint dem Objektnaturalismus das Vokabular der modernen Physik zu garantieren, eine genaue Wort-Wirklichkeit-Beziehung von Mensch und Welt zu beschreiben. Das setzt jedoch neben einem Repräsentationalismus auch eine Ontologie voraus, nach der das Elementarste das Wirkliche ist (Kronenberg 2023, S. 658). Da es uns aber nur möglich ist, Informationen (mit-)zu teilen, wenn wir zwischen etwas einem und etwas anderem eine Beziehung herstellen, kann ein Wort erst im Zusammenhang eines Satzes eine Bedeutung bekommen. Daher ist es ausgeschlossen, eine unmittelbare, nichtsprachliche Form des Kontakts mit etwas herzustellen, über das wir sprechen. Nur als ein Relatum kann ein Ding ein Erkenntnisobjekt sein (Rorty und Brandom 2023, S. 220). Rorty verdeutlicht diese Sichtweise an dem Beispiel der Frage: Was ist das Wesen der Zahl 17?

„[W]as ist sie an und für sich, unabhängig von ihren Beziehungen zu anderen Zahlen. Das, was hier verlangt wird, ist eine Beschreibung der 17, die anderer Art ist als die folgenden Beschreibungen: weniger als 22, mehr als 8, die Summe von 6 und 11, die Quadratwurzel aus 289, das Quadrat von 4,123105, die Differenz von 10678922 und 1678905. Das Unangenehme an allen diesen Beschreibungen ist, dass offenbar keine von ihnen der Zahl 17 näherkommt als eine der übrigen. Nicht minder unangenehm ist, dass es offenbar zahllos viele weitere Beschreibungen gibt, die sich im Hinblick auf 17 anführen ließen und die allesamt genauso ‚akzidentell' und ‚extrinsisch' wären wie die genannten. Keine dieser Beschreibungen scheint uns einen Hinweis auf die intrinsische Siebzehnhaftigkeit von siebzehn zu geben, also auf jenes einzigartige Merkmal, durch das sie zu ebenjener Zahl wird, die sie wirklich ist. Denn welche dieser Beschreibungen zum Einsatz kommt, hängt offensichtlich davon ab, welcher Zweck uns vorschwebt, also von der speziellen Situation, die uns überhaupt erst dazu veranlasst hat, an die Zahl 17 zu denken." (Rorty und Brandom 2023, S. 214).

Dieses Exempel verdeutlicht die Theorie, die neben Zahlen auch Stühle, Sterne, Menschen, Institutionen, Atome oder was auch immer ähnlich betrachtet: es gibt keine weiteren Informationen über sie in Erfahrungen zu bringen, außer einem unendlich großen, sich kontinuierlich erweiterbaren Netz von Beziehungen zu anderen Dingen. Alles, was sich in eine weitere Menge von Relationen aufgliedern kann, kann als Relatum wiederum einer anderen Relation dienen. Jede Aussage über ein Ding, stellt eine explizite oder implizite Beschreibung seines Verhältnisses zu anderen Objekten dar. Es gibt keinen finalen Ort, der nicht auch wieder nur ein Netz von Relationen repräsentiert (Rorty und Brandom 2023, S. 213–215).

Jede Eigenschaft lässt sich somit auch als ein Prädikat bezeichnen, das zu einem Gegenstand beziehungsweise Ding gemacht wurde. Dadurch können wir jede Eigenschaft auch sprachlich erfassen. Prädikationen ermöglichen uns einerseits, Dinge zu anderen Dingen in Beziehung zu setzen. Und andererseits, bestimmte Beziehungsnetze im Gegensatz zu anderen Netzen hervorzuheben. Folglich verdinglichen Eigenschaften die Netze von Beziehungen. Dabei ist es unerheblich, ob diese Beziehungen realistisch sind (dass es dieses Eigenschaften schon vor unserer Verdinglichung beziehungsweise Versprachlichung gab) oder ob wir diese erst im Verlauf der Verdinglichung, der sprachlichen Erfassung hervorbrachten (Rorty und Brandom 2023, S. 210). Interessanterweise konstatierte bereits Anfang des zwanzigsten Jahrhunderts der Physiker und Philosoph Ernst Mach:

„Ein isoliertes Ich gibt es ebensowenig, als ein isoliertes Ding. Ding und Ich sind provisorische Fiktionen gleicher Art." (Mach 1905, S. 13).

Aus den bisherigen Gedanken folgt: Meine Forschung orientiert sich an der Ontologie des (Neo-)Pragmatismus beziehungsweise des Panrelationismus. Sie fokussiert dabei auf den Nutzen für einen spezifischen Zweck anstatt auf die Suche nach Wahrheit (Rorty und Brandom 2023, S. 216). Rorty bezeichnet die Aufgabe von Wahrheit beziehungsweise Objektivität auch als erkenntnistheoretischer Antiautoritarismus (Rorty und Brandom 2023, S. 84).

6.2 Epistemologische Verortung

Meine epistemologische Vorgehensweise kombiniert Deduktion und Abduktion, wobei der Fokus auf der Generierung abduktiver Thesen liegt (Döring und Bortz 2016c, S. 35). Meine Grundlagenforschung zu Autorität, Führung und Transformation zielt darauf ab, bislang unbekannte wissenschaftliche Perspektiven zu erschließen. Dabei sind abduktive Deutungen, ergänzt durch deduktive Erkenntnisse, besonders hilfreich. Solche Deutungen können Menschen, die in ihrer Handlungsfähigkeit eingeschränkt oder blockiert sind, wieder handlungsfähig machen – vorausgesetzt, die Erklärungen erweisen sich als passend zur jeweiligen Problemlage (Reichertz 2013, S. 86).

Traditionelle Formen der Erkenntnisgewinnung, wie rein deduktive oder induktive Ansätze, stoßen bei diesem Forschungsziel jedoch an ihre Grenzen. Sie sind kaum geeignet, die angestrebten neuartigen Einsichten zu generieren. Daher erfordert mein Forschungsansatz einen alternativen epistemologischen als auch methodologischen Zugang. Dieser muss die Komplexität und Dynamik der untersuchten Phänomene erfassen und in der Lage sein, neue Erkenntnisräume zu eröffnen (Reichertz 2013, S. 111).

> „Abduktionen sind also immer dann verlangt und notwendig, wenn alte Weltdeutungen, bewährte Theorien, erfolgreiche Konzepte und hilfreiche Rezepte angesichts neuer Entwicklungen versagen und dennoch weitergehandelt werden muss." (Reichertz 2013, S. 86).

Die Abduktion stellt keine Forschungsmethode dar, sondern eine spezifische Art des Schlussfolgerns (Reichertz 2013, S. 36), die sich nicht durch ein festgelegtes Handlungsprogramm erzwingen lässt. Vielmehr stellt der abduktive Prozess eine Erkenntnishaltung dar. Diese zeichnet sich dadurch aus, dass sie bestehende Überzeugungen infrage stellt und in den Dialog bringt (Reichertz 2013, S. 88). Erkenntnisse einem abduktiven Erkenntnisprozess sind eher mutige Konstruktionen eines Forschenden als reine Abtleitungen aus Daten (Reichertz 2013, S. 29).

Eine Begründung dieser Erkenntnisse ist prinzipiell nicht möglich; stattdessen wird die Nützlichkeit der daraus abgeleiteten Thesen geprüft (Reichertz 2013, S. 88).

Der abduktive Erkenntnisprozess

Die Abduktion setzt bei Irritationen oder Überraschungen in den Daten an und sucht nach einer möglichen Erklärung, die das Überraschende plausibel macht. Dieser heuristische Prozess führt zu einer (Hypo-)These, die anschließend einen Verifizierungsprozess durchläuft (Reichertz 2013, S. 128–129).

Finden sich induktiv Fakten, die die Vorannahmen stützen, gilt die These als valide und bietet eine neuartige Erklärung. Andernfalls wird der abduktive Prozess so lange wiederholt, bis sich entsprechende Fakten finden lassen (Reichertz 2013, S. 128–129).

Dieser Prozess entzieht sich einer vollständigen bewussten und systematischen Kontrolle (Reichertz 2013, S. 128–129). Im Sinne guter wissenschaftlicher Praxis (Universität Bremen 2023) vollzieht sich daher die Evaluation entlang operationalisierbarer und regelgeleiteter Prinzipien (Reichertz 2013, S. 128–129). Diese führe ich im empirischen Bereich ein.

6.3 Methodologische Verortung

Meine Forschungsarbeit ist der qualitativen Sozialforschung zuzuordnen, die darauf abzielt, Relationen und Strukturen systematisch zu identifizieren und zu analysieren. Sie lässt sich auch als soziale Diagnostik verstehen (Kleining 1994, S. 21–22). Im Fokus des methodologischen Ansatzes qualitativer Sozialforschung steht weniger das Messen, Interpretieren oder Kritisieren, sondern vielmehr der Forschungsprozess selbst (Kleining 1994, S. 83).

Dieser Prozess ermöglicht es mir, Zusammenhänge, Muster beziehungsweise Strukturen durch die Anwendung heuristischer Such- und Findeverfahren zu entdecken. Dabei trete ich in einen „Dialog“ mit meinem Forschungsfeld, das mir zu Beginn eher wenig bekannt ist. Dieser Dialog transformiert die statische Betrachtung des Felds in einen dynamischen Prozess. Dadurch kann ich das Forschungsfeld befragen, erhalte Reaktionen, reflektiere diese und entwickle darauf aufbauend neue Fragen.

Durch diese heuristisch gesteuerte Annäherung kann sich die Gestalt des Forschungsfelds schrittweise herausbilden. Dieser Prozess konturiert auch die wesentlichen Merkmale des Forschungsfelds und verdeutlicht die relationalen Kontexte, in denen es eingebettet ist (Kleining 1994, S. 47).

Systemaufstellungen als Forschungsmethode qualitativer Sozialforschung

Systemaufstellungen etablieren sich zunehmend als innovative und zugleich effektive Methode der qualitativen Sozialforschung. Sie bieten die Möglichkeit, informelle Regeln, Ordnungsmuster oder Strukturen sozialer Systeme zu explizieren, die bestimmtes Handeln begründen oder routinisieren (Rosner 2021, S. 152). In ihrer Funktion als Rezeptoren generieren sie eine verdichtete Kontextpartitur eines untersuchten Systems. Diese liefert räumlich und zeitlich strukturierte Informationen zu grundlegenden Prinzipien, relevanten Phänomenen, Ereignissen und sozialen Gruppierungen innerhalb des Systems (Müller-Christ 2020a, S. 493, 2020b, S. 64). Eine spezifische Form von Systemaufstellungen – Erkundungsaufstellungen – ermöglicht Forscher:innen, mit einem System direkt in einen Dialog zu treten und dessen Ausdrucksweise wahrzunehmen (Müller-Christ 2020b, S. 61).

Aufstellungen erzeugen somit systemrelevante Daten durch die Verknüpfung von Innen- und Außenperspektive. Die Leitung der Aufstellung bestimmt die Außenperspektive, indem sie das Format der Aufstellung sowie die Auswahl der Aufstellungselemente beziehungsweise Aufstellungskomponenten vorgibt. Die Innenperspektive entsteht durch die Interaktion der Repräsentant:innen. Ihre Positionierungen, deren Veränderungen sowie die sprachliche Artikulation ihrer Wahrnehmungen eröffnet Einblicke in die Dynamiken des betrachteten Systems (Müller-Christ und Pijetlovic 2018, S. 76).

Dies ähnelt einer szenischen Darstellung der Beziehungsstrukturen eines Systems und ermöglicht ein emotionales, affektives und kognitives Erfahren und Lernen (Müller-Christ 2017, S. 51). In diesem Kontext ist die von Luc Ciompi entwickelte Metapher interessant, die auf der Theorie der Affektlogik basiert: Jedes Lebewesen – und damit auch der Mensch – fungiert als eine Art Sensor für das Wirksame, wobei Ciompi Wirksames epistemologisch als das versteht, was Wirklichkeit konstituiert (Ciompi 2009, S. 35).

Erkundungsforschung als neuartiges Forschungsparadigma

Müller-Christ und Pijetlovic definieren Erkundungsforschung als ein Forschungsparadigma, das darauf abzielt, das Neue und das ganz Andere zu erforschen und offenzulegen. Dieses Paradigma löst sich zwar in erheblichem Maße vom Anspruch einer vollständigen Abbildung von Realität, verzichtet jedoch nicht vollständig auf diesen Anspruch (Müller-Christ und Pijetlovic 2018, S. 9).

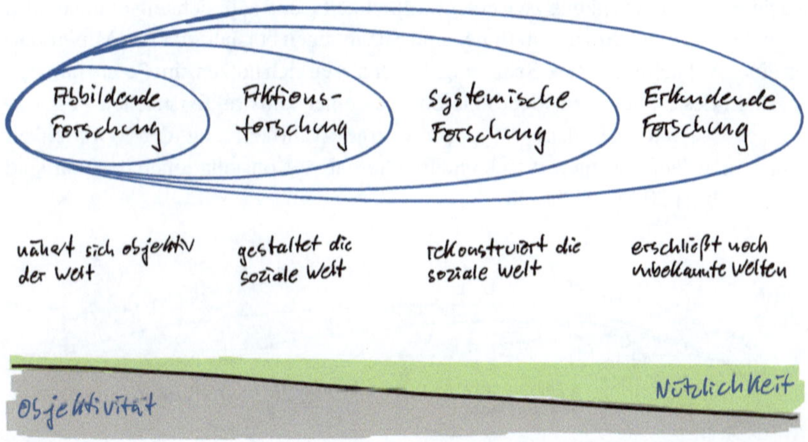

Abbildung 6.1 Transzendierende Forschungsparadigmen, eigene Darstellung nach Müller-Christ und Pijetlovic 2018, S. 63

Müller-Christ hebt in seiner Grafik (Abb. 6.1 „Transzendierende Forschungsparadigmen") insbesondere die transzendente, holarchische Logik der Aufstellungstypen hervor. Diese verdeutlicht, dass die verschiedenen Aufstellungstypen nicht unabhängig voneinander existieren, sondern in einem Prozess der gegenseitigen Durchdringung stehen. Sie integrieren bewährte Elemente und entwickeln diese kontinuierlich weiter. (Müller-Christ 2020a, S. 492).

Von Soll-Zuständen zu Möglichkeitsräumen

Soziale Systeme entziehen sich einer vollständigen Erfassbarkeit. Mittels konstellativen Denkens können Forscher:innen jedoch relevante Teilbereiche dieser Systeme identifizieren, sie zu Konstellationen ordnen und ausgewählte Elemente zu einem Subsystem zusammenfügen. Dieses Subsystem wird anschließend durch eine Erkundungsaufstellung befragt, wodurch potenzielle Handlungsspielräume und Entwicklungsmöglichkeiten – sogenannte Potenzialitäten – entstehen können (Müller-Christ 2020b, S. 58). Dabei zeichnen sich Erkundungsaufstellungen durch die Differenzierung zwischen Wirklichkeits- und Möglichkeitsräumen aus, im Vergleich zu Lösungsaufstellungen, die zwischen Ist- und Soll-Zuständen unterscheiden.

Die Auseinandersetzung zwischen Wirklichkeits- und Möglichkeitsräumen führt durch ihre Multivalenz zu Irritationen und Spannungen bei nahezu allen Mitwirkenden einer Aufstellung. Diese Spannungsfelder lassen sich nutzen, um Potenzialitäten innerhalb des Systems zu identifizieren. Aus einer konstruktivistischen Perspektive zeigt sich dabei, dass die gegenwärtige Wahrnehmung der Wirklichkeit nicht zwangsläufig festgelegt ist, sondern alternative Konstellationen denkbar sind (Müller-Christ 2020b, S. 59–60).

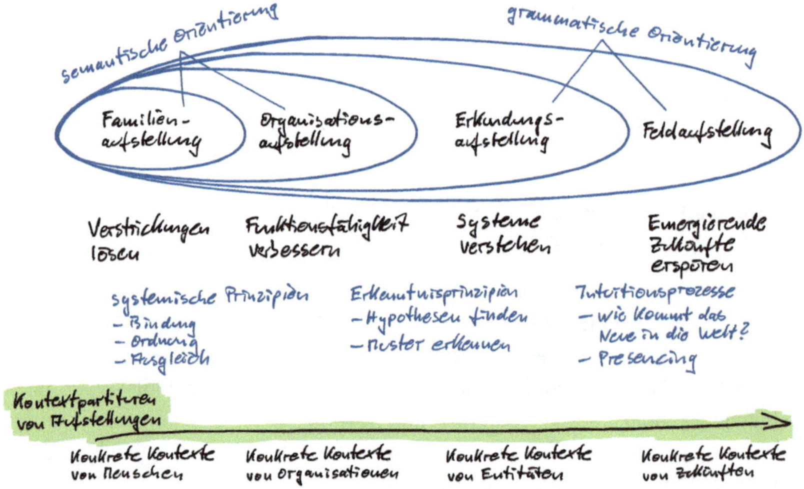

Abbildung 6.2 Holarchische Entwicklung von Aufstellungstypen, eigene Darstellung nach Müller-Christ und Pijetlovic 2018, S. 13

Aufstellungen reichern zudem kontextarme oder kontextgebundene Fragestellungen mit zusätzlichen Kontexten an, wie Abb. 6.2 illustriert. Diese Polykontextualität ermöglicht es, die Wahrnehmung von Wirklichkeit zu relativieren und zu erweitern. (Müller-Christ 2020b, S. 62).

Methodologische Verortung der systemischen Aufstellungen

Bereits grundlegende epistemologische und methodologische Diskussionen innerhalb der qualitativen Sozialforschung – insbesondere im Rahmen des interpretativen Paradigmas – haben eine Anschlussfähigkeit systemischer Aufstellungen an sozialwissenschaftliche Diskurse ermöglicht. Auf dieser Grundlage lassen sich auch

Simulationsphänomene in (Forschungs-)Aufstellungen in verallgemeinerte Systemaussagen überführen (Rosner 2021, S. 163–164).

Denn Systemaufstellungen, die in der theoriegenerierenden Forschung Anwendung finden, zeigen methodologische Parallelen zur Grounded Theory nach Anselm Strauss auf. Beide Ansätze verfolgen das Ziel, durch die systematische Analyse vorwiegend qualitativ erhobener Daten theoretische Konzepte zu entwickeln, um soziale Wirklichkeiten zu reflektieren und zu untersuchen (Rosner 2021, S. 159). Die Grounded Theory basiert auf einem Wirklichkeitsverständnis, das in der pragmatistischen Sozialphilosophie (Rorty und Brandom 2023) wurzelt. Ihre epistemologische Grundlage geht über die traditionellen Verfahren der Induktion und Deduktion hinaus und überwindet die Dichotomie zwischen Subjektivität und Objektivität (Rosner 2021, S. 161). Diese epistemologischen Grundannahmen lassen sich als methodologische Brücke auf Forschungsaufstellungen anwenden. Beide Ansätze – die Grounded Theory wie auch das Verfahren der systemischen Aufstellungen – zeichnen sich durch die simultane Durchführung von Datensammlung und -analyse aus, ein Merkmal qualitativer Forschung (Rosner 2021, S. 164).

Die sozialwissenschaftliche Hermeneutik sowie die interpretative Sozialforschung verfolgen das Ziel, den subjektiv gemeinten Sinn von Handlungen und Kontexten nachzuvollziehen (Müller-Christ und Pijetlovic 2018, S. 80). Die durch Systemaufstellungen gewonnenen Informationen haben nicht den Charakter von Fakten, Ratschlägen oder Vorgaben. Vielmehr eröffnen sie den Beteiligten einen kreativen Prozess des Reflektierens und Intuierens (Müller-Christ und Pijetlovic 2018, S. 82). Neue Informationen entstehen durch Irritationen, die eine bestehende Situation anschlussfähig stören (Müller-Christ und Pijetlovic 2018, S. 362).

Dieser Prozess setzt sich in der Nachbereitung der Systemaufstellung fort, die einen Wechsel von der intuitiven zur kognitiven Ebene vollzieht. Hierbei analysiert der:die Forscher:in die Wahrnehmungen, die während der Systemaufstellung gewonnen wurden, und gleicht diese kritisch mit der Wahrnehmung der Anliegengeber:innen über das reale System mit den Eindrücken den Stellvertreter:innen der Aufstellung ab. (Müller-Christ 2017, S. 52).

Von der Wahrnehmung zu erkenntnisleitenden Thesen

Forscher:innen, die komplexe Systeme mithilfe von Aufstellungsarbeit untersuchen, gehen dabei folgenden Fragestellungen nach:

- Inwieweit tragen bestehende Theorien zur Beobachtung, Erklärung und Gestaltung von Systemen bei?
- Welche Elemente prägen die Gestalt eines Systems und in welcher Weise?
- Welche bislang unsichtbaren Wirkgefüge existieren innerhalb des Systems?

– Wie lassen sich durch Presencing (eine gegenwärtige, offene Wahrnehmung im Sinne Scharmers) die schöpferischen Dimensionen eines sozialen Felds erkunden? (Scharmer 2020b)

Der Erkundungsprozess mündet in einer Reihe erkenntnisleitender Thesen, die entweder bestätigenden oder irritierenden Charakter haben können. Diese Thesen dienen als Grundlage für weiterführende Untersuchungen und Ausarbeitungen durch Forscher:innen. (Müller-Christ und Pijetlovic 2018, S. 10–11). Erkenntnisleitende Thesen stellen qualitatives Wissen über ein System dar. Sie formulieren dabei neue, unerwartete oder kontraintuitive Aspekte über die spezifischen Beziehungsgefüge eines Systems. (Müller-Christ und Pijetlovic 2018, S. 370–371).

Abschließend erfolgt eine Bewertung der erkenntnisleitenden Thesen. Mit dem Wandel des Forschungsparadigmas verschieben sich auch die wissenschaftlichen Gütekriterien: Anstelle einer strikten Orientierung an Objektivität rückt die Nützlichkeit der gewonnenen Erkenntnisse in den Mittelpunkt. Dabei steht die Frage im Fokus, ob die Erkenntnisse die Handlungsfähigkeit stärken und anschlussfähige, weiterführende Schritte ermöglichen können. (Müller-Christ und Pijetlovic 2018, S. 5). In diesem Kontext betonen Müller-Christ und Pijetlovic (Müller-Christ und Pijetlovic 2018, S. 78):

> „Die wissenschaftlichen Gütekriterien für diese Art des Verstehens von Realität sind Nützlichkeit und Nachvollziehbarkeit.“

Vor diesem Hintergrund ist auch die methodologische Verortung meiner Arbeit klar systemisch orientiert: Sie erhebt keinen Anspruch auf objektive Gültigkeit. Die Qualität der Erkenntnisse bemisst sich vielmehr daran, inwieweit sie für die Praxis von Führungskräften und Mitarbeiter:innen in Unternehmen oder Organisationen von Nutzen sind. Letztlich können nur die betroffenen Personen selbst, basierend auf ihrer lebensweltlichen und emotionalen Plausibilität, über die Relevanz und Anwendbarkeit dieser Erkenntnisse entscheiden.

6.4 Axiologische Verortung

Da es sich bei meiner Arbeit um machtsensitive Forschung handelt, bietet die Ontologie des (Neo-)Pragmatismus eine ideale Grundlage für die axiologische Positionierung. Rortys Philosophie setzt das Projekt der Aufklärung fort, bei dem Menschen sich nicht mehr einer übergeordneten, nichtmenschlichen

Autorität unterordnen oder anpassen müssen. Stattdessen übernehmen sie Verantwortung allein gegenüber ihren Mitmenschen – indem sie miteinander sprechen, Argumente einfordern und selbst Gründe anführen (Kronenberg 2023, S. 668).

Der zentrale Grundsatz des transformativen Forschungsparadigmas ist die Annahme, dass Macht in jeder Phase des Forschungsprozesses mitgedacht werden muss (Mertens 2007, S. 213). Aufgrund meines transformativen Forschungsansatzes, der sensibel für (gesellschaftliche) Machtasymmetrien ist, spielt bei Autorität besonders auch der Kontext außerhalb der Organisation eine Rolle, mit dem betriebliche Autoritätsbeziehungen verwoben sind.

Pädagogische Arbeiten haben diese Kontextbedingungen bereits beleuchtet, an denen ich mich orientiere. Niggemann versteht (pädagogische) Autorität als ein Ausdruck von Herrschen und Führen. Autorität legitimiert soziale Verhältnisse, Hierarchien und Strukturen. Vor allem pädagogische Praxis – im organisationalen Kontext entspricht dies der Führungspraxis – legitimiert und verallgemeinert solche Prozesse sowie Strukturen. (Niggemann 2022, S. 272). Führungsarrangements tragen aktiv zur Reproduktion politischer Ordnungen bei. Die Art und Weise, wie Pädagog:innen oder Führungskräfte Wissen vermitteln (zum Beispiel autoritär, kooperativ und so weiter) hat Einfluss darauf, hegemoniale Strukturen zu sichern oder zu hinterfragen. (Krenz-Dewe und Mecheril 2014, S. 42). Aus diesem Grund berücksichtigt mein Forschungsdesign den sogenannten Male-Bias in Bezug auf Autorität.

Obwohl die axiologische Ebene kein Kriterium für die Wahl eines Mixed-Methods-Forschungsdesigns sein sollte, sondern eher ein Motiv für die Forschung selbst (Johnson et al. 2021, S. 120), habe ich diese Dynamiken – vor dem Hintergrund des Forschungsziels – in meinem Forschungsdesign und -prozess bewusst einbezogen.

Die ontologische Theorie des Pragmatismus ist mit der axiologischen Ausrichtung meiner Forschung konsistent. Rorty verfolgt mit seiner Theorie das langfristige Ziel, das für eine demokratische Kultur schädliche Bild des Menschen als Erkennenden von Wesenheiten und Wahrheitssuchenden loszulassen. Stattdessen soll der Mensch sein Selbstbild als (sprach-)schöpferisches und solidarisches Wesen neu definieren. Dieses neue Selbstverständnis entspräche einer wahrhaft demokratischen Kultur, in der die Idee der Freiheit oder des freien Dialogs die Leitidee der Wahrheit abgelöst hat. (Müller 2023, S. 24).

Empirischer Teil 7

7.1 Forschungsdesign

Meine Forschungsfragen streben danach, ein neuartiges Forschungsfeld der Konfliktbearbeitung zwischen Führungskräften und ihren Mitarbeiter:innen im Kontext von Transformationsprozessen zu erschließen – und diesem erste Konturen zu verleihen. Um dieses komplexe Forschungsfeld bearbeiten zu können, kombiniere ich qualitative Methoden. Diese Methodenkombination ist im erkundenden und transformativen Forschungsparadigma verankert (vgl. 6).

Aus diesem Ansatz empfiehlt sich die Anwendung eines Mixed-Methods-Forschungsdesigns:

> „Mixed methods research and designs are well suited for dealing with complexity, mutability, and transdisciplinary. Designed for different entry points and flexible enough to take on board various stakeholder positions, mixed methods research could be successfully used to develop new ways of thinking about and [..] capturing new phenomena, replacing or improving on outdated or unsuitable ways of studying phenomena [..]" (Bergman 2018, S. 373).

Das Mixed-Methods-Design bietet gegenüber rein qualitativen oder quantitativen Ansätzen drei entscheidende Vorteile:

1. Es erlaubt die gleichzeitige Bearbeitung explorativer, erklärender und bestätigender Forschungsfragen.
2. Die Integration unterschiedlicher methodischer Ansätze liefert umfassendere und fundiertere Ergebnisse.
3. Durch die Berücksichtigung vielfältiger Perspektiven eröffnet es neue Einblicke in das untersuchte Thema. (Johnson et al. 2021, S. 49).

F. Baumann-Habersack, *Transformative Autorität*,
https://doi.org/10.1007/978-3-658-51824-0_7

Zusätzlich bietet der transformative Mixed-Methods-Ansatz eine vielversprechende Grundlage für Forschung, die sozialen Wandel anstrebt (Mertens 2007, S. 212). Dies ist besonders relevant in Kontexten, in denen wissenschaftliche Erkenntnisse häufig nicht denjenigen zugutekommen, die aufgrund mangelnder Machtpositionen eher nur schwer Zugang zu der wissenschaftlichen Gemeinschaft erhalten (Mertens 2007, S. 212). Im organisationalen Kontext betrifft dies im Bereich Führung häufig die Mitarbeiter:innen, die eine wesentliche, jedoch oft vernachlässigte Seite der Führungsbeziehung darstellen.

Die Kombination des Mixed-Methods-Ansatzes mit den Grundüberzeugungen des transformativen Paradigmas führt zu methodologischen Entscheidungen, die Fragen sozialer Gerechtigkeit adressieren (Mertens 2007, S. 212). Dies gilt sowohl für die Gesellschaft als Ganzes als auch für deren Spiegelung innerhalb organisationaler Strukturen. Da Unternehmen als zentrale Institutionen moderner Gesellschaften fungieren (Hiß und Nagel 2017, S. 332), erfordert mitverantwortliche Forschung eine Sensibilität für die Wechselwirkungen zwischen Organisation und Gesellschaft – auch wenn dies nicht der primäre Fokus dieser Dissertation ist.

Forschungsprozess

Meine empirische Forschung folgt einem parallelen, multisample-basiertes Mixed-Methods-Design mit Datenkonversion, wobei ich mich an der „Sequence-Sources Design Matrix" für Mixed-Methods-Designs (Johnson et al. 2021, 125–130) orientiere. Dieses Design strukturiert den Forschungsprozess wie folgt:

Zu Beginn verwende ich die qualitative Methode der. Die Erkenntnisse aus der Erkundungsaufstellung 1 entstehen durch einen regelgeleiteten, abduktiven Prozess und führen zu erkenntnisleitenden Thesen. Diese Thesen bilden die Grundlage für die Entwicklung eines Online-Fragebogens, der sowohl qualitative als auch quantitative Komponenten enthält. Insbesondere jene Thesen, die die Befragten als neuartig und praxisrelevant für die Konfliktbearbeitung in Führungsbeziehungen bewerten, fließen in die nächste Erhebungsphase der Erkundungsaufstellung 2 ein. Auch diese zweite Phase mündet in weiteren (neuen) erkenntnisleitenden Thesen. Damit endet auch der empirische Teil dieser Dissertation (Abbildung 7.1).

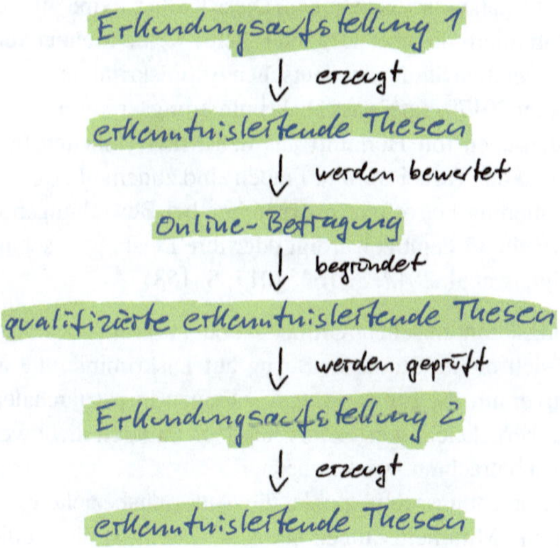

Abbildung 7.1 Transformativer Mixed-Methods-Forschungsprozess. (Eigene Darstellung)

Die Datenkonversion – die Überführung von quantitativen in qualitative Daten oder umgekehrt – erfolgt während des Forschungsprozesses.

Ich nutze zwei Datenquellen (multisample):

- Datenquelle 1: Zwölf Co-Forscher:innen, die aktiv in den Forschungsprozess eingebunden sind.
- Datenquelle 2: Eine Stichprobe von 212 Personen aus meiner Datenbank, die potenziell an der Online-Befragung teilnehmen. Ergänzend kommen zufällig gewonnene Personen hinzu, die über einen Befragungslink Zugang erhalten.

Am Ende des Forschungsprozesses integriere ich die qualitativen und quantitativen Daten, um diese vor dem Hintergrund meines theoretischen Ansatzes und der Forschungsfragen zu diskutieren.

Die Vorgehensweise für Forscher:innen im transformativen Paradigma

1. Definition von Kriterien und Auswahl der Mitwirkenden:
   Angesichts der transformativen Prämissen des Ansatzes stellte sich die Frage, welche Personen in die Studie einbezogen werden sollten, die in der deutschsprachigen betrieblichen Kultur (Deutschland, Österreich, Schweiz) nur schwer

Zugang zu Autoritätsfunktionen finden. Diese Kulturen sind oft von patriarchalen Strukturen dominiert, die überwiegend (ältere) weiße Männer verkörpern.

Eine repräsentative Studie der deutschen Antidiskriminierungsstelle des Bundes aus dem Jahr 2017 zeigte, dass Diskriminierungserfahrungen im Berufsleben besonders Menschen mit Herkunft aus den MENA-Staaten (Mittlerer Osten/ Nordafrika) und der Türkei treffen. Frauen sind zudem überproportional häufig von Diskriminierung betroffen, insbesondere bei Bewerbungen und Stellenbesetzungen, wo sie oft herabgewürdigt oder ihre Leistungen schlechter bewertet werden. (Beigang et al. 2017, S. 163, 2017, S. 158).

Aus forschungsökonomischen Gründen und aufgrund des Scopes Autorität konzentriert sich meine Studie in Bezug auf Diskriminierung auf die weibliche Perspektive, um die Entwertung von Frauen in patriarchalen (Autoritäts-) Strukturen zu berücksichtigen. Leider kann ich dadurch nicht weitere diskriminierte Gruppen betrachten, was ich bedaure.

Da mein Forschungsschwerpunkt die Autoritätsbeziehung zwischen Führungskräften und Mitarbeiter:innen betrachtet, umfasst die Studie jeweils zwei Personen je Rolle (Führungskraft und Mitarbeiter:in) aus Deutschland, Österreich und der Schweiz – insgesamt 12 Co-Forscher:innen. Die Gruppe setzt sich aus je einer Frau und einem Mann pro Land und Rolle zusammen.

Die demografische Auswahl orientiert sich an der Wahrscheinlichkeit, dass die Co-Forscher:innen sowohl autoritäre als auch antiautoritäre Bezugspersonen erlebt haben. Dafür sollte sich mindestens eine Person je Land finden, die um 1961 geboren wurde. Ihre relevanten Bezugspersonen (zum Beispiel Eltern oder Lehrer:innen) gehören damit der Generation an, die zwischen 1930 und 1940 geboren wurde (Baumann-Habersack 2021b, S. 20).

2. Gewinnung der Co-Forscher:innen (traditionell bezeichnet als zu Beforschte oder Forschungssubjekte):
   Von März 2020 bis März 2022 wurden interessierte Personen eingeladen, an der Studie als Co-Forscher:innen mitzuwirken. Die Einladung erfolgte:
   - über die Webseite www.studie.baumann-habersack.de,
   - im Rahmen von Seminaren und Vorträgen zum Thema „Neue/Transformative Autorität in der Führung“,
   - via Social Media (LinkedIn, Xing, Instagram, Facebook),
   - durch einen Newsletter zu meiner (Forschungs-)Arbeit.

Interessierte konnten sich online oder handschriftlich in ausgelegte Listen eintragen. Viele Interessierte verfügten sehr wahrscheinlich über Vorkenntnisse zur transformativen Autoritätshaltung, vor allem diejenigen, die über Vorträge oder Seminare erreicht wurden. Bei anderen Interessierten, die über Social Media auf die Studie aufmerksam wurden, blieb dies unklar.

3. Auswahl der Co-Forscher:innen
   Ein Zufallsgenerator wählte aus den 38 Interessierten die 12 Co-Forschenden entsprechend der in Punkt 1 beschriebenen Kriterien aus.

4. Einführungsveranstaltung für die Co-Forscher:innen
   Zu Beginn des Forschungsprozesses leitete ich zwei digitale Einführungsveranstaltungen. Dabei behandelten wir folgende Inhalte:

   - Einführung in den transformativen Forschungsansatz und das erkundende Paradigma,
   - Vorstellung des Themas Transformative Autorität,
   - Forschungsziel und -fragen,
   - Erläuterung der Methode der verdeckte Erkundungsaufstellung, einschließlich einer Testaufstellung, um die Anwendung der eingesetzten digitalen Techniken zu lernen,
   - Resonanzen der Co-Forscher:innen zu meinem Forschungsansatz und ihren Rollen.

   Ein zusätzliches Ziel war es, die Co-Forscher:innen mit weiteren Inhalten, Methoden und Abläufen transformativer Forschung vertraut zu machen sowie eine angenehme Arbeitsatmosphäre innerhalb der Gruppe zu fördern.

Rollen im Forschungsprozess
Meine Rolle als Forschender basiert auf dem transformativen Paradigma. Es denkt gesellschaftliche Machtasymmetrien mit und wie externe Einflüsse die Autoritätsbeziehungen innerhalb von Organisationen prägen.

> “The role of the researcher in this context is reframed as one who recognizes inequalities and injustices in society and strives to challenge the status quo [..].” (Mertens 2007, S. 212).

Daraus ergibt sich eine interaktive Verbindung zwischen mir und den Co-Forscher:innen. Der:die Forschende sollte die Forschungsmethoden so gestalten, dass sie die kulturelle Komplexität des Forschungsraums berücksichtigen können, Machtverhältnisse ausdrücklich thematisieren und Diskriminierung sowie Unterdrückung wahrnehmen (Mertens 2007, S. 216). Die „Einführungsveranstaltung für Co-Forscher:innen“ diente unter anderem auch diesem Zweck.

Als Forschungsleitung übernehme ich die volle inhaltliche und prozessuale Verantwortung für die Leitung des Forschungsprozesses. Die Co-Forscher:innen bilden gemeinsam mit mir die Forschungsgruppe. Ihre Aufgaben umfassen:

- Mitwirkung als Beobachter:innen oder Repräsentant:innen für Aufstellungselemente bei Erkundungsaufstellungen,
- Beitrag zur Erarbeitung und Bewertung von erkenntnisleitenden Thesen vor dem Hintergrund ihrer lebensweltlichen Rollen (Profession, Person und Funktion),
- Überprüfung und Anpassung der kulturellen Passung der Fragen für den Online-Fragebogen,
- Durchführung eines Pre-Tests für den Online-Fragebogen.

Zusätzlich gibt es weitere Personen, die ausschließlich als Repräsentant:innen von Systemelementen bei Erkundungsaufstellungen mitwirken. Diese Personen gehören jedoch nicht zur Gruppe der Co-Forscher:innen. Sie verfügen über besondere Erfahrung in verdeckten Erkundungsaufstellungen und tragen auf diese Weise zur Forschung bei.

Prinzipien der Aufstellungsdurchführung

Ich orientiere mich bei meinen Forschungsaufstellungen an den Prinzipien von Müller-Christ und Pijetlovic (Müller-Christ und Pijetlovic 2018, 15–19). Statt des bei Aufstellungen üblichen Terminus (System-)Elemente, verwende ich für die Repräsentant:innen den Begriff Komponenten. Da die theoretischen Grundlagen der Transformativen Autorität ebenfalls den Terminus Element (sieben Elemente der Transformativen Autorität) verwendet, kann es mithilfe der zwei Termini Leser:innen leichter fallen, meine Zuordnungen nachzuvollziehen.

Die von mir in dieser Arbeit durchgeführten Forschungsaufstellungen zeichnen sich durch folgende Merkmale aus:

- Doppelte Verdeckung: Die Repräsentant:innen wissen weder, welche Aufstellungskomponente sie repräsentieren, noch welchen konkreten thematischen Erkundungsprozess ich während der Aufstellung beobachte. Als Co-Forscher:innen kennen sie lediglich den Kontext, also das Forschungsziel und die Forschungsfragen, innerhalb dessen die Aufstellungen stattfinden.
- Phänomenorientierung: Bis auf einzelne Komponenten, die einen festen Ort repräsentieren, wählen in der Regel alle weiteren Aufstellungskomponenten ihren Platz in der Konstellation selbst. Dadurch entsteht eine Gestalt des Systems.
- Abstraktion von konkreten Fällen: Ich arbeite mit dem abstrakten Kontext von Autorität, Führung und Konflikt in Organisationen, damit sich übergreifende und verbindende Allgemeinheiten zeigen können.
- Wissenschaftliche Grundierung: Theoriegeleitete Systemaufstellungen basieren auf unterschiedlichen Konzepten und Theorien des Sozialen, die als Struktur und Rahmen für die Aufstellung dienen. In der Regel bildet bei Strukturaufstellungsverfahren die systemische Ordnungslehre die Grundlage (Rosner 2021, S. 155). Meine Erkundungsaufstellungen stützen sich auf die Personzentrierte Systemtheorie sowie auf die Ordnungslehre der Transformativen Autorität. Zudem berücksichtigen sie die theoretischen Grundlagen der Transformativen Autorität und den von mir entwickelten, integrativen Transformationsprozess. Diese theoretischen Grundlagen schaffen ein Format, das es dem Aufstellungssystem ermöglicht, unterschiedliche Gestalten auszubilden. Während der Aufstellungen verzichte ich bewusst auf die Formulierung von Hypothesen und nehme stattdessen die Dynamik des Systems fragend und wahrnehmend auf.
- Systemisches Spannungsfeld: Ausgangspunkt ist das durch die Forschungsfrage gegebene Spannungsfeld eines prototypischen Beziehungskonflikts zwischen Führungskraft und Mitarbeiter:in.
- Co-kreativer Prozess: Gemeinsam mit den Co-Forscher:innen werte ich die Aufstellungen in einem regelgeleiteten, wissenschaftlichen Prozess aus.
- Generierung einer Kontur: Ziel der Aufstellungen ist es, eine Vorstellung davon zu entwickeln, wie eine Kontur oder Gestalt zur jeweiligen Fragestellung aussehen könnte. Dabei nehme ich sowohl Unterschiede in den Details als auch „das Ganze“ wahr und achte darauf, ob Komponenten oder Informationen fehlen.

7.2 Forschungsdurchführung

Mein empirischer Prozess beginnt mit der Durchführung einer ersten Erkundungsaufstellung, um das Forschungsfeld zu erschließen. Die daraus gewonnenen, erkenntnisleitenden Thesen sowie den Konfliktstil der Transformativen Autorität untersuche ich anschließend näher in einer deskriptiven Studie. Diese Erkenntnisse kombiniere ich mit meinem theoretischen Ansatz, um die zweite Erkundungsaufstellung zu konzipieren und durchzuführen.

7.2.1 Erkundungsaufstellung 1

Die erste Aufstellung fand am 4. Oktober 2023 online statt. Daran nahmen fünf Co-Forscher:innen sowie fünf Repräsentant:innen des Lehrstuhls für Nachhaltiges Management der Universität Bremen teil, die mit der Aufstellungsmethode sehr vertraut sind. Zur Visualisierung kamen die Zoom-Instanz sowie der OnlyOffice-PowerPoint-Klon auf dem Nextcloud-Server der Universität Bremen zum Einsatz. Die Aufstellung wurde von mir geleitet, und das Erkundungsanliegen im Rahmen des Forschungsprozesses ebenfalls von mir ausgearbeitet.

Bei Erkundungsaufstellungen zeichnen grundsätzlich Kernaussagen, Bewegungsimpulse und Blickrichtungen der Aufstellungskomponenten den Ablauf und die Inhalte nach. Da in einer Online-Aufstellung Repräsentant:innen abstrakte Symbole für Bewegungen und Blickrichtungen verwenden, entfallen Mimik und Gestik als Wahrnehmungs- und Auswertungskriterien.

Erkundungsanliegen

Die erste Forschungsaufstellung dient dazu, das Forschungsziel offen zu erkunden: Identifikation und Beschreibung möglicher, transformativer Konfliktbearbeitungsformen in Autoritätsbeziehungen, insbesondere von Menschen mit Führungsverantwortung in betrieblichen Konfliktsituationen – in Zeiten einer epochalen Transformation. Damit strebe ich an, noch nicht beschriebene oder neue Facetten, Phänomene, Dynamiken und Fragestellungen sichtbar zu machen, die durch einen abduktiven Erkenntnisprozess entstehen können. Zugleich dient die Aufstellung der Annäherung an das Forschungsfeld im Sinne qualitativ-heuristischer Sozialforschung.

Diese Fragen bilden eine Grundlage für die kommende, deskriptive Teilstudie im Rahmen des Mixed-Methods-Designs.

Damit leistet die Aufstellung einen ersten Beitrag zur Beantwortung der Forschungsfragen:

1) Was zeigt sich insbesondere bei Personen in betrieblichen Autoritätsbeziehungen, wenn sie in einem – durch eine systemische Aufstellung simulierten – Transformationsprozess Konflikte bearbeiten, die in Verbindung mit den Elementen der Transformativen Autorität stehen?
2) Mit welchen theoretischen Schemata lassen sich insbesondere die von den Personen erlebten Phänomene unter 1) erklären?
3) Welche eher neuartigen Konfliktbearbeitungsformen lassen sich rekonstruieren aus 2)?
4) Wie wirkt es auf den Forschungsprozess, wenn Repräsentant:innen der Zielgruppe als „Co-Forscher:innen" in ausgewählten Teilen an der Konzeption, Durchführung und Auswertung mitwirken? Und wie beeinflusst diese Mitwirkung das Verständnis der Co-Forscher:innen zu Konflikt, Transformation und Autorität?

Aufstellungssetup

Das Aufstellungssetup definiert die Kriterien für die Auswahl der Aufstellungskomponenten und ihre Zuordnung zu abstrakten Repräsentanzen.

Ein Teil der Komponenten wird durch den Forschungsscope vorgegeben: Eine Führungskraft und ein:e Mitarbeiter:in, die in einer Autoritätsbeziehung stehen und sich in einem Konflikt befinden. Dieser Konflikt spiegelt ein systemisches Spannungsfeld in Organisationen wider: Führungskräfte müssen in ihrer Rolle oft (auch) die Interessen der Organisation vertreten, während Mitarbeiter:innen eher (auch) ihre eigenen Interessen oder die der Arbeitnehmer:innen verfolgen (Hammer et al. 1991; Kidron und Vinarski-Peretz 2018).

Ein weiterer Teil der Komponenten basiert auf dem Forschungsziel und den Forschungsfragen. Dazu gehören die sieben Elemente der Transformativen Autorität, die bei der Identifikation möglicher Konfliktbearbeitungsformen sowie bei der Untersuchung der Gestalt der Transformativen Autorität eine zentrale Rolle spielen. Zusätzlich habe ich eine weitere Komponente eingeführt: Emergenz, die eine noch nicht vordefinierte Gestalt repräsentiert. Sie dient meiner Vermutung, dass sich während der Aufstellung neue, emergente Phänomene zeigen können.

Die Zuweisung der Aufstellungskomponenten zu den Repräsentanzen (Farben und Buchstaben) erfolgte per Zufallsauswahl, einschließlich der Komponente Emergenz (Tabelle 7.1).

Tabelle 7.1 Zuordnung Aufstellungskomponenten zu Repräsentanzen, Aufstellung 1

Aufstellungskomponenten	Repräsentanzen
Präsenz	rot
Selbstführung	gelb
Deeskalation und Beharrlichkeit	grün
Wiedergutmachung	blau
Führungskoalition	pink
Transparenz	lila
Reflexion	türkis
Emergenz	grau
Führungskraft	A
Mitarbeiter:in	B
Konflikt (zwischen Führungskraft und Mitarbeiter:in)	C

Durchführung der Erkundungsaufstellung 1

In drei Szenarien (als Kontexte) untersuchte ich, wie unterschiedliche Haltungen zur Autorität bei einer Führungskraft (Repräsentanz A) mit den jeweiligen Repräsentanzen wechselwirken. Dabei erhielt Repräsentanz A in den Szenarien beziehungsweise Kontexten folgende Zuschreibungen:

- Szenario 1: eine tendenziell eher autoritäre Haltung zur Autorität,
- Szenario 2: eine tendenziell eher antiautoritäre Haltung zur Autorität,
- Szenario 3: eine tendenziell eher transformative Haltung zur Autorität.

Jedes Szenario war auf 25 Minuten begrenzt. Diese Zeitbegrenzung ergibt sich vor allem aus den in Organisationen generellen Einschränkungen durch Ressourcen, Handlungsräume, Strukturen oder auch Gesetze. Zudem erfordert die Mitwirkung an einer Erkundungsaufstellung für Co-Forscher:innen eine hohe kognitive und emotionale Anstrengung, die über 75 Minuten in der Regel nur mit viel Energie aufrechtzuerhalten ist. Die zeitliche Begrenzung sichert daher die Konzentration der Mitwirkenden und trägt gleichzeitig dazu bei, die Datenmenge aus forschungsökonomischen Gründen überschaubar zu halten.

In jedem Szenario war der Konflikt (C) bereits im Feld vorhanden. Dies verdeutlicht die systemische Grundspannung zwischen Führungskraft (A) und Mitarbeiter:in (B), wie bereits beschrieben. Alle weiteren Komponenten konnten sich frei bewegen, wodurch es möglich wurde, dass neue, bislang unbekannte Phänomene emergieren. Um diese gezielt wahrzunehmen, führte ich die Repräsentanz Emergenz (grau) ein, die als eine Art Beobachtendenposition für emergente Phänomene diente.

Die Repräsentant:innen wählten sich die Farbe als Repräsentanz aus, die sie während der Aufstellung einnehmen wollten.
Die Reihenfolge der Szenarien orientierte sich an der historischen Entwicklung von Autoritätsverständnissen: autoritär, antiautoritär und schließlich transformativ.

Auswertung der Erkundungsaufstellung 1
Zunächst habe ich die Audio-Datei des Aufstellungsvideos durch www.happyscribe.com/de transkribieren lassen. Anschließend habe ich diese Transkription anhand des Videos überprüft und korrigiert, orientiert am Transkriptionssystem nach Dresing und Pehl (Dresing und Pehl 2018). Dadurch wurde die Transkription mit der Video-Datei vollständig abgeglichen. Das komplette Transkript der Forschungsaufstellung mit Zeitmarken sowie eine Partitur aller Schlüsselszenen befinden sich im Anhang.

Im nächsten Schritt wählte ich aus dem kompletten Material jene Schlüsselszenen aus, die bei mir zu Irritationen oder Überraschungen führten. Als Folien für die Irritationen beziehungsweise Überraschungen dienten mir meine Forschungsfragen, der theoretische Teil der Arbeit und die intuitiv, neuen Erkenntniswerte für die Thesenbildung. Jede Schlüsselszene übertrug ich in eine Aufstellungspartitur. Die Zitate der Repräsentanzen pro Schlüsselszene sind dabei mit Zeitmarken versehen und je Szenario und Sequenz aufgeführt.

Abschließend führte ich gemeinsam mit den Co-Forscher:innen das abduktiv-pragmatische Auswertungsformat für Erkundungsaufstellungen nach Merk (Merk 2023; Merk und Socher 2021) durch. Die Wahl dieses Verfahrens beruht auf der epistemologischen Ausrichtung meiner Arbeit. Es wurde ursprünglich im Rahmen eines transdisziplinären Forschungsprojekts zur Demokratieentwicklung entwickelt und kombiniert Ansätze aus der qualitativen Sozialforschung mit psychologisch-systemischer Beratung (Merk und Socher 2021).

Das Verfahren zeichnet sich durch einen regelgeleiteten und damit nachvollziehbaren sowie effizienten Ablauf aus. In sieben Schritten werden co-kreativ Thesen generiert, die einen Neuheitsgrad aufweisen:

1. Lesen der Aussagen zu den Schlüsselsequenzen mit gleichschwebender Aufmerksamkeit.
2. Auswählen einer irritierenden oder überraschenden Aussage.
3. Analysieren der Wirkung der Aussage und ggf. Anbieten einer Erklärung.
4. Generieren von Thesen als Möglichkeiten.
5. Bewerten der Thesen.

6. Kontextualisieren der Bewertung durch die Forschungsfragen.
7. Reflektieren der Originalität und Praxisnähe jeder These auf einer Skala von 0 bis 10.

Das abduktive Moment dieses Verfahrens zeigt sich insbesondere in den Schritten 2 und 3. Die Co-Forscher:innen wählen intuitiv irritierende oder überraschende Aussagen aus und lassen dabei offen, welche logische Erklärung dahinterstehen könnte. In Schritt 3 äußern sie ihre subjektiven Empfindungen zu den Irritationen oder Überraschungen, was in Schritt 4 häufig zur Formulierung neuer, erkenntnisleitender Thesen führt.

Identifizierte Schlüsselszenen und mein weiterer Umgang damit

Durch irritierende oder überraschende Aussagen konnte ich zunächst 23 Schlüsselszenen in der Erkundungsaufstellung 1 identifizieren. Im Zuge der eben beschriebenen, regelgeleiteten Auswertung entwickelten die Co-Forscher:innen gemeinsam mit mir zahlreiche erkenntnisleitende Thesen. Diese prüften wir auf ihre Praxisrelevanz und Originalität. Dabei war mir bewusst, dass es Personen aus der Praxis oft schwerfällt, Thesen als neuartig wahrzunehmen – insbesondere, wenn sie deren Originalität und Praxisrelevanz bewerten sollen. Ein wesentlicher Grund kann darin liegen, dass ihre Einschätzungen stark durch unbewusste und damit unhinterfragte epistemische Strukturen sowie frühere Erfahrungen geprägt sind. Dadurch tendieren sie dazu, vergangene Muster auf zukünftige Entwicklungen zu übertragen. Das hat in der Regel zur Folge, dass die „Neuheit" oder Andersartigkeit emergierender Episteme für sie oft nicht erkennbar ist, wie der Philosoph und politische Ökonom André Gorz bereits konstatierte:

> „Wenn wir das Neue nach den Deutungsmustern und kulturellen Stereotypen des Alten wahrnehmen und interpretieren, bleiben wir blind für das, was dessen Neuheit ausmacht." (Gorz 2000).

Mit dieser Einschätzung möchte ich jedoch in keinem Fall die Intelligenz oder Kompetenz der Personen bewerten, sondern lediglich ihre Perspektiven in den Forschungskontext einordnen. Ihre Bewertungen der erkenntnisleitenden Thesen berücksichtigte ich als wertvollen und maßgeblichen, aber nicht absoluten Maßstab.

Nach dem Auswertungsprozess blieben von den ursprünglich 23 Thesen noch drei relevant. Um den Fokus zu schärfen, die Verständlichkeit und Nachvollziehbarkeit für die Leser:innen zu erhöhen, stelle ich im weiteren Verlauf nur die drei relevanten Schlüsselszenen mit ihren korrespondierenden erkenntnisleitenden Thesen vor – die in ihrer Bewertung hinsichtlich Originalität und Praxisnähe mindestens eine 6 auf einer Skala von 0 bis 10 erreicht haben (wobei 0 für „nicht originell/ praktisch“ und 10 für „sehr originell praktisch“ steht).

Eine Übersicht aller relevanter Thesen der drei Schlüsselszenen findet sich in Tabelle 7.5.

Die drei relevanten Schlüsselszenen der Erkundungsaufstellung 1 mit Irritationen, erkenntnisleitenden Thesen und einer reflexiven Interpretation
Hinweis für die Leser:innen: Um die Nachvollziehbarkeit zu verbessern, benenne ich im Folgenden zu jeder farblichen Repräsentanz die jeweilige Aufstellungskomponente in einer eckigen Klammer.

Erste Schlüsselszene

Szenario 1:	Autoritäre Haltung von A (Führungskraft)
Sequenz 1.2	Die Repräsentanzen können sich nach der ersten Befragung durch die Aufstellungsleitung (AL) nochmals bewegen und einen möglichen, anderen Platz einnehmen.

Die Repräsentanz Selbstführung hat versucht, den Fokus der Führungskraft auf Wiedergutmachung und Emergenz zu lenken – was auch erfolgreich war. Die Führungskraft, die sich in einer Haltung der autoritären Autorität befindet, ist am Wesentlichen interessiert und zeigt einen starken Wunsch nach Ordnung. Die Beziehung zwischen Wiedergutmachung und Emergenz wird von der Führungskraft als eine Form von Ordnung wahrgenommen. Auch die Repräsentanz der Führungskoalition empfindet die beiden Repräsentanzen Wiedergutmachung und Emergenz aufgrund ihrer Nähe zueinander als anziehend.

Was mich besonders neugierig machte und zur Auswahl dieser Schlüsselszene führte, war eine Bemerkung der Komponente Emergenz: Es bezog sich auf die Metapher des „schwarzen Kubus von Mekka“, die von der Repräsentanz Wiedergutmachung verwendet wurde. Diese erinnerte sich dabei an den Film 2001: Odyssee im Weltraum. Nach meinen Recherchen symbolisiert dieses Mysterium im Film Folgendes:

> „Die dunkle Seite der Intelligenz: In der mysteriösen Geschichte geht es um Quantensprünge in der Entwicklung der Menschheit. Ein in grauer Vorzeit plötzlich auftauchender schwarzer Monolith befähigt die ihn betastenden Vorläufer des Homo sapiens zum bewussten Denken. […] Die allen Fortschritt ausmachende dunkle Seite der Intelligenz geht scheinbar stets mit Gewaltanwendung einher.“ (Hairapetian 2001).

- Bild der Szene und korrespondierender Auszug aus dem Transkript:

  Aufstellungsleitung (AL) stellte jeder Repräsentanz die Frage: „Wie geht es [Name Repräsentanz] dort und was ist jetzt anders?"
  Gelb [Selbstführung] (00:30:07 – 00:17:44): „[Gelb] hat versucht, den Blick von A [Führungskraft] so [..] auch in Richtung Blau [Wiedergutmachung] und Grau [Emergenz] zu richten; war auch froh, dass A [Führungskraft] dem gefolgt ist."
  Grau [Emergenz] (00:33:07 – 00:33:54): „[..] Das Einzige, was ich jetzt interessant fand, war: was Blau [Wiedergutmachung] gesprochen hat, über den schwarzen Kubus von Mekka und das Mysteriöse. [Habe] mich erinnert an Odyssee 2001, [..] wo es auch so ein mysteriöses, schwarzes Ding gibt."
  Pink [Führungskoalition] (00:34:12 – 00:35:05): „Pink [Führungskoalition] findet Grau [Emergenz] und Blau [Wiedergutmachung] voll anziehend, weil es auch so nah sein mag. [..] Und denkt, dass es eigentlich darum geht, so um Nähe."
  A [Führungskraft] (00:36:50 – 00:37:37): „A [Führungskraft] ist [..] der Anregung von Gelb [Selbstführung] ganz bereitwillig gefolgt, den Blick zu verändern. Weil von Gelb [Selbstführung] sozusagen versprochen wurde, dass das A [Führungskraft] dann das Wesentliche sehen kann. Und ich habe einen starken Wunsch nach Ordnung. [..] Und das, was [.] den Blick von A [Führungskraft] anzieht, ist [..] vielmehr die Beziehung zwischen Blau [Wiedergutmachung] und Grau [Emergenz], weil das auch so eine Art von Ordnung verspricht."

- Eine reflexive Interpretation dazu:

  Es könnte sein, dass es eine beobachtende Position mit einem Fokus auf Emergenz braucht, um die sich zeigenden Weisheiten eines Kontextes oder Feldes wahrzunehmen beziehungsweise mit Bedeutung zu versehen. Erstaunlich ist, dass die Komponente der Wiedergutmachung der transformativen Autorität – welches für den Ausgleich sozialer Schäden, wie beispielsweise der Verletzung der Würde durch Gewalt, steht – diese Metapher hervorgebracht hat.

  In Szenario 1, in dem die Führungskraft eine autoritäre Haltung zur Autorität einnimmt – die häufig mit der Ausübung oder Androhung von Gewalt (wie Beschämung, Ausgrenzung oder Spaltung) verbunden ist (Sennett 2012, S. 125) –, zeigt sich die Metapher der „dunklen Seite der Intelligenz".

  Dass die Führungskraft Emergenz und Wiedergutmachung als eine Form von Ordnung betrachtet, wurde durch die Komponente der Selbstführung der transformativen Autorität angestoßen. Hier könnte ein initialer Moment liegen: Wenn sich eine Führungskraft in einer überwiegend autoritären Autoritätshaltung mit Selbstführung auseinandersetzt und sich Ordnungen-erzeugenden Themen wie Emergenz sowie Wiedergutmachung zuwendet, könnte sich eine Öffnung für

Transformation ergeben. Dieser Prozess wird durch die Komponente der Führungskoalition unterstützt, welches die Nähe zwischen Emergenz und sozialem Ausgleich anziehend findet. Das könnte darauf hinweisen, dass auch Gruppen von Führungskräften sich von dieser potenziell transformativen Dynamik angezogen fühlen (Abbildung 7.2).

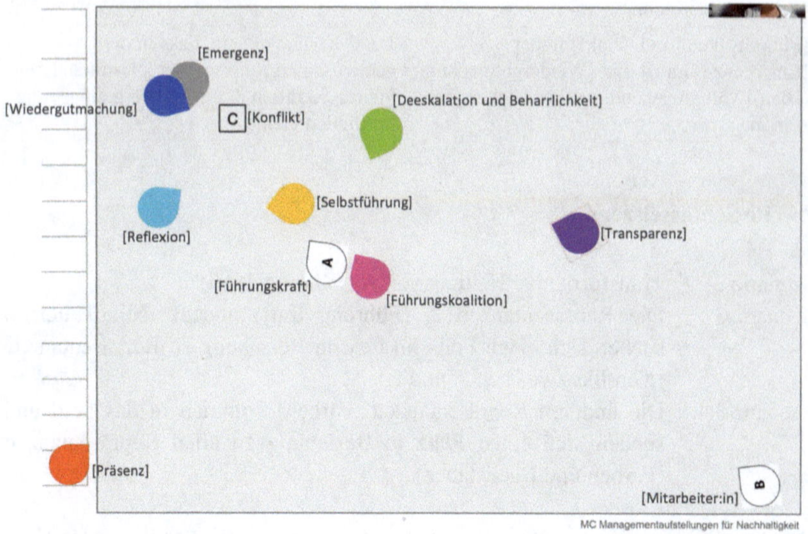

Abbildung 7.2 Schlüsselszene aus Szenario 1, Sequenz 1.2 #00:33:07 – 00:37:37

Aus dieser ersten Schlüsselszene blieben, nach dem Auswertungsprozess, zwei erkenntnisleitende Thesen übrig (Tabelle 7.2):

Tabelle 7.2 Irritierende/überraschende Aussagen und relevante Thesen zu der ersten Schlüsselszene

irritierende/überraschende Aussage	Thesennummer und These
Und das, was [.] den Blick von [Führungskraft (A)] anzieht, ist [..] vielmehr die Beziehung zwischen [Wiedergutmachung (Blau)] und [Emergenz (Grau)], weil das auch so eine Art von Ordnung verspricht.	1.1–2 Könnte es sein, dass es erst etwas Neues braucht, um etwas wiedergutzumachen und damit Ordnung herzustellen?
[Führungskoalition (Pink)] findet [Emergenz (Grau)] und [Wiedergutmachung (Blau)] voll anziehend, weil es auch so nah sein mag.	1.2–2 Könnte es sein, dass in der gemeinsamen Reflexionsarbeit mit anderen Führungskräften öfters Wiedergutmachung stattfinden kann?

Zweite Schlüsselszene

Szenario 3:	Transformative Haltung von A (Führungskraft)
Sequenz 3	Die Repräsentanzen A (Führungskraft) und B (Mitarbeiter:in) suchen sich einen Platz im Feld in Beziehung zu Repräsentanz C (Konflikt zwischen A und B).
Sequenz 3.1	Die anderen Repräsentanzen (Farben) kommen in das Feld und suchen sich einen Platz in Beziehung zu allen Repräsentanzen (Farben und Buchstaben).

Die Repräsentanz Wiedergutmachung hat in den ersten beiden Szenarien den Konflikt als eine Macht wahrgenommen. Dennoch sieht sie aber auch, dass es in diesem Szenario die Repräsentanz Konflikt braucht – jedoch nicht mehr in dieser Präsenz. Die Dreierkonstellation zwischen den Repräsentanzen Mitarbeiter:in, Konflikt und Führungskraft war ebenfalls zu viel Macht. Dadurch, dass die Repräsentanz Konflikt nun weniger präsent ist, haben die Farben mehr Raum und Freiheit. Für die Repräsentanz Wiedergutmachung eröffnen sich dadurch gefühlt mehr Wirkmöglichkeiten. Außerdem hat sie sich selbst in diesem Szenario gewandelt: Sie nimmt sich nun in der Rolle eines Betriebsrats wahr, während sie sich zuvor eher als revolutionäre Kraft gesehen hat. Auch ist es dieser Repräsentanz wichtig, dass jemand die notwendigen Farben koordiniert – und sieht sich selbst in dieser Koordinationsfunktion.

Für die Repräsentanz Emergenz hat sich eine Linie zwischen den Repräsentanzen Mitarbeiter:in und Führungskraft ergeben, auf der sie selbst im Lot ist – in der Mitte dieser Linie. Gleichzeitig nimmt die Repräsentanz Emergenz einen Kreis wahr, der um diese Linie zwischen ihr, Mitarbeiter:in und Führungskraft verläuft.

Daraus entsteht ein dreidimensionaler Raum, eine Art Körper, der die Repräsentanzen Führungskraft, der:die Mitarbeiter:in und Emergenz umfasst. Dieser Raum bewegt sich kreisend um diese Komponenten. Die Repräsentanz Emergenz sieht sich selbst als den Kopf einer Friedenstaube, wobei die Führungskraft und der:die Mitarbeiter:in die Flügel bilden.

Die Repräsentanz Reflexion nimmt die Repräsentanzen Emergenz, Transparenz und Führungskoalition als Teil eines dreidimensionalen Raums wahr, wenn diese durch Linien miteinander verbunden wären. Für die Repräsentanz Reflexion entsteht dadurch ein Gefühl von Freiheit und Möglichkeiten – eine Art Möglichkeitsraum öffnet sich.

Was mich an dieser Schlüsselszene irritierte, war, dass Wiedergutmachung sich in einer Führungs-/Koordinationsrolle für alle anderen Komponenten wahrnimmt und keines der anderen Komponenten widerspricht. Des Weiteren überraschte mich die Aussage, dass es eine Linie im 3D-Raum-Kreis zwischen Führungskraft und Mitarbeiter:in gibt – wie eine Art dreidimensionaler Körper. Beide Irritationen führten zu der Auswahl dieser Schlüsselszene.

- Bild der Szene und korrespondierender Auszug aus dem Transkript:

  Aufstellungsleitung [AL] (01:28:53 – 01:30:26): „Blau [Wiedergutmachung]: was ist für Blau in Szenario drei, wie nimmt es sich selbst wahr? Und das System? Und was ist anders?“
  Blau [Wiedergutmachung]: „Jetzt wird mir auch klar, dass es braucht C [Konflikt] ja, aber nicht mehr in dieser Präsenz, wie es bisher war. Da war das die Macht. Auch dieses Dreierkonstrukt mit B [Mitarbeiter:in] und A [Führungskraft]: das war zu viel. Und so haben wir, wir Farben, jetzt einfach mehr Raum. [.] Wir haben mehr Freiheiten, gefühlt mehr Wirken. [..] Alle haben sich dann immer auf A [Führungskraft] und [.] C [Konflikt] fokussiert, so dass ich mit B [Mitarbeiter:in] irgendwie diesen Ruhepol [.] habe. Und ich sehe mich so ein bisschen als, nicht mehr Revolution, sondern vielleicht Betriebsrat. Es braucht uns Farben und das einer muss es in die Hand nehmen, das so ein bisschen koordinieren, das bin ich.“
  AL stellte jeder weiteren Repräsentanz die Frage (01:34:10 – 01:36:13): „Was ist für [Name Repräsentanz] jetzt anders?“
  Grau [Emergenz]: „Aber dann hat [Grau] eben diese Position da oben gefunden, so im Lot zu der Linie zwischen A [Führungskraft] und B [Mitarbeiter:in]. Und hat das Gefühl, es ist wichtig. [..] Und als letztes hat Grau [Emergenz] sich selbst gesehen, wie es, wie in einer, wie in einem Lot eben als Schnur um diese Linie im 3D-Raum-Kreis zwischen A [Führungskraft] und B [Mitarbeiter:in]. Also,

also quasi nach hinten und dann tauchte, wird es unten wieder auftauchen. Und dann, wie so – das wäre dann wie so ein dreidimensionaler Körper zwischen A [Führungskraft], B [Mitarbeiter:in] und dem Grau [Emergenz], dass da so kreist. Wie nimmt Grau [Emergenz] das System wahr? [..] Und jetzt sehe ich tatsächlich eine Friedenstaube. A [Führungskraft] und B [Mitarbeiter:in] sind die Flügel und Grau [Emergenz] ist da, wo der Kopf ist. Und bei C [Konflikt] ist da so die; es kann ein Flugzeug sein."
Türkis [Reflexion] (01:41:58 – 01:43:03): „Und die Buchstaben wie auch Grau [Emergenz], Lila [Transparenz] und Pink [Führungskoaltion] bilden zusammen schon fast wie ein dreidimensionaler Raum. Wenn man so Linien ziehen würde. Und das gibt irgendwie ein Gefühl von Freiheit und Möglichkeiten. Also ein Möglichkeitsraum geht hier auf."

- Eine reflexive Interpretation dazu:

Nach meiner Theorie kann es hilfreich sein, Konflikte als eine Form von Macht zu verstehen, die auch in einem Kontext notwendig sind, in dem eine Führungskraft überwiegend in der Haltung der Transformativen Autorität agiert. Konflikte fungieren in Führungsbeziehungen als Spannungsfelder, die Ordnungsübergänge fördern. Diese Übergänge können sich durch die affektiven und kognitiven Gravitationskräfte der Transformativen Autorität ausbilden.

In diesem Kontext/Szenario wandelt sich auch die Bedeutung des Konflikts selbst: Er steht nicht mehr allein für das spezifische Konfliktthema, um das Führungskraft und Mitarbeiter:in ringen. Vielmehr wird der Konflikt zum zentralen Thema selbst – zur Transformation der Führungsbeziehung hin zu Gewaltlosigkeit und Co-Führung als auch zu einem Mittel, um eine Transformation zu ermöglichen. Dadurch können die Elemente der Transformativen Autorität mehr Raum und Freiheit gewinnen, ihre Wirkung zu entfalten.

Ein Indikator für einen bereits sich vollziehenden Wandel im System könnte die Veränderung des „Selbstkonzepts" der Komponente Wiedergutmachung sein. Dieses entwickelt sich von einer revolutionären Kraft hin zu einer Funktion, die der eines Betriebsrats ähnelt. In einem Unternehmen spielt der Betriebsrat eine zentrale Rolle, um das Machtverhältnis zwischen Arbeitgeber und Beschäftigten auszugleichen. Dies geschieht beispielsweise durch Initiativ- und Informationsrechte, die im Betriebsverfassungsgesetz geregelt sind (§§ 80–82, Bundesamt für Justiz 2024). Analog dazu ließe sich das Element Wiedergutmachung ebenfalls als eine Form der Machtregulation oder sogar der Machttransformation verstehen.

Besonders interessant ist die Rolle der Emergenz. Sie nimmt eine Raumwahrnehmung ein. Sie sieht die Komponenten Mitarbeiter:in, Führungskraft und sich selbst als Teile eines umfassenden Körpers. Dies erzeugt einen Raum, der sich kreisend um diese Komponenten bewegt. Nach Shimizu lässt sich dieser Raum als emergentes *ba* – ein relationaler Raum-Zeit-Bereich – begreifen.

Nach Lewin entspricht er einem Lebensraum oder psychologischen Feld, geprägt von Werten wie Gewaltlosigkeit und Gleichwertigkeit, die anziehende oder abstoßende Kräfte erzeugen. Eine dieser Feldkräfte ist „Frieden", der sich durch Gewaltfreiheit manifestiert. Dieses Phänomen emergiert aus der Mitte der Führungsbeziehung zwischen Führungskraft und Mitarbeiter:in. Es kann mit der Metapher des „Kopfes einer Friedenstaube" beschrieben werden, von dem aus sich Gewaltfreiheit wie die „Flügel der Taube" weiter ausbreitet. Nach Ciompi lässt sich dies als zentripetale Kraft der Transformativen Autorität verstehen, die umso stärker wird, je mehr Menschen diese Haltung verkörpern und je bedeutsamer sie diese für sich empfinden. Darüber hinaus trägt die Feldwirkung der Transformativen Autorität dazu bei, dass die Konfliktbeteiligten sowohl die Raum- als auch die Zeitaspekte der sieben Elemente – und damit auch Teile ihrer „Eigenwahrheit" – in ihr Erleben und Handeln integrieren.

Auch die Komponente Reflexion nimmt eine raumbezogene Perspektive ein. Dies mag überraschend sein, lässt sich jedoch mit Scharmer erklären. Reflexion ermöglicht es Führungskräften und Mitarbeiter:innen, bestehende Grenzen zu überwinden und neue Möglichkeitsräume zu erschließen, die wiederum neue Regeln hervorbringen. Die Führungsbeziehung wird dabei als ein lebendiger, gemeinschaftlich gestalteter Raum begriffen. Dieser Raum entsteht durch die Verbindung der Elemente Emergenz, Transparenz und Führungskoalition. Er steht für Freiheit und Möglichkeiten – kurz: ein Möglichkeitsraum. Mit Scharmer lässt sich insbesondere das Element Führungskoalition als ein Hinweis dafür heranziehen, dass jedes Individuum in ein gemeinsames Feld eingebettet ist. Ein solches Führungsnetzwerk kann sich sogar über die Grenzen einzelner Organisationen hinaus in die Sphäre eines gesamten Ökosystems ausdehnen (Abbildung 7.3).

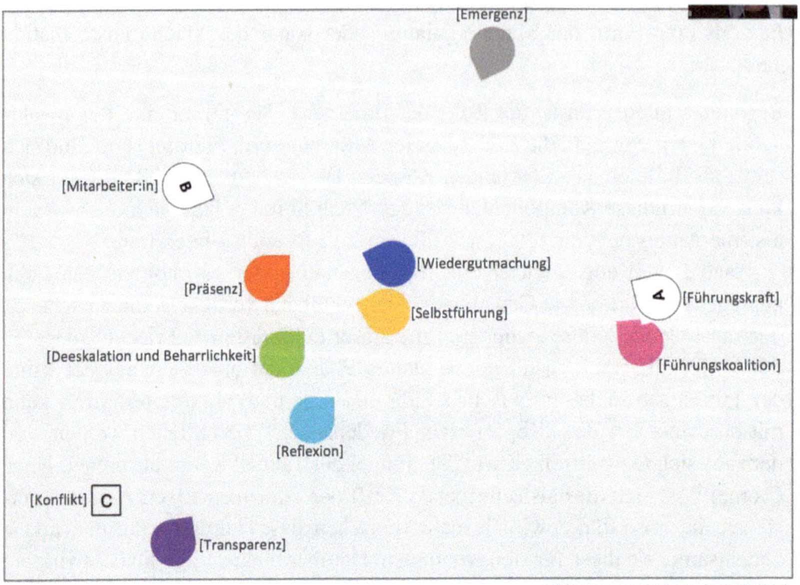

MC Managementaufstellungen für Nachhaltigkeit

Abbildung 7.3 Schlüsselszene aus Szenario 3, Sequenz 3.1 #01:28:53 – 01:43:03

Aus dieser zweiten Schlüsselszene blieb, nach dem Auswertungsprozess, eine erkenntnisleitende These übrig (Tabelle 7.3):

Tabelle 7.3 Irritierende/überraschende Aussage und relevante These zu der zweiten Schlüsselszene

irritierende/überraschende Aussage	Thesennummer und These
Linie im 3D-Raum-Kreis zwischen [Führungskraft (A)] und [Mitarbeiter:in (B)]. Also, also quasi nach hinten und dann tauchte, wird es unten wieder auftauchen. Und dann, wie so – das wäre dann wie so ein dreidimensionaler Körper.	3.2–2 Könnte es sein, dass es EINER der Schlüssel ist, sich nicht mit dem Konflikt zu beschäftigen, sondern nach der 3./4./5. Dimension zu suchen?

Dritte Schlüsselszene

Sequenz 3.2 Die Repräsentanzen können sich nach der ersten Befragung durch AL nochmals bewegen und einen möglichen, anderen Platz einnehmen.

Die Repräsentanz Emergenz nimmt zwischen Führungskoalition und sich selbst so etwas wie Liebe wahr. Führungskoalition erlebt Wiedergutmachung und sich selbst als durchlässig, obwohl sie zwischen den Repräsentanzen Führungskraft und Mitarbeiter:in steht – sie blockiert die Verbindung der beiden nicht. Darüber hinaus hat die Repräsentanz Führungskoalition den Eindruck, einen bedeutenden positiven Einfluss auf das System ausüben zu können, ähnlich einem pulsierenden Herz, das in alle Richtungen ausstrahlt.

Die Repräsentanz Wiedergutmachung beschreibt sich als Quelle von Impulsen aus dem Innen, die Bewegung und Dynamik erzeugen können. Im Unterschied dazu bringt für sie die Repräsentanz Emergenz eher Impulse von außen ein.

Die Repräsentanz Präsenz nimmt wahr, dass sich zwischen den Farben ein Weg durch das Bild hindurchzieht – beginnend bei Transparenz, über Reflektionen, Eskalation und Beharrlichkeit, bis hin zu Präsenz selbst und schließlich zur Wiedergutmachung. Es entsteht eine Art Pfad, der bei der Repräsentanz Wiedergutmachung endet – die wiederum zwischen Führungskraft und Mitarbeiter:in steht.

Die Repräsentanz Reflexion erkennt, dass durch die Öffnung des Raums – initiiert von den Repräsentanzen Führungskraft, Mitarbeiter:in und Konflikt – Emergenz, Transparenz und Selbstführung ein weiteres Dreieck bilden. Dieses Dreieck spannt den Raum weiter auf und erweitert ihn.

In dieser Szene machte mich folgende Aussage neugierig und führte zur Wahl als weitere Schlüsselsequenz, dass „Grau, Lila und Gelb [bilden] noch wie ein zweites Dreieck und [lassen] irgendwie [.] dieses Netz weiter aufgespannt [.] und in den Raum tragen.".

- Bild der Szene und korrespondierender Auszug aus dem Transkript:

  Aufstellungsleitung [AL] stellte jeder Repräsentanz die Frage: „Was ist für [Name Repräsentanz] jetzt anders?"
  Grau [Emergenz] (01:49:14 – 01:49:55): „Zwischen Pink [Führungskoalition] und Grau [Emergenz] ist so was wie Liebe."
  Pink [Führungskoalition] (01:50:06 – 01:50:54): „Und Blau [Wiedergutmachung] und Pink sind durchlässig. Die blockieren nicht zwischen B [Mitarbeiter:in] und A [Führungskraft]. Sondern schaffen da eher so ein Kraftfeld. Und

Pink [Führungskoalition] hat auch den Eindruck, dass es einen großen Einfluss auf das System haben kann, fast wie so ein pulsierendes Herz oder so, also auch in alle Richtungen was ausstrahlen kann. Was ganz Positives."
Blau [Wiedergutmachung] (01:50:54 – 01:51:54): „Blau [Wiedergutmachung] gibt Impulse von innen. [Kann] so ein bisschen für Bewegung sorgen. Und Grau [Emergenz] [..] gibt vielleicht so [.] Impulse von außen."
Rot [Präsenz] (01:51:54 – 01:52:29): „Rot hat jetzt gerade die Assoziation, dass es wie ein Weg gibt zwischen den Farben durch das Bild hindurch. Unten Türkis [Reflexion], nein Lila [Transparenz], Türkis [Reflexion], Grün [Deeskalation und Beharrlichkeit], Rot [Präsenz], Blau [Wiedergutmachung]."
Türkis [Reflexion] (01:54:16 – 01:54:53): „Also seit die Buchstaben A [Führungskraft], B [Mitarbeiter:in], C [Konflikt] den Raum weiter geöffnet haben, bilden Grau [Emergenz], Lila [Transparenz] und Gelb [Selbstführung] noch wie ein zweites Dreieck, das sich da so aufgestellt hat. Und irgendwie wie dieses Netz weiter aufgespannt lassen und in den Raum tragen."

- Eine reflexive Interpretation dazu:

In der Affektlogik nach Ciompi steht Liebe für eine besondere menschliche Fähigkeit: die Welt eines anderen zu verstehen. „Welt" umfasst in diesem Verständnis nicht nur Menschen, sondern kann auch Anliegen, Ideale oder Dinge beinhalten. Liebe bedeutet, die Perspektive des anderen in den Mittelpunkt von Handlungen und Interessen zu stellen. Sie ist eine maximale Erweiterung des Aufmerksamkeitsfokus und ermöglicht eine tiefe Verbindung mit dem Ganzen. (Ciompi 2009, S. 198). Ausgehend von Ciompis Blick auf Liebe ließe sich die Beziehung zwischen Emergenz und Führungskoalition ebenfalls als ein solches Zentrum von Handlungen und Interessen verstehen. Sie könnte den Aufmerksamkeitsfokus maximal erweitern und eine tiefgreifende Verbindung mit dem Ganzen herstellen. Ob dies jedoch ausschließlich für die Elemente Emergenz und Führungskoalition gilt oder auch auf andere Elemente übertragbar ist, bleibt eine offene Frage.

Wenn ein Dreieck in einer Aufstellung erscheint, bietet sich zusätzlich eine formenanalytische Auswertung und Interpretation an:

- Deutet das Dreieck auf eine Beziehung mit wechselnden Qualitäten zwischen den Beteiligten hin, etwa durch unterschiedliche Koalitionen?

- Gibt es innerhalb des Dreiecks eine Beobachtendenposition, die den anderen beiden ermöglicht, sich zu reflektieren?

- Lässt sich eine klare Spitze des Dreiecks erkennen, die als Ziel einer Entwicklung beziehungsweise als ein Zukunftsbezug interpretiert werden kann?
  (Müller-Christ und Pijetlovic 2018, S. 372).

Im ersten Dreieck (mit durchgezogener Linie), das die Repräsentanzen Führungskraft (A), Mitarbeiter:in (B) und Konflikt (C) verbindet, könnte der Konflikt eine Beobachtungsposition einnehmen. Diese würde es Führungskraft und Mitarbeiter:in ermöglichen, sowohl sich selbst als auch ihre Arbeitsbeziehung zu reflektieren. Gleichzeitig könnte dieses Dreieck im Kontext der Transformativen Autorität ein Spannungsfeld darstellen, das qualitative Übergänge zwischen stabilen Ordnungszuständen anstößt.

Das zweite Dreieck (mit gestrichelter Linie) umfasst die Repräsentanzen Selbstführung (gelb), Emergenz (grau) und Transparenz (lila). Hierbei ließe sich Selbstführung einerseits als Ziel einer Entwicklung verstehen, das auf eine Zukunft hindeutet. Andererseits könnte Emergenz als Beobachtungsposition dienen, um zu reflektieren, welche Dynamiken sich durch das Zusammenwirken von Selbstführung und Transparenz entfalten.

Die Verbindung zwischen dem zweiten Dreieck (Selbstführung, Transparenz und Emergenz) und dem ersten Dreieck (Konfliktfeld) könnte nahelegen, dass Selbstführung und Transparenz als Katalysatoren für den Konflikt zwischen Führungskraft und Mitarbeiter:in möglicherweise wirken. Aus diesem Konflikt könnte, durch einen qualitativen Ordnungsübergang, eine neue Ordnung oder Form einer Führungsbeziehung hervorgehen.

Diese Dynamik könnte sich vor allem von der Führungskraft aus zu entfalten beginnen, da das zweite Dreieck aufgrund seiner Feldwirkung in räumlicher Nähe zur Führungskraft positioniert ist (Abbildung 7.4 und 7.5).

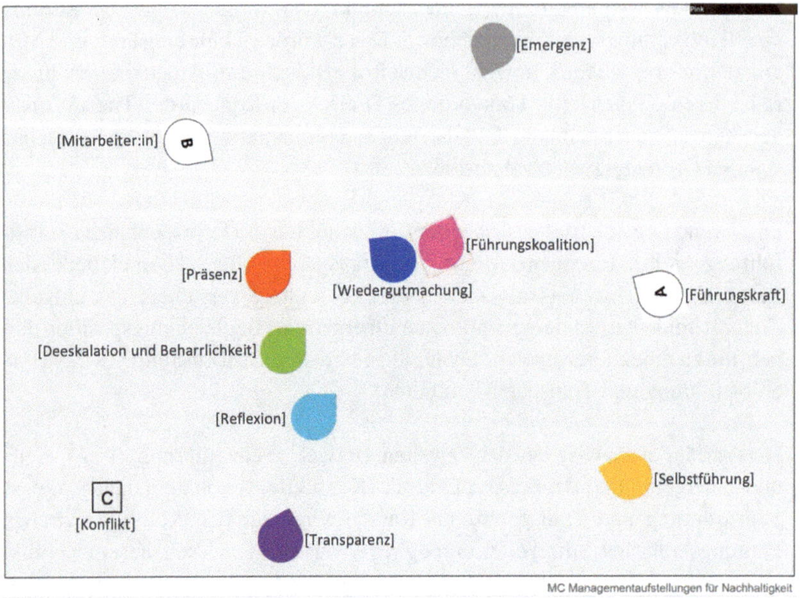

Abbildung 7.4 Schlüsselszene aus Szenario 3, Sequenz 3.2 #01:54:26 – 01:54:53

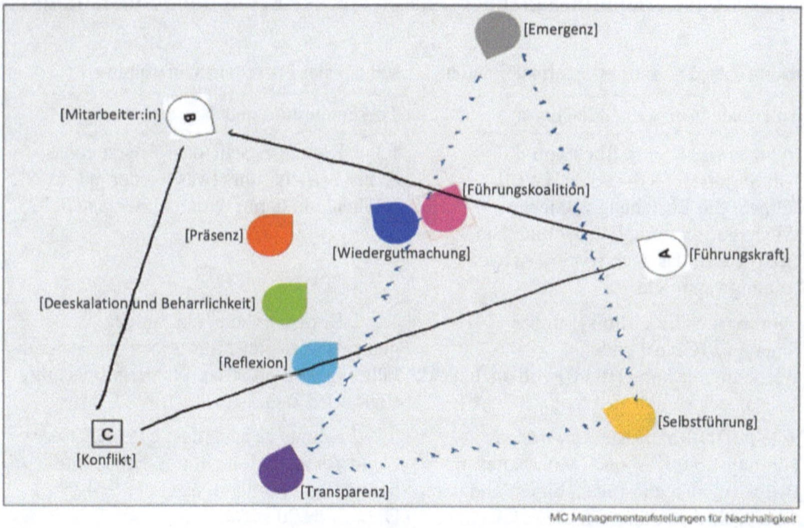

Abbildung 7.5 Formenanalytische Auswertung der Schlüsselszene aus Szenario 3, Sequenz 3.2

Aus dieser dritten Schlüsselszene blieben, nach dem Auswertungsprozess, zwei erkenntnisleitende Thesen übrig (Tabelle 7.4):

Tabelle 7.4 Irritierende/überraschende Aussagen und relevante Thesen zu der dritten Schlüsselszene

irritierende/überraschende Aussage	Thesennummer und These
Also seit die Buchstaben [Führungskraft (A)], [Mitarbeiter:in (B)], [Konflikt (C)] den Raum weiter geöffnet haben, bilden [Emergenz (Grau)], [Transparenz (Lila)] und [Selbstführung (Gelb)] noch wie ein zweites Dreieck, das sich da so aufgestellt hat. Und irgendwie wie dieses Netz weiter aufgespannt lassen und in den Raum tragen.	3.2–3 Könnte es sein, dass die Präsenz der vielen Elemente der Transformativen Autorität per se mehr Abstand zu Konflikten ermöglicht? 3.2–4 Könnte es sein, dass erst beim Zurücktreten, beim Herausgehen aus dem Konflikt, all das Andere (positive) in die Mitte treten kann?

Übersicht der erkenntnisleitenden Thesen aus der Erkundungsaufstellung 1

Tabelle 7.5 Die fünf erkenntnisleitenden Thesen aus der Forschungsaufstellung 1

irritierende/überraschende Aussage	Thesennummer und These
Und das, was [.] den Blick von [Führungskraft (A)] anzieht, ist [..] vielmehr die Beziehung zwischen [Wiedergutmachung (Blau)] und [Emergenz (Grau)], weil das auch so eine Art von Ordnung verspricht.	1.1–2 Könnte es sein, dass es erst etwas Neues braucht, um etwas wieder gut zu machen und damit Ordnung herzustellen?
[Führungskoalition (Pink)] findet [Emergenz (Grau)] und [Wiedergutmachung (Blau)] voll anziehend, weil es auch so nah sein mag.	1.2–2 Könnte es sein, dass in der gemeinsamen Reflexionsarbeit mit anderen Führungskräften öfters Wiedergutmachung stattfinden kann?
Linie im 3D-Raum-Kreis zwischen [Führungskraft (A)] und [Mitarbeiter:in (B)]. Also, also quasi nach hinten und dann tauchte, wird es unten wieder auftauchen. Und dann, wie so – das wäre dann wie so ein dreidimensionaler Körper.	3.2–2 Könnte es sein, dass es EINER der Schlüssel ist, sich nicht mit dem Konflikt zu beschäftigen, sondern nach der 3./4./5. Dimension zu suchen?
Also seit die Buchstaben [Führungskraft (A)], [Mitarbeiter:in (B)], [Konflikt (C)] den Raum weiter geöffnet haben, bilden [Emergenz (Grau)], [Transparenz (Lila)] und [Selbstführung (Gelb)] noch wie ein zweites Dreieck, das sich da so aufgestellt hat. Und irgendwie wie dieses Netz weiter aufgespannt lassen und in den Raum tragen.	3.2–3 Könnte es sein, dass die Präsenz der vielen Elemente der Transformativen Autorität per se mehr Abstand zu Konflikten ermöglicht? 3.2–4 Könnte es sein, dass erst beim Zurücktreten, beim Herausgehen aus dem Konflikt, all das Andere (positive) in die Mitte treten kann?

Übersicht der erkenntnisleitenden Thesen aus der der Transkription

Während des Transkriptionsprozesses sind die folgenden, weiteren erkenntnisleitenden Thesen entstanden. Die irritierenden oder überraschenden Aussagen, die den jeweiligen Thesen entsprechen, stehen jedoch nicht in einer linearen Beziehung zu diesen. Letztlich habe ich die Thesen durch die Auseinandersetzung mit der gesamten Transkription entwickelt – durch Abduktion. Meine Entscheidung, das Kriterium der Originalität gegenüber der Nützlichkeit für die Praxis höher zu gewichten, führte dazu, dass ich diese Thesen in der deskriptiven Teilstudie auf beide Kriterien hin überprüfen lassen möchte.

Tabelle 7.6 Fünf erkenntnisleitende Thesen aus dem Transkriptionsprozess

irritierende/überraschende Aussage	Thesennummer und These
[00:20:57] Gelb ist ein wichtiges oder das wichtige Gegenstück zu A. Um A zu verdeutlichen, dass es sein Fokus verändern muss. C ist vergangen. Und von daher ist es auch Moment ein Trugschluss, dass alle sagen, da sei die Mitte.	These TB1: Der strukturelle Konflikt zwischen „Arbeitgeber:innen- und Arbeitnehmer:innen-Interessen" ist neutral/leer in Bezug auf die Autoritätshaltung. Er kann jede beliebige Autoritätshaltung annehmen.
[00:47:06] Für B ist in Szenario zwei C und A wahnsinnig wichtig. Wirklich so diese, ich weiß nicht, ob es eine Symmetrie ist? Ja, eine Ausgeglichenheit ist einfach wie klar: B will auf A und C fokussieren. Und die Beziehung zwischen den dreien ist extrem wichtig. Dass die irgendwie ausgeglichen ist, dass die aufeinander konzentriert sind.	These TB2: Für Mitarbeiter:innen ist der Fokus auf den strukturellen Konflikt „Arbeitgeber:innen- und Arbeitnehmer:innen-Interessen" wichtig für die Stabilität.
[00:49:13] Also ich [C] konnte ja ganz viel jetzt auch teilen, was B gerade gesagt hat. Die Priorität von A, B, C und so als wäre alles bunte außenrum eine Reizüberflutung, die vom Wesentlichen ablenkt. Und Grau ist ja dazwischen gerätscht. Wir waren ja in der Dreierposition A, B, C. Dann kam Grau zwischen rein. Dann habe ich mich noch mal verruckt, um das klar zu machen: Ich will bei A und B sein. Und Grau hat sich dann wieder verzogen, sodass sich wieder eine, ein Gleichgewicht herstellen konnte. Also Gleichgewicht ist ganz wichtig; auch keine Priorität von A und B, sondern es geht um das Zentrale und das ist A, B, C.	These TB3: Der strukturelle Konflikt „Arbeitgeber:innen und Arbeitnehmer:innen-Interessen" blockiert die für eine Veränderung notwendige Wiedergutmachung von sozialen Schäden.

(Fortsetzung)

Tabelle 7.6 (Fortsetzung)

irritierende/überraschende Aussage	Thesennummer und These
[00:30:07] Gelb war erst ganz froh. Also hat versucht, den Blick von A so nach links oder vielleicht auch Richtung Blau und Grau zu richten; war auch froh, dass A dem gefolgt ist und war auf einmal völlig ärgerlich, als C da war. Und dachte, das kann ich eingehen! Was macht C jetzt wieder? Und C hypnotisiert wieder A, so dass A nicht das Wesentliche sieht. Und deswegen ist Gelb gerade fast ein bisschen aggressiv in diese Achse gegangen mit dem Versuch, das A nicht von C hypnotisiert ist.	These TB4: Führungskräfte lassen sich von dem strukturellen Konflikt „Arbeitgeber:innen-Interessen, Arbeitnehmer:innen-Interessen" hypnotisieren und lassen dadurch alles andere aus dem Blick.
[01:14:42] Blau fühlt sich mittlerweile als der Revolutionsführer. Halte so ein bisschen aber auch schützend meine Arme vor meine Revolutionsarmee. Merke aber, dass, dass wir hier eigentlich mehr oder Weniger den Rückzug antreten müssen, weil dieses Trio A, B, C – das ist zu, die Mauern sind zu, zu stark. Und da kann man auch nichts, nichts aufbrechen. Auch Grau wurde schon geschluckt. Oder schon eingezogen. Da ist zu wenig Kraft bei uns. [01:51:01] Blau gibt Impulse von innen. Das ist auch, auch gut so, kann so ein bisschen für Bewegung sorgen. Und Grau, das mir jetzt noch mal klar geworden, das war, ist ja vorhin auch schon so ein bisschen reingerutscht, das gibt vielleicht so vielleicht Impulse von außen.	These TB5: Das Element Wiedergutmachung sieht, dass es nur selbst, Deeskalation und Beharrlichkeit sowie Emergenz etwas Neues in das starre Konfliktsystem A-B-C bringen können. Alle anderen Elemente der Transformativen Autorität wohl nicht!

7.2.2 Deskriptive Teilstudie

Mein Mixed-Methods-Design legt den Schwerpunkt auf das qualitative Verfahren der Forschungsaufstellung. Ergänzend dazu ist in das Forschungsdesign eine Onlinebefragung integriert, die als qualitative Teilstudie einen explorativen Charakter hat.

Ziel dieser Teilstudie ist es, dass Personen aus betrieblichen Konfliktsituationen – ergänzend zu den erkenntnisleitenden Thesen aus der ersten Erkundungsaufstellung – den Konfliktbearbeitungsstil der Transformativen Autorität dahingehend einschätzen, wie nützlich er für eine transformative Konfliktbearbeitung sein könnte. Gleichzeitig können die Befragten zusätzliche oder erweiterte Perspektiven auf den Forschungsscope der Studie einbringen.

Die Ergebnisse dieser Befragung fließen in die Gestaltung und inhaltliche Ausarbeitung der zweiten Erkundungsaufstellung ein. Prozentangaben und Häufigkeiten interpretiere ich dabei nicht im Sinne statistischer Aussagen, sondern als Orientierungspunkte im erhobenen Material. Ihre Bedeutung entfaltet sich erst im Zusammenhang mit der qualitativen, sinnrekonstruierenden Auswertung der gesamten Untersuchung.

Insgesamt tragen die beiden Erkundungsaufstellungen in Verbindung mit der ergänzenden Befragung dazu bei, die empirische Grundlage für die Beantwortung meiner Forschungsfragen weiter zu verstärken.

Begründungen für das Format der Teilstudie

Aufgrund meiner Forschungsfrage, des Ziels für das Forschungsdesign sowie aus forschungsökonomischen Gründen führe ich eine nicht-repräsentative, deskriptive (Teil-)Studie als Online-Befragung durch.

Wissenschaftliche Fragebogenmethoden sind eine „zielgerichtete, systematische und regelgeleitete Generierung und Erfassung von verbalen und numerischen Selbstauskünften von Befragungspersonen zu ausgewählten Aspekten ihres Erlebens und Verhaltens in schriftlicher Form." (Döring und Bortz 2016b, S. 390). Diese Methode ist daher für meine Forschungsfrage indiziert, da ich genau diese subjektiven Aspekte von Menschen in Führungsbeziehungen erheben möchte. Subjektives Erleben kann ich weder direkt beobachten noch in Dokumenten finden. Auch aus forschungsökonomischen Gründen bietet sich diese Befragungstechnik an, da ich in kurzer Zeit eine große Menge von Personen befragen kann. Viele Menschen sind auch eher bereit, einen (Online-)Fragebogen auszufüllen, da dieser anonymer erscheint als eine Interviewsituation. Neben diesen Vorteilen gehen auch mögliche Nachteile mit der Anwendung einher. So würden Menschen innerhalb der Zielgruppe ausgeschlossen, die nicht über ausreichende Lese- und Schreibkompetenzen oder auch Digitalkompetenzen für das selbstständige Ausfüllen eines Onlinefragebogens verfügen. Dieses Risiko schätze ich bei meiner Zielgruppe als sehr gering ein. Ein weiterer, tatsächlich gegebener Nachteil (im Vergleich zu einem mündlichen Interview) ist, dass ich keine umfangreiche sowie komplexe Antworten erwarten kann; auch wenn dies für den Forschungsscope hilfreich wäre. Daher beschränke ich mich auf wenige und klar beschriebene Befragungsinhalte und schließe nicht auf allgemeingültige Aussagen. (Döring und Bortz 2016b, S. 390–391).

Übersicht des Studienablaufs

a. Studienvorbereitung
b. Erstellung der Items und des Fragebogens
c. Pretest und Überarbeitung der Items
d. Durchführung
e. Auswertung
f. Interpretation der Ergebnisse
g. Grenzen der Aussagekraft der Ergebnisse
h. Studienvorbereitung

Die Systematisierung (gegenstandsbezogene Ordnung), die Auswahl der untersuchungsrelevanten Aspekte des Studienthemas sowie die Entwicklung eines deskriptiven Begriffsschemas (Döring 2023, S. 228–229) fanden einerseits bereits im Theoriekapitel 3.1, Neue und Transformative Autorität und anderseits im Absatz 7.2.1, Erkundungsaufstellung 1 statt.

a. Erstellung der Items und des Fragebogens

Als abhängige Variable in meiner Teilstudie definiere ich:

Wie nützlich ist der Konfliktbearbeitungsstil beziehungsweise die These für eine transformative Konfliktbearbeitung?

Die unabhängige Variable (Items) speist sich aus drei Quellen:

1) Konfliktbearbeitungsstil der Transformativen Autorität,
2) erkenntnisleitende Thesen aus der Erkundungsaufstellung 1 (vgl. Tabelle 7.5),
3) Thesen aus dem Transkriptionsprozess der Erkundungsaufstellung 1 (vgl. Tabelle 7.6).

Quelle 1: „Konfliktbearbeitungsstil der Transformativen Autorität“ als unabhängige Variable

Um den Befragten eine möglichst präzise Einschätzung der Items zum Konfliktbearbeitungsstil auf der Skala zu ermöglichen, habe ich die Formulierungen der einzelnen Items auf Grundlage der Erkenntnisse des Pretests angepasst. Nur die überarbeiteten Formulierungen erscheinen auch im Fragebogen und sind hier in Kursivschrift dargestellt. Der jeweilige Fragebogencode des Items ist in Klammern angegeben [Code].

Nähe-Distanz- und Hierarchierelation in der Beziehung [KS01]

- Führungskräfte streben an, mit Mitarbeiter:innen eine gemeinsame Lösung für den Konflikt zu erarbeiten.
  Führungskräfte streben an, mit ihren Mitarbeiter:innen eine gemeinsame Lösung für den Konflikt zwischen ihnen zu erarbeiten. [KS01_01]
- Führungskräfte bringen alle für das Konfliktthema relevanten Interessen in Verbindung: die Interessen des Unternehmens, der Führungskraft selbst wie auch der Kolleg:innen beziehungsweise Mitarbeiter:innen.
  Führungskräfte beziehen aktiv auch die Interessen ihrer Mitarbeitenden in die Konfliktbearbeitung mit ein. [KS01_02]
- Wenn Führungskräften die relative Distanz fehlt, um einerseits die organisationale Funktion und andererseits die persönlichen Beziehungen zu Mitarbeiter:innen zu unterscheiden, beziehen sie z. B. eine:n Mediator:in zur Klärung mit ein.
  Führungskräfte beziehen einen neutralen Dritten zur Konfliktbearbeitung mit ein, wenn sie nicht mehr trennen können zwischen ihrer persönlichen Betroffenheit in Bezug auf Mitarbeitende und ihrer Führungsrolle. [KS01_03]

Verständnis von Veränderungen [KS02]

- Führungskräfte akzeptieren auch mögliche eigene Anteile an den Konfliktursachen und deren Bearbeitung oder Lösung – und sehen nicht nur, dass Mitarbeiter:innen sich verändern sollten.
  Führungskräfte sehen bei der Konfliktbearbeitung mit ihren Mitarbeitenden auch mögliche eigene Anteile an den Konfliktursachen. [KS02_01]
- Wenn eine echte Konfliktlösung (Interessen aller Beteiligten auf den Tisch bringen) nicht möglich ist, arbeitet die Autoritätsperson daran, einen Kompromiss zu verhandeln.
  Wenn keine Win-win-Konfliktbearbeitung möglich ist, versucht die Führungskraft einen Kompromiss zu verhandeln. (Hintergrund: „Win-win" = Interessen aller Beteiligten nahezu gleichermaßen erfüllt). [KS02_02]
- Führungskräfte holten sich im Rahmen ihrer Führungskoalition/ihres Führungsnetzwerks Unterstützung von anderen Führungskräften, deren Beziehung zu Mitarbeiter:innen ein besonderes Vertrauensverhältnis aufweist. Diese Führungskräfte könnten das Vertrauensverhältnis nutzen, um die Kooperationsbereitschaft oder die Selbstreflektion der im Konflikt befindlichen Mitarbeiter:innen zu erhöhen.
  Eine Führungskraft kann während der Konfliktbearbeitung mit einem Mitarbeitenden Kolleg:innen um Unterstützung bitten – wenn diese ein besseres

Verhältnis zu dem Mitarbeitenden haben – um auf ihn so einzuwirken, dass seine Bereitschaft steigt, mehr zu kooperieren. [KS02_03]

Umgang mit Eskalationen [KS03]

- Führungskräfte versuchen, im Konfliktfall zu deeskalieren.
  Führungskräfte versuchen, im Konfliktfall zu deeskalieren. [KS03_01]
- Sie verfolgen das Ziel, in Kontakt und Beziehung zu Mitarbeiter:innen zu bleiben.
  Führungskräfte verfolgen im Konflikt auch das Ziel, aktiv mit ihren Mitarbeitenden in Kontakt und Beziehung zu bleiben. [KS03_02]
- Durch verzögertes Handeln gewinnen Führungskräfte Zeit, um tragfähige Lösungen für die Belange aller betroffenen Menschen gemeinsam mit diesen zu erarbeiten.
  Führungskräfte, die im Konflikt ihr Handeln verzögern, gewinnen Zeit, um die Belange mit allen Betroffenen erarbeiten zu können. [KS03_03]

Vereinzelung und Vernetzung [KS04]

- Die Haltung der Transformativen Autorität beruht auf Verbundenheit und Vernetzung, wodurch die Beteiligten gemeinsame Lösungen für den Konflikt entwickeln können.
  Wenn die Autoritätshaltung von Führungskräften auf Verbundenheit und Vernetzung beruht, können sie mit ihren Mitarbeitenden gemeinsame Lösungen für ihre Konflikte entwickeln. [KS04_01]
- Führungskräfte müssen den Konflikt nicht allein bewältigen, da sie sich in einer Führungskoalition/einem Führungsnetzwerk wechselseitig unterstützen.
  Um den Konflikt mit ihren Mitarbeitenden zu bewältigen, können sich Führungskräfte von anderen Führungskräften unterstützen lassen. [KS04_02]

Umgang mit Transparenz [KS05]

- Während Führungskräfte einen Kompromiss oder gar Konsens verhandeln, leben sie als Rollenmodell Transparenz selbst vor: sie bringen all ihre eigenen Belange auf den Tisch.
  Führungskräfte leben als Rollenmodell Transparenz vor, wenn sie einen Kompromiss oder Konsens verhandeln, weil sie all ihre eigenen Belange zeigen. [KS05_01]
- Führungskräfte ermutigen Mitarbeiter:innen beziehungsweise laden sie ein, auch ihre Motive, Sorgen oder Wünsche transparent zu machen.

Führungskräfte ermutigen ihre Mitarbeitenden, auch ihre Motive, Sorgen oder Wünsche bei der Konfliktbearbeitung transparent zu machen. [KS05_02]

- Führungskräfte machen die Hintergründe ihrer Entscheidungen transparent. Dadurch können Mitarbeiter:innen erkennen, dass es um einen Beitrag zur Verfolgung gemeinsamer Ziele geht, statt um Willkür.

  Wenn Führungskräfte entscheiden, zeigen sie Mitarbeitenden auf, welchen Beitrag diese Entscheidungen zur Verfolgung gemeinsamer Ziele leisten. [KS05_03]

Verständnis von Ausgleich [KS06]

- Wenn Mitarbeiter:innen (soziale) Schäden oder Fehler verursacht haben, zielen Führungskräfte in ihrer Konfliktbearbeitung darauf, dass (soziale) Schäden auszugleichen sind.

  Wenn Mitarbeitende (soziale) Schäden oder Fehler verursacht haben, zielen Führungskräfte in ihrer Konfliktbearbeitung darauf, dass (soziale) Schäden auszugleichen sind. (Hintergrund: Soziale Schäden = in der Regel beschämt und/oder ausgegrenzt werden). [KS06_01]
- Trotz der Benennung des Fehlers und der möglichen Forderung nach Ausgleich des Schadens zeigen Führungskräfte Gesten der Wertschätzung und Versöhnung – dadurch sollen Mitarbeiter:innen die Beziehungsebene als sicher wahrnehmen können.

  Trotz der Benennung des Schadens oder Fehlers und der möglichen Forderung nach Ausgleich des Schadens/Fehlers zeigen Führungskräfte Gesten der Wertschätzung und Verzeihung. [KS06_02]

  Wenn Führungskräfte selbst (soziale) Schäden oder Fehler verursacht haben, gleichen sie diese im Rahmen der Konfliktbearbeitung aus. [KS06_03]

Umgang mit Selbstreflexion [KS07]

- Insbesondere in Konflikten mit Mitarbeiter:innen reflektieren Führungskräfte auch ihre eigenen Anteile an der Führungsbeziehung.

  Vor allem in Konflikten mit Mitarbeitenden reflektieren Führungskräfte auch die eigenen Anteile, die sich in der Konfliktbeziehung zwischen ihnen zeigen. [KS07_01]

Quelle 2: „erkenntnisleitende Thesen aus der Auswertung der Forschungsaufstellung 1" für die unabhängige Variable

Auch für diese Datenquelle sind nur die überarbeiteten Formulierungen, die auf den Erkenntnissen des Pretests basieren, in Kursivschrift dargestellt. Der jeweilige Fragebogencode des Items ist erneut in Klammern angegeben [Code].

- These 1.1–2: Damit ein (sozialer) Schaden wiedergutgemacht werden und eine neue Ordnung entstehen kann, braucht es erst etwas Neues. [TH_01]
  Führungskräfte und ihre Mitarbeitenden müssen erst neue Gedanken zur Bearbeitung ihres gemeinsamen Konflikts entwickeln, damit soziale Schäden (z. B. Beschämung, Ausgrenzung, …) ausgeglichen/wiedergutgemacht werden können. [TH01_01]

  Wenn die sozialen Schäden ausgeglichen wurden, kann sich in der Folge auch eine neue soziale Ordnung herausbilden (z. B. Gleichwertigkeit auf menschlicher Ebene trotz Hierarchieunterschieden). [TH01_02]
- These 1.2–2: Durch gemeinsame Reflexionsarbeit mit anderen Führungskräften kann öfters Wiedergutmachung gegenüber Mitarbeiter:innen stattfinden. [TH_02]

  Durch gemeinsame Reflexionsarbeit mit anderen Führungskräften, kann öfter Wiedergutmachung/sozialer Ausgleich gegenüber Mitarbeitenden erfolgen. [TH02_01]
- These 3.2–2: Einer der Schlüssel ist, sich nicht mit dem Konflikt zu beschäftigen, sondern nach einem übergeordneten Thema zu suchen. [TH03]

  Einer der Schlüssel für die Transformation EINER Autoritätsbeziehung ist, sich nicht mit dem direkten Konflikt zu beschäftigen. Stattdessen wird nach einem gemeinsamen, übergeordneten Thema gesucht. [TH03_01]
- These: 3.2–3: Die Präsenz der Transformativen Autorität ermöglicht mehr Abstand zu Konflikten. [TH04]

  Wenn allen Beteiligten das Konzept der Transformativen Autorität bewusst ist, ermöglicht es ihnen mehr Abstand zum Konflikt. [TH04_01]
- These 3.2–4: Wenn Führungskräfte als auch Mitarbeiter:innen vom Konflikt zurücktreten, kann etwas anderes in die Mitte treten. [TH05]

  Wenn sowohl Führungskräfte als auch Mitarbeitende vom Konflikt zurücktreten, kann etwas anderes in die Mitte treten, z. B. neue Ideen oder Themen. [TH05_01]

Quelle 3: „Thesen aus dem Transkriptionsprozess der Erkundungsaufstellung 1" für die unabhängige Variable

Die in Kursivschrift dargestellten Formulierungen basieren wie bekannt auf den Pretest-Ergebnissen. Der jeweilige Fragebogencode des Items ist wie gewohnt in Klammern angegeben [Code].

- These TB1: Der strukturelle Konflikt zwischen „Arbeitgeber:innen- und Arbeitnehmer:innen-Interessen" ist neutral/leer in Bezug auf die Autoritätshaltung. Er kann jede beliebige Autoritätshaltung annehmen. [TH06]

  Hintergründe/Kontexte zu Thesen

  a) Vor allem Rechts- und Finanzsysteme erzeugen gegensätzliche Interessen(-Strukturen) von Arbeitgebenden und Arbeitnehmenden (und dadurch strukturelle, in Organisationen nicht lösbare Konflikte).

  b) Wenn Mitarbeitende soziale Schäden (Beschämung, Ausgrenzung, ...) erfahren haben, braucht es zunächst eine Wiedergutmachung/einen sozialen Ausgleich, damit Veränderungen möglich werden.

  Diesen wohl nicht lösbaren Konflikt (a) können alle Parteien in Bezug auf das Autoritätsverständnis gestalten – entweder autoritär, antiautoritär oder transformativ. [TH06_01]
- These TB2: Für Mitarbeiter:innen ist der Fokus auf den strukturellen Konflikt [TH07] „Arbeitgeber:innen- und Arbeitnehmer:innen-Interessen" wichtig für die Stabilität.

  Wenn Mitarbeitende ihren Blick auf die strukturellen Konflikte (a) fixieren, erzeugen sie auf diese Weise für sich selbst Stabilität. [TH07_01]
- These TB3: Der strukturelle Konflikt „Arbeitgeber:innen- und Arbeitnehmer:innen-Interessen" blockiert den für eine Veränderung notwendige Wiedergutmachung von sozialen Schäden. [TH08]

  Diese strukturellen Konflikte (a) blockieren die Wiedergutmachung/den sozialen Ausgleich. [TH08_01]

  Diese strukturellen Konflikte (a) blockieren auch Veränderungen (b). [TH08_02]
- These TB4: Führungskräfte lassen sich von dem strukturellen Konflikt „Arbeitgeber:innen-Interessen, Arbeitnehmer:innen-Interessen" hypnotisieren und lassen dadurch alles andere aus dem Blick. [TH09]

  Wenn sich Führungskräfte aus der Fixierung der gegensätzlichen Interessen zwischen Arbeitgebenden und Arbeitnehmenden lösen, können sie andere (Konflikt-)Themen in den Blick nehmen. [TH09_01]

- These TB5: Das Komponente Wiedergutmachung sieht, dass es nur selbst, Deeskalation und Beharrlichkeit sowie Emergenz etwas Neues in das starre Konfliktsystem A-B-C bringen können. Alle anderen Komponenten der TAF wohl nicht! [TH10]

  Nur durch die Kombination aus Wiedergutmachung/sozialer Ausgleich, Deeskalation & Beharrlichkeit sowie Emergenz kommt etwas Neues in das starre Konfliktsystem zwischen Führungskräften und Mitarbeitenden. (Hintergrund: Emergenz = Förderung des selbstorganisierten Zusammenwirkens von Systemelementen, wodurch sich neue Eigenschaften oder Strukturen herausbilden können.). [TH10_01]

Skalenauswahl

Ich verwende die in der empirischen Sozialforschung übliche Intervallskala: unipolar, fünfstufig äquidistant, verbal. Zur Messung der Intensität der Nützlichkeit arbeite ich mit den Abstufungen: gar nicht, wenig, mittelmäßig, ziemlich und sehr (Döring 2023, S. 246–252). Das sogenannte Ambivalenz-Indifferenz-Problem – also die Tendenz der Befragten, sich für die mittlere Antwortkategorie zu entscheiden – löse ich auf pragmatische Weise: Bei Items, über die sich die Befragten vermutlich noch keine Gedanken gemacht haben, ergänze ich eine Sonderkategorie für Meinungslosigkeit – „weiß nicht". Auf diese Weise kann ich gezielt zwischen echter Ambivalenz und fehlender Meinungsbildung oder Nicht-Wissen unterscheiden (Döring 2023, S. 251).

Stichprobenverfahren

Ich verwende für diese nicht-probalistische (willkürliche) Gelegenheits-Stichprobe das Schneeballverfahren, um die Kontaktnetzwerke der Befragten für weitere Studienteilnehmer:innen zu aktivieren (Döring 2023, S. 309). Dabei strebe ich nach einer hohen Population.

c. Pretest und Überarbeitung der Items

Den Pretest führte ich gemeinsam mit den Co-Forscher:innen sowie Kolleg:innen des Lehrstuhls durch. Auf Basis der Ergebnisse nahm ich Anpassungen an den Formulierungen der zuvor kursiv dargestellten Items vor. Zudem optimierte ich die Länge des Fragebogens sowie die Einleitungsseite der Befragung, um besser auf die Zielgruppe eingehen zu können. Der Fragebogen enthielt 30 Items und findet sich im Anhang.

d. Durchführung

Im Zeitraum vom 19. Februar bis 24. März 2024 führte ich die Befragung mit www.soscisurvey.de durch. Von den insgesamt 498 Teilnehmenden konnte ich 378 vollständig ausgefüllte Fragebögen in die Grundgesamtheit (n) aufnehmen.

Soziodemografie

Die Geburtsjahre der 378 Befragten lagen zwischen 1952 und 1997 (Abbildung 7.6).

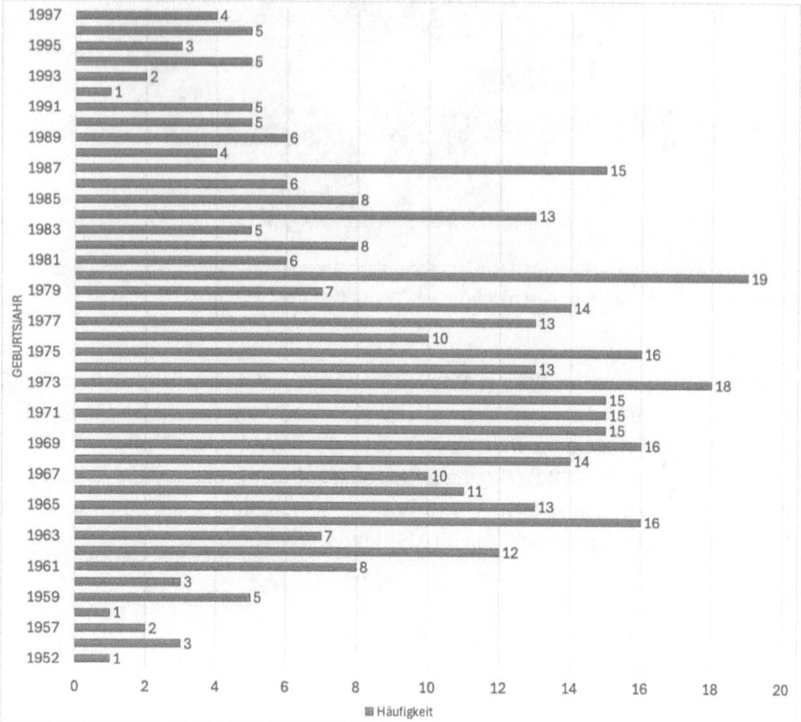

Abbildung 7.6 Geburtsjahre der Befragten der Stichprobe

Die Häufigkeit geschlechtlicher Identitäten der 378 Befragten setzte sich zusammen aus 214 (56,5 Prozent) weiblich, 163 (43,1 Prozent) männlich und 1 (0,3 Prozent) divers (Abbildung 7.7).

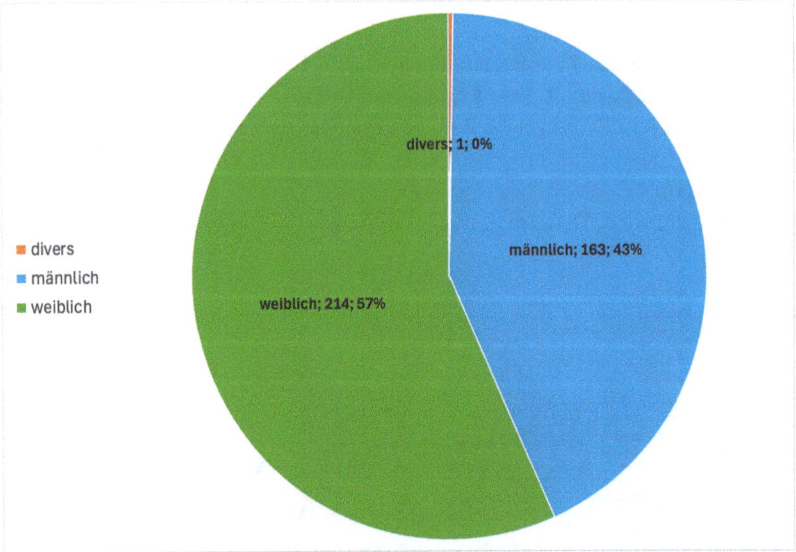

Abbildung 7.7 Verteilung geschlechtlicher Identitäten der Stichprobe

An der Studie nahmen 323 (81 Prozent) Befragte mit Arbeitsland Deutschland, 49 (12 Prozent) mit Arbeitsland Schweiz, 22 (6 Prozent) mit Arbeitsland Österreich und 4 (1 Prozent) mit einem anderen Arbeitsland teil (Abbildung 7.8).

Die Funktionen der 378 Befragten teilten sich auf in insgesamt 283 (75 Prozent) mit Führungsfunktionen/-rollen, 57 (15 Prozent) ohne Führungsaufgaben sowie 38 (10 Prozent) mit anderen Funktionen (Abbildung 7.9).

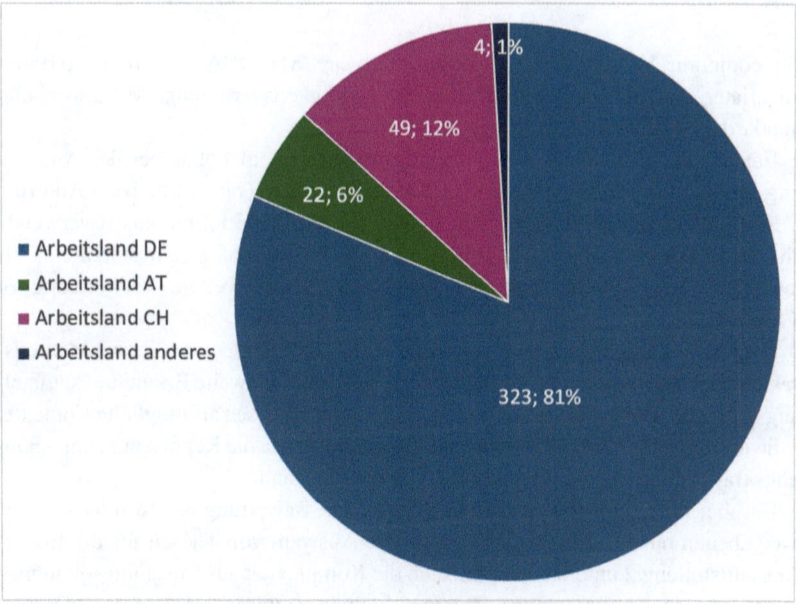

Abbildung 7.8 Länderverteilung der Befragten der Stichprobe

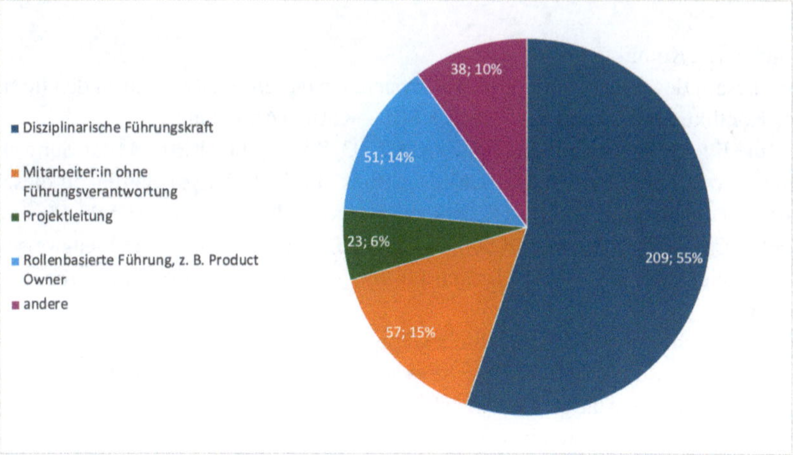

Abbildung 7.9 Funktionen der Befragten der Stichprobe

e. Auswertung

Die codierten Daten habe ich in die Software MaxQDA importiert und mit univariater Statistik ausgewertet, darunter Häufigkeitsverteilung, Mittelwert und Standardabweichung.

Entsprechend des qualitativen Paradigmas liegt mein Fokus bei der Auswertung darauf, die Wahrnehmung der Nützlichkeit der Transformativen Autorität in Konfliktsituationen zu untersuchen. Zur Bewertung der Ergebnisse verwende ich die Skalenwerte vier („ziemlich nützlich") und fünf („sehr nützlich") als Schwellenwerte, um die Relevanz der Daten für die weitere Verwendung zu bestimmen.

Die Erkenntnisse aus dieser Teilstudie sollen im Rahmen des Mixed-Methods-Designs zur Vorbereitung des Aufstellungssetups für die zweite Erkundungsaufstellung beitragen. Dabei dienen die erkenntnisleitenden Thesen als mögliche Kontexte, in die ich den integrierten Transformationsprozess sowie die Repräsentanzen – Führungskraft, Mitarbeiter:in und Konflikt – einbetten kann.

Darüber hinaus möchte ich die Ergebnisse zur Bewertung des Konfliktstils auf zwei Ebenen nutzen: Erstens können sie die Auswahl von Thesen für die Erkundungsaufstellung 2 unterstützen, falls ich die Komplexität aus forschungsökonomischen Gründen reduzieren muss. Zweitens können sie mir in der Zusammenfassung und Diskussion (vgl. 9) empirisch fundierte Argumentationsgrundlagen liefern.

f. Interpretation der Ergebnisse

Ergebnisse: Konfliktstil
Vor diesem Bewertungshintergrund analysiere ich die Einschätzungen zu den Items des Konfliktstils (vgl. mit den Codes KS01 – KS07) (Abbildung 7.10).

Im Mittel verpassen nur drei Items (KS02_03, KS03_3 und KS06_1) den Schwellenwert von vier (ziemlich nützlich). Der Blick auf die (relative) Häufigkeit dieser Items in Abbildung 7.11 zeigt, dass etwas mehr als die Hälfte (KS02_03 und KS03_03) sowie 75 Prozent (KS06_01) der Befragten diese drei Verhaltensweisen als ziemlich oder sogar sehr nützlich für eine transformative Konfliktbearbeitung ansehen.

Zusätzlich fanden sich in den Freitextkommentaren des Fragebogens Bemerkungen auch zu diesen drei Items. Besonders aussagekräftige Zitate im Hinblick auf die Forschungsfrage bestätigten meine Einschätzung, diese Items trotz Nichterreichens des Schwellenwerts weiterzuverfolgen. Sie scheinen ein bislang wenig beachtetes Potenzial für eine transformative Konfliktbearbeitung in sich zu tragen.

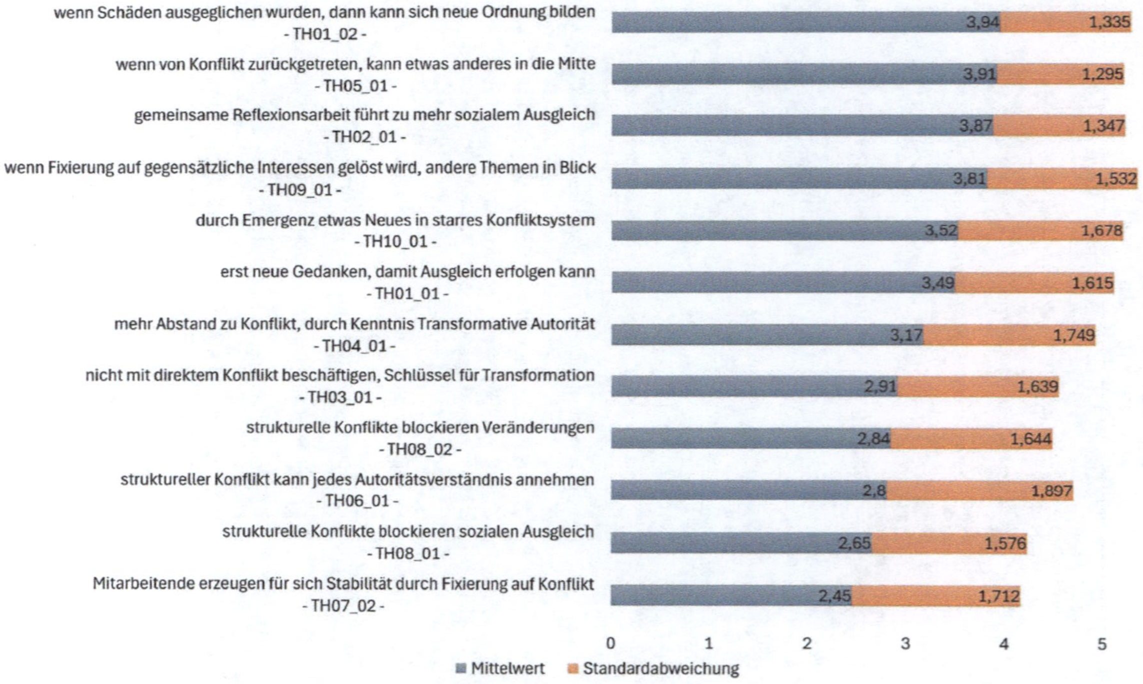

Abbildung 7.10 Übersicht über die Mittelwerte und Standardabweichungen der Items des Konfliktstils

Items - Code	weiß nicht [0]	gar nicht [1]	wenig [2]	mittelmäßig [3]	ziemlich [4]	sehr [5]	Mittelwert	Standardabweichung
Kolleg:innen um Unterstützung bitten - KS02_03 -	12 (3,2%)	(5,3%)	(15,6%)	(23,8%)	2 (27,0%)	(25,1%)	3,42	1,325
Handeln verzögern - KS03_03 -	11 (2,9%)	(6,9%)	(10,1%)	(24,9%)	1 (29,4%)	(25,9%)	3,49	1,316
auf Ausgleich bei sozialen Schäden zielen - KS06_01 -	31 (8,2%)	(1,6%)	0 (5,3%)	37 (9,8%)	5 (33,1%)	(42,1%)	3,84	1,47
wenn kein Win-Win, dann Kompromiss - KS02_02 -	2 (0,5%)	(1,9%)	0 (5,3%)	(14,3%)	3 (37,8%)	(40,2%)	4,08	1,001
Rollenmodell Transparenz - KS05_01 -	12 (3,2%)	(0,8%)	2 (3,2%)	1 (10,8%)	7 (38,9%)	(43,1%)	4,11	1,111
von anderen Führungskräften unterstützen lassen - KS04_02 -	5 (1,3%)	(1,6%)	5 (6,6%)	(11,9%)	4 (30,2%)	(48,4%)	4,13	1,098
im Konfliktfall deeskalieren - KS03_01 -	1 (0,3%)	(0,5%)	9 (2,4%)	(12,7%)	2 (32,3%)	(51,9%)	4,32	0,854
trotz Schaden, Gesten der Wertschätzung zeigen - KS06_02 -	9 (2,4%)	(0,0%)	8 (2,1%)	26 (6,9%)	1 (32,0%)	(56,6%)	4,36	0,985
Autoritätshaltung auf Verbundenheit und Vernetzung - KS04_01 -	7 (1,9%)	(0,3%)	6 (1,6%)	18 (4,8%)	4 (38,1%)	(53,4%)	4,37	0,909
eigene soziale Schäden auch ausgleichen - KS06_03 -	14 (3,7%)	(0,8%)	8 (2,1%)	26 (6,9%)	1 (21,4%)	(65,1%)	4,37	1,155
bei Entscheidungen, Beitrag zum Ziel aufzeigen - KS05_03 -	4 (1,1%)	(0,8%)	3 (3,4%)	25 (6,6%)	4 (24,9%)	(63,2%)	4,43	0,944
neutralen Dritten einbeziehen - KS01_03 -	6 (1,6%)	(1,1%)	9 (2,4%)	24 (6,3%)	4 (22,2%)	(66,4%)	4,46	0,981
Mitarbeitende ermutigen, auch ihre Motive transparent zu machen - KS05_02 -	0 (0,0%)	(0,3%)	8 (2,1%)	17 (4,5%)	1 (32,0%)	(61,1%)	4,52	0,706
aktiv Interessen der Mitarbeitenden einbeziehen - KS01_02 -	1 (0,3%)	(0,5%)	5 (1,3%)	11 (2,9%)	0 (26,5%)	(68,5%)	4,6	0,702
auch eigene Anteile sehen - KS02_01 -	0 (0,0%)	(0,5%)	6 (1,6%)	15 (4,0%)	5 (22,5%)	(71,4%)	4,63	0,687
auch im Konflikt aktiv in Beziehung bleiben - KS03_02 -	0 (0,0%)	(0,5%)	3 (0,8%)	15 (4,0%)	2 (24,3%)	(70,4%)	4,63	0,65
eigene Anteile reflektieren - KS07_01 -	1 (0,3%)	(0,8%)	8 (2,1%)	13 (3,4%)	4 (19,6%)	(73,8%)	4,63	0,76
gemeinsame Lösung für Konflikt - KS01_01 -	0 (0,0%)	(0,3%)	4 (1,1%)	12 (3,2%)	0 (23,8%)	(71,7%)	4,66	0,62

Abbildung 7.11 Standardabweichungen der Items des Konfliktstils

Um diese aussagekräftigen Zitate im Datenmaterial leichter wiederzufinden und die befragte Person etwas zu konturieren, nutze ich die Informationen mit der folgenden Referenzsystematik: #Dokumentennummer, geschlechtliche Identität, Geburtsjahr, Funktion, Wissen zu dem Konzept der Transformativen Autorität in der Führung

- „Letzteres [KS06_03 auf Ausgleich bei sozialen Schäden zielen] ist so sehr wünschenswert in der heutigen Arbeitswelt und wird dringend gebraucht. Generell funktioniert für diesen Ansatz der bindungsorientierte Ansatz, den vor allem Eltern nutzen. Es gibt viele Parallelen hierzu und dieser würde auch in der Arbeitswelt viel bringen.“
  #1462: weiblich, 1988, rollenbasierte Führung, bin auf dem Weg in die Haltung und wende das eine oder andere Prinzip an
- „Reuhe und Verständnis sucht man vergebens.“
  #1473: weiblich, 1972, ohne Führungsverantwortung, weiß noch gar nichts dazu
- „Die Fragen zielen ausschliesslich auf Beziehung und lassenstrukturelle Bedingungen aus.“
  #1475: weiblich, 1962, stellvertretende Leitung, habe mich theoretisch/ konzeptionell intensiver damit beschäftigt
- „Die Frage der selbstverursachten sozialen Schäden/Fehler erscheint mir nicht logisch. Denn selbst Führungskräfte brauchen Unterstützung, wenn sie Fehler machen und alles selbst ausgleichen zu wollen/müssen/können ist sehr anspruchsvoll…“
  #1769: weiblich, 1973, rollenbasierte Führung, habe mich theoretisch/ konzeptionell intensiver damit beschäftigt
- „Aussagen zu sozialen Schäden – es ist aus meiner Erfahrung heraus nicht immer der richtige Weg, per se Ausgleich zu suchen oder zu fordern, sondern relevant ist, was die ‚geschädigte‘ Person als hilfreich oder heilend wertet und formuliert.“
  #1791: weiblich, 1976, disziplinarische Führung, habe mich theoretisch/ konzeptionell intensiver damit beschäftigt

Obwohl es nicht das Ziel der Befragung war, qualitative Aussagen zu generieren, lieferten zusätzliche Kommentare wertvolles empirisches Material. Das könnte meinen Forschungsprozess bereichern. Um diese Kommentare aus den Freifeldern der Konfliktstile (KS01–KS07) zu sichern, habe ich sie in meinen eigenen Worten kurz zusammengefasst. Die Freifelder sind jeweils mit eigenen Codes versehen, wodurch sie im Material eindeutig identifizierbar sind [KS08_01–KS13_01]. Diese Codes finden sich in den eckigen Klammern.

Zusammengefasste Kommentare zu KS01: Nähe-Distanz- und Hierarchierelation in der Beziehung [KS08_1]

Bei Konflikten sollten alle Beteiligten Verantwortung übernehmen. Eine neutrale dritte Person kann dabei unterstützen, insbesondere da die Einbeziehung eines Dritten oft die letzte Eskalationsstufe darstellt. Wichtig ist, dass Haltung nicht einfach aufgezwungen werden kann.
Bei größeren Konflikten empfiehlt es sich, dass Führungskräfte eine:n Tandempartner:in hinzuziehen. Gleichzeitig sollten Mitarbeiter:innen darauf vorbereitet werden, Verantwortung zu übernehmen. Eine gute Führungskraft zeichnet sich zudem dadurch aus, dass sie ihre eigenen Interessen nicht in den Vordergrund stellt und bestehende Abhängigkeiten transparent macht.

Zusammengefasste Kommentare zu KS02: Verständnis von Veränderungen [KS09_1]

Es ist kritisch, wenn Führungskräfte andere Führungskräfte darum bitten, auf ihre Mitarbeiter:innen einzuwirken, um deren Kooperationsbereitschaft zu erhöhen. Falls dies überhaupt notwendig ist, sollte es nur in Ausnahmefällen und mit großem Fingerspitzengefühl geschehen, um nicht manipulativ zu wirken.
Auch die Einbindung von Kolleg:innen aus dem Führungskreis kann je nach Thema problematisch sein. Sie geraten leicht in eine Zwitterrolle, in der sie Partei ergreifen müssen. Solche Gespräche erfordern eine Vertrauensbasis, und Führungskräfte sollten stets die dahinterliegenden Interessen aller Beteiligten berücksichtigen.
Die Frage nach einer Win-win-Lösung greift oft zu kurz. Je nach Konflikt können andere Prioritäten und Lösungsansätze wichtiger sein. Führungskräfte sollten die Verantwortung für die Konfliktbearbeitung nicht an andere Mitarbeiter:innen delegieren. Denn Mitarbeiter:innen können durchaus mit Ungleichheit umgehen – Führungskräfte hingegen müssen in der Lage sein, Konflikte auszuhalten.

Zusammengefasste Kommentare zu KS03: Umgang mit Eskalationen [KS010_01]

Konflikte sind Prozesse, die Zeit benötigen und keine vorschnellen Entscheidungen vertragen. Während manche Konflikte wie Strohfeuer schnell erlöschen, weisen andere auf tiefere, zugrunde liegende Probleme hin.
Deeskalation ist nicht immer die beste Strategie. Stattdessen sollten Führungskräfte Konflikte moderieren und den beteiligten Parteien die Verantwortung überlassen. Eine Verzögerung kann hilfreich sein – allerdings nur, wenn sie keine

Eskalation nach sich zieht. Sie kann sinnvoll sein, solange sie die Beziehung und den Kontakt der Beteiligten nicht beeinträchtigt.
Wenn Führungskräfte bewusst zögern, sollten sie offenlegen, warum sie so handeln. Transparenz bei einer Verzögerung ermöglicht es allen Beteiligten, Zeit zu gewinnen – nicht, um den Konflikt zu verschleppen, sondern um Impulskontrolle zu üben. Allerdings birgt verzögertes Handeln Risiken: Es kann als Führungsschwäche ausgelegt werden oder den Konflikt weiter eskalieren lassen.
Nicht jeder Konflikt muss deeskaliert werden. Doch wenn eine Eskalation eintritt, ist rasches Handeln oft entscheidend. Dabei kann Eskalation unter Umständen funktional sein – abhängig von der Art des Konflikts. Führungskräfte sollten stets überlegt agieren und sich in einem stabilen emotionalen Zustand befinden.

Zusammengefasste Kommentare zu KS04: Vereinzelung und Vernetzung [KS011_01]

Führungskräfte sollten nicht isoliert handeln. Unterstützung durch andere Führungskräfte, etwa in Form kollegialer Beratung oder eines Austauschs, kann dabei hilfreich sein. Entscheidend ist jedoch, dass die Mitarbeiter:innen dies als Unterstützung wahrnehmen und nicht als Machtausübung. Andernfalls besteht die Gefahr, dass das Machtgefälle weiter verstärkt wird.
Daher ist es wichtig, sich der bestehenden Machtverhältnisse bewusst zu sein. Lösungen sollten idealerweise im Team erarbeitet werden, wobei die Mitarbeiter:innen aktiv in die Konfliktlösung einbezogen werden. Die Einbindung anderer Führungskräfte sollte stets gut begründet erfolgen und die Vertraulichkeit des Themas gewahrt bleiben.
Auch die Haltung der beteiligten Führungskräfte sowie ihre Beziehung zueinander spielen eine zentrale Rolle. Sie bilden die Grundlage für eine erfolgreiche und konstruktive Unterstützung.

Zusammengefasste Kommentare zu KS05: Umgang mit Transparenz [KS012_01]

Transparenz ist ein wesentlicher Faktor für erfolgreiche Zusammenarbeit. Dabei muss jedoch berücksichtigt werden, dass nicht alle Informationen offengelegt werden können, da Vertraulichkeitsverpflichtungen bestehen können. Eine stabile Vertrauensbasis bildet die Grundlage, um Transparenz zu ermöglichen.
Es ist entscheidend, alle Beteiligten in die Konfliktbearbeitung einzubeziehen und Entscheidungen klar und nachvollziehbar zu kommunizieren, um Vertrauen aufzubauen. Allerdings führt absolute Transparenz nicht zwangsläufig zu einem größeren Vertrauen. Auch ist es wichtig, die berufliche Rolle zu wahren und persönliche Details nur in einem Maße zu teilen, das die Nachvollziehbarkeit von Entscheidungen unterstützt.

Die Offenlegung von Motiven, Sorgen und Wünschen birgt das Risiko von Manipulation. Daher ist es essenziell, eine ausgewogene Balance zwischen Aufgabenorientierung und Mitarbeiterfürsorge zu wahren.

Zusammengefasste Kommentare zu KS06 und KS07: Verständnis von Ausgleich und Reflexion [KS013_01]

Eine offene Fehlerkultur ist wichtig, um persönliches Wachstum und die Weiterentwicklung im Team zu fördern. Fehler sollten offen zugegeben und als Lernchancen genutzt werden. Eine externe Reflexion des Teams kann hilfreich sein, um potenzielle Konflikte frühzeitig zu erkennen und anzugehen. Grenzverletzendes Verhalten wie sexuelle Übergriffe, Gewalt oder Mobbing darf jedoch niemals toleriert werden. Bei anderen Konflikten sollten Lösungen durch Kompromisse angestrebt werden. Eine ausgeprägte soziale Intelligenz und die Fähigkeit zur Selbstreflexion sind entscheidend für eine erfolgreiche Konfliktbearbeitung. Führungskräfte sollten sich ihrer eigenen emotionalen Trigger bewusst sein und bei Bedarf Unterstützung suchen, um professionell mit Fehlern umzugehen.

Ergebnisse: erkenntnisleitende Thesen

Im Durchschnitt erreicht keine der erkenntnisleitenden Thesen (vgl. Abbildungen 7.12 und 7.13) den Schwellenwert von vier („ziemlich nützlich für eine transformative Konfliktbearbeitung“). Einige Thesen kommen diesem Wert jedoch nahe: TH01_02 mit einem Mittelwert von 3,94, TH05_01 mit 3,91 und TH02_01 mit 3,87.

Dennoch arbeite ich mit diesen Thesen in der zweiten Erkundungsaufstellung weiter, da ein relevanter Anteil der Befragten diese Thesen nicht bewerten konnte („weiß nicht“):

- These TH01_02 („Wenn die sozialen Schäden ausgeglichen wurden, kann sich in der Folge auch eine neue, soziale Ordnung herausbilden“) wurde von 13 Prozent der Befragten nicht eingeschätzt.
- These TH05_01 („Wenn sowohl Führungskräfte als auch Mitarbeitende vom Konflikt zurücktreten, kann etwas anderes in die Mitte treten“) blieb für 18 Prozent unklar.
- These TH02_01 („Durch gemeinsame Reflexionsarbeit mit anderen Führungskräften kann öfter Wiedergutmachung/sozialer Ausgleich gegenüber Mitarbeitenden erfolgen“) wurde von 7 Prozent nicht bewertet.

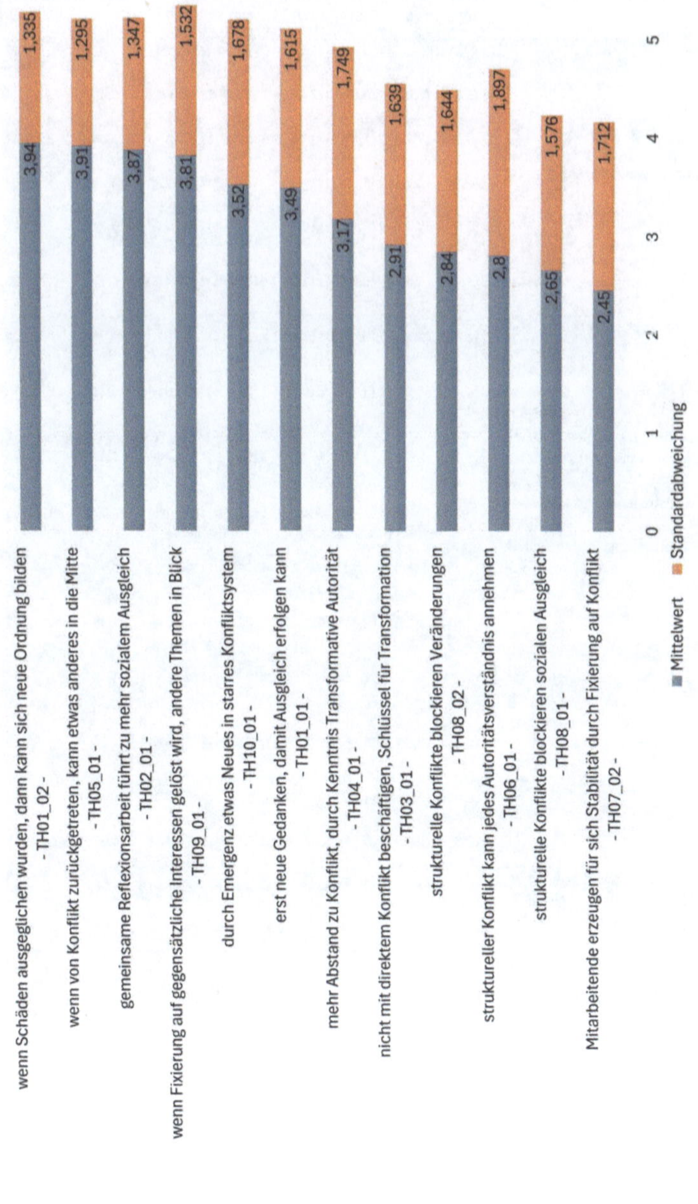

Abbildung 7.12 Übersicht über die Mittelwerte und Standardabweichungen der erkenntnisleitenden Thesen

Items - Code	weiß nicht [0]	gar nicht [1]	wenig [2]	mittel-mäßig [3]	ziemlich [4]	sehr [5]	Mittel-wert	Standard-abweichung
Kolleg:innen um Unterstützung bitten - KS02_03 -	12 (3,2%)	(5,3%)	(15,6%)	(23,8%)	2 (27,0%)	(25,1%)	3,42	1,325
Handeln verzögern - KS03_03 -	11 (2,9%)	(6,9%)	(10,1%)	(24,9%)	1 (29,4%)	(25,9%)	3,49	1,316
auf Ausgleich bei sozialen Schäden zielen - KS06_01 -	31 (8,2%)	(1,6%)	0 (5,3%)	37 (9,8%)	5 (33,1%)	(42,1%)	3,84	1,47
wenn kein Win-Win, dann Kompromiss - KS02_02 -	2 (0,5%)	(1,9%)	0 (5,3%)	(14,3%)	3 (37,8%)	(40,2%)	4,08	1,001
Rollenmodell Transparenz - KS05_01 -	12 (3,2%)	(0,8%)	2 (3,2%)	1 (10,8%)	7 (38,9%)	(43,1%)	4,11	1,111
von anderen Führungskräften unterstützen lassen - KS04_02 -	5 (1,3%)	(1,6%)	5 (6,6%)	(11,9%)	4 (30,2%)	(48,4%)	4,13	1,098
im Konfliktfall deeskalieren - KS03_01 -	1 (0,3%)	(0,5%)	9 (2,4%)	(12,7%)	2 (32,3%)	(51,9%)	4,32	0,854
trotz Schaden, Gesten der Wertschätzung zeigen - KS06_02 -	9 (2,4%)	(0,0%)	8 (2,1%)	26 (6,9%)	1 (32,0%)	(56,6%)	4,36	0,985
Autoritätshaltung auf Verbundenheit und Vernetzung - KS04_01 -	7 (1,9%)	(0,3%)	6 (1,6%)	18 (4,8%)	4 (38,1%)	(53,4%)	4,37	0,909
eigene soziale Schäden auch ausgleichen - KS06_03 -	14 (3,7%)	(0,8%)	8 (2,1%)	26 (6,9%)	1 (21,4%)	(65,1%)	4,37	1,155
bei Entscheidungen, Beitrag zum Ziel aufzeigen - KS05_03 -	4 (1,1%)	(0,8%)	3 (3,4%)	25 (6,6%)	4 (24,9%)	(63,2%)	4,43	0,944
neutralen Dritten einbeziehen - KS01_03 -	6 (1,6%)	(1,1%)	9 (2,4%)	24 (6,3%)	4 (22,2%)	(66,4%)	4,46	0,981
Mitarbeitende ermutigen, auch ihre Motive transparent zu machen - KS05_02 -	0 (0,0%)	(0,3%)	8 (2,1%)	17 (4,5%)	1 (32,0%)	(61,1%)	4,52	0,706
aktiv Interessen der Mitarbeitenden einbeziehen - KS01_02 -	1 (0,3%)	(0,5%)	5 (1,3%)	11 (2,9%)	0 (26,5%)	(68,5%)	4,6	0,702
auch eigene Anteile sehen - KS02_01 -	0 (0,0%)	(0,5%)	6 (1,6%)	15 (4,0%)	5 (22,5%)	(71,4%)	4,63	0,687
auch im Konflikt aktiv in Beziehung bleiben - KS03_02 -	0 (0,0%)	(0,5%)	3 (0,8%)	15 (4,0%)	2 (24,3%)	(70,4%)	4,63	0,65
eigene Anteile reflektieren - KS07_01 -	1 (0,3%)	(0,8%)	8 (2,1%)	13 (3,4%)	4 (19,6%)	(73,8%)	4,63	0,76
gemeinsame Lösung für Konflikt - KS01_01 -	0 (0,0%)	(0,3%)	4 (1,1%)	12 (3,2%)	0 (23,8%)	(71,7%)	4,66	0,62

Abbildung 7.13 Häufigkeitsverteilung der erkenntnisleitenden Thesen

Bei den Kommentaren zu den Thesen fällt auf, dass einige Kommentierende diese vermutlich nicht durchdrungen haben. Dieses Phänomen spiegelt sich auch in einer relativ hohen „weiß nicht“-Quote wider. Die Hinweise der Co-Forscher:innen (als Repräsentant:innen der Zielgruppe) zur Verbesserung der Verständlichkeit im Pretest erwiesen sich möglicherweise auch als weniger wirksam.

Ein weiterer Grund für das Verständnisproblem könnte in den epistemischen Annahmen liegen, auf denen die Thesen basieren. Diese weichen vermutlich deutlich von den bisherigen Sichtweisen der Befragten ab. Wie bereits beschrieben, fällt es Praktiker:innen oft schwer, Thesen als neuartig wahrzunehmen. Zentral dafür könnte sein, dass ihre Einschätzungen stark von unbewussten und daher unhinterfragten epistemischen Strukturen sowie von früheren Erfahrungen geprägt sind.

Diese Dynamik führt dazu, dass sie vergangene Denkmuster häufig auf zukünftige Entwicklungen übertragen. Dadurch bleibt die „Neuheit“ oder Andersartigkeit emergierender Episteme oft unbemerkt. Um dies zu illustrieren, folgen im Anschluss einige ausgewählte Zitate. Zur besseren Orientierung im Datenmaterial und zur Konturierung der befragten Personen verwende ich erneut die bewährte Referenzsystematik:

#Dokumentennummer, geschlechtliche Identität, Geburtsjahr, Funktion, Wissen zu dem Konzept der Transformativen Autorität in der Führung

- „Ich verstehe die Fragestellung nicht.“
  #442: männlich, 1980, disziplinarische Führung, weiß noch gar nichts dazu
- „Ist mir gerade zu abstrakt.“
  #535: männlich, 1959, Berater/Trainer/Coach, habe dazu schon mindestens eine Fortbildung/ein Seminar besucht
- „ist mir zu theoretisch, kann ich mich leider aus der Praxis nicht reindenken oder wiederfinden.“
  #877: weiblich, 1972, disziplinarische Führung, bin auf dem Weg in die Haltung und wende das eine oder andere Prinzip an
- „Ich kann das nicht mehr beantworten.“
  #1802: weiblich, 1970, Mitarbeiter:in ohne Führungsverantwortung, weiß noch gar nichts dazu
- „Sie betreiben hier keinen inklusiven Soziolekt und betreiben somit genau das Gegenteil, was wohl beabsichtigt war.“
  #1189: männlich, 1973, disziplinarische Führung, weiß noch gar nichts dazu

g. Grenzen der Aussagekraft der Ergebnisse

Die Fragebogenmethode war reaktiv. Auch waren sich Befragten bewusst, dass sie an einer wissenschaftlichen Studie mitwirkten. Die Daten entstanden ausschließlich durch den Fragebogen im Rahmen der Befragung. Sie sind daher stark von den Eigenschaften des Fragebogens und der Situation abhängig, in der die Befragten die Onlinebefragung durchführten.

Während des Ausfüllens gab es keinen Echtzeitkontakt zu mir als Forschendem. Rückfragen konnte ich nicht unmittelbar beantworten und daher auch nicht individuell auf die Befragten eingehen. Zudem hatte ich keinen Einblick in die jeweilige Situation, in der die Befragten die Onlinebefragung ausfüllten. Im Vergleich zu einem Interview war die Datenerhebung dadurch weniger transparent und gestaltbar. (Döring und Bortz 2016b, S. 390–391).

Angesichts der ontologischen und epistemologischen Fundierung meiner Arbeit war es wenig zielführend, Ursachen-Indikatoren-Beziehungen zu konstruieren. Darüber hinaus ist meine Forschung systemisch ausgerichtet, weshalb die Ergebnisse dieser Teilstudie keine objektive Gültigkeit oder Wahrheit beanspruchen.

In der Auswertung der Ergebnisse orientierte ich mich methodologisch – auch in dieser Teilstudie – an den Prinzipien der „Guten wissenschaftlichen Praxis" (Universität Bremen 2023).

7.2.3 Erkundungsaufstellung 2

Die zweite Forschungsaufstellung folgt weiterhin der Mixed-Methods-Methodologie und baut auf den Ergebnissen der vorherigen Teilstudie auf. Teile meines Theorieansatzes dienen dabei als Ordnungslehre für die Gestaltung der Aufstellung.

Im Gegensatz zur Erkundungsaufstellung 1, mit der ich den Forschungsbereich explorativ näher erschlossen habe, verfolge ich nun ein definiertes Ziel: Die Aufstellung soll die drei, durch die Teilstudie entwickelten, erkenntnisleitenden Thesen in den Forschungsscope integrieren. Dieser Prozess könnte weitere oder neue erkenntnisleitende Thesen hervorbringen. Zudem könnten sich erste Antworten auf meine Forschungsfragen ergeben.

Auch diesmal arbeite ich mit einer doppelverdeckten Online-Aufstellung. Die Repräsentant:innen der Aufstellungskomponenten sind drei in Aufstellungen sehr erfahrene Personen aus Forschung und Praxis, die mit dem Lehrstuhl für nachhaltiges Management verbunden sind. Die Co-Forscher:innen beobachten die

Aufstellung und werten sie anschließend gemeinsam mit mir im Rahmen des Auswertungsprozesses nach Merck aus.

Die Aufstellung fand online am 14. August 2024 statt. Für die Visualisierung nutzten wir die erneut Zoom-Instanz sowie den PowerPoint-Klon von OnlyOffice auf dem Nextcloud-Server der Universität Bremen. Die Leitung der Aufstellung sowie die konkrete Ausarbeitung des Erkundungsanliegens im Rahmen des Forschungsprozesses lagen in meiner Verantwortung.

Erkundungsanliegen

Wie zeigen sich ein:e Mitarbeiter:in und ihre Führungskraft während eines prototypischen Beziehungskonflikts innerhalb eines Transformationsprozesses, in jeweils drei unterschiedlichen Kontexten?

Die Konkretisierung der Kontexte als auch des prototypischen Konflikts finden sich im Folgenden.

Aufstellungssetup

Die Struktur des Erkundungsfeldes für die Aufstellung basiert auf der Nichtlinearität von Entwicklung und Transformation. Der Ansatz meines integrativen Transformationsprozesses (vgl. 5) sowie die theoretischen Grundlagen der Transformativen Autorität (vgl. 4.4) bilden die theoretischen Grundlagen. Symbolisch ergibt sich daraus eine eher spiralförmige Gestalt, in der sich die Repräsentanzen bewegen können.

Der integrative Transformationsprozess in Abbildung 7.14 umfasst sechs Phasen. Vor dem Hintergrund des nichtlinearen Verlaufs solcher Prozesse können Personen diese Phasen entweder in einer festen Abfolge von „1“ bis „6“ durchlaufen oder durch Sprünge in jeder sich anderen, ergebenden Folge.

Jede Phase repräsentiert ein Kraftfeld oder einen Ort (vgl. 3.4). Die Informationsdichte (Ciompi) jeder Phase, jedes Feldes (Scharmer) oder Ortes (Lewin, Shimizu) erzeugt dabei die jeweilige Feldkraft (Lewin) oder Feldenergie (Ciompi). Wenn sich die Elemente einem solchen Kraftfeld oder Ort nähern, zieht die Informationsdichte der Relatone (Ciompi, Shimizu) mit hoher Wahrscheinlichkeit Führungskraft und Mitarbeiter:in in Richtung dieser Feldenergie, dieses Ortes oder Ziels (Lewin).

Diese Anziehungskraft (Lewin, Ciompi) bewirkt, dass die beteiligten Personen im Verständnis von Shimizu Teil des Feldes oder Ortes werden, während sie diesen Ort zugleich durch ihre Aktivitäten miterzeugen. Jeder Ort (oder jede Phase) kann daher auch als *ba* bezeichnet werden. Die Personen im Feld sind dabei sowohl mit der Feldkraft oder Feldenergie als auch mit ihrer Umwelt strukturell gekoppelt – im Sinne der PST von Kriz und der Feldtheorien von Lewin, Ciompi und Shimizu.

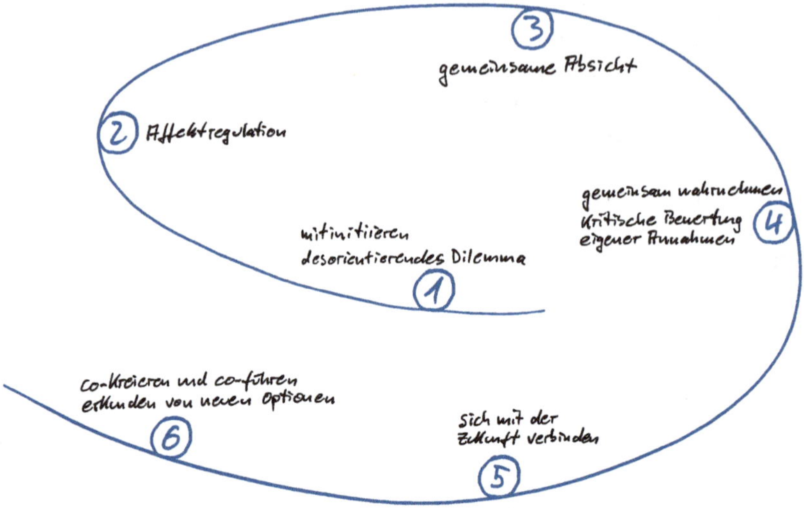

Abbildung 7.14 Integrativer Transformationsprozess als Feldstruktur

Diese Felder oder Orte sind gleichzeitig miteinander verwoben, wie es alle hier genannten Feldtheorien beschreiben. Mit der Feldtheorie von Shimizu lässt sich der gesamte Prozess auch als ein Ort oder als primäres und sekundäres *ba* verstehen.

Aufgrund meines Forschungsschwerpunkts, meiner Forschungsfrage und meines theoretischen Ansatzes lege ich für die Feldphase oder den Ort „1" normativ das desorientierende Dilemma fest: „autoritär versus antiautoritär". Für den Ort „6" definiere ich als gemeinsame Absicht: „Ökosysteme/Ich-in-wir/gewaltfreie, gleichwertige und zieldienliche Beziehungen". Diese normativen Setzungen entsprechen dem theoretischen Ansatz des integrativen Transformationsprozesses.

Auch die Repräsentanzen für diese Forschungsaufstellung leiten sich weiter aus meinem Forschungsschwerpunkt und meinen Forschungsfragen ab (Tabelle 7.7):

Tabelle 7.7 Zuordnung Aufstellungskomponenten zu Repräsentanzen, Aufstellung 2

Aufstellungskomponenten	Repräsentanzen
Führungskraft	rot
Mitarbeiter:in	gelb
Konflikt (zwischen Führungskraft und Mitarbeiter:in)	blau

Die Aufstellungskomponenten Führungskraft und Mitarbeiter:in befinden sich in einem sogenannten prototypischen Beziehungskonflikt. Der Konflikt fungiert dabei als beobachtende Komponente, die sich frei im Erkundungsfeld bewegen kann. Führungskraft und Mitarbeiter:in sollen sich idealerweise von Phase eins bis hin zu Phase sechs bewegen. Um die Komplexität zu reduzieren und die Auswertung forschungsökonomisch zu gestalten, beschreibe ich hier einen eher linearen Transformationsprozess. Gleichzeitig bleibt Raum für die Möglichkeit, dass sich in der Aufstellung eine nichtlineare Dynamik zwischen Führungskraft und Mitarbeiter:in entfaltet.

Ich wähle einen Beziehungskonflikt, da die Transformative Autorität primär auf der Beziehungsebene Konflikte bearbeitet und transformieren kann. Natürlich sind Beziehungskonflikte in Organisationen stets mit Sachkonflikten und strukturellen Rahmenbedingungen verwoben. Doch auch hier reduziere ich die Komplexität zugunsten der Forschungsökonomie und meinen Forschungsfragen, indem ich die Sachebene unberücksichtigt lasse.

Als prototypisches Beispiel wähle ich einen Beziehungskonflikt, bei dem die Führungskraft durch ihr Handeln einen (vielleicht auch unbeabsichtigten) Gesichtsverlust – beispielsweise in Form von Beschämung – bei dem:der Mitarbeiter:in verursachte.

Die drei Szenarien ergeben sich aus der Erkundungsaufstellung 1 und wurden durch die deskriptive Teilstudie anhand von drei Thesen nach Nützlichkeit und Originalität/Neuheit bewertet. Diese stellen die Kontexte dar, in den sich Führungskraft und Mitarbeiter:in eingebettet erleben:

- Szenario A: Wenn sowohl Führungskräfte als auch Mitarbeitende vom Konflikt zurücktreten, kann etwas anderes in die Mitte treten, zum Beispiel neue Ideen oder Themen. [TH05_01]
- Szenario B: Durch gemeinsame Reflexionsarbeit mit anderen Führungskräften, kann öfter Wiedergutmachung/ sozialer Ausgleich gegenüber Mitarbeitenden erfolgen. [TH02_01]
- Szenario C: Wenn die sozialen Schäden ausgeglichen wurden, kann sich in der Folge auch eine neue soziale Ordnung herausbilden (zum Beispiel Gleichwertigkeit auf menschlicher Ebene trotz Hierarchieunterschieden). [TH01_02]

Die Kontexte durchlaufen die Repräsentanzen nacheinander.

Auswertung der Erkundungsaufstellung 2
Die Auswertung folgte dem gleichen Muster wie bei der ersten Erkundungsaufstellung.

Identifizierte Schlüsselszenen und mein weiterer Umgang damit
Durch irritierende oder überraschende Aussagen konnte ich zunächst 38 Schlüsselszenen in der Erkundungsaufstellung 2 identifizieren. Im Zuge der regelgeleiteten Auswertung entwickelten die Co-Forscher:innen gemeinsam mit mir einige erkenntnisleitende Thesen. Darüber hinaus entstanden durch den Transkriptionsprozess zahlreiche weitere Thesen. Diese prüften wir auf ihre Praxisrelevanz und Originalität.

Ablauf der Aufstellung – das System wahrnehmen
Da die vollständige Transkription mit Zeitmarken sowie die Aufstellungspartituren im Anhang verfügbar sind, beschränke ich mich zur Fokussierung und Verständlichkeit erneut auf die Darstellung von Schlüsselsequenzen. Als Grundlage für die Auswahl von Irritationen und Überraschungen dienten mir meine Forschungsfragen, der von mir entwickelte integrative Transformationsprozess sowie die theoretischen Grundlagen der Transformativen Autorität. Ziel war es, neue Erkenntnisse für die Thesenbildung zu gewinnen.

Um den Fokus zu schärfen, die Verständlichkeit und Nachvollziehbarkeit für die Leser:innen zu erhöhen, stelle ich im weiteren Verlauf nur die fünf relevanten Schlüsselszenen mit ihren korrespondierenden, erkenntnisleitenden Thesen vor – die in ihrer Bewertung hinsichtlich Originalität und Praxisnähe mindestens eine 6 auf einer Skala von 0 bis 10 erreicht haben (wobei 0 für „nicht originell/praktisch" und 10 für „sehr originell/praktisch" steht).

Die Bewertung führten die Co-Forscher:innen in einer Online-Abstimmung gemeinsam mit mir durch.

Die drei relevanten Schlüsselszenen der Erkundungsaufstellung 2 mit Irritationen, erkenntnisleitenden Thesen und einer reflexiven Interpretation
Erneuter Hinweis für die Leser:innen: Um die Nachvollziehbarkeit zu verbessern, benenne ich im Folgenden zu jeder farblichen Repräsentanz die jeweilige Aufstellungskomponente in einer eckigen Klammer – als auch die Feldbezeichnungen zu den Ziffern.

Erste Schlüsselszene

Szenario A:	Wenn sowohl Führungskräfte als auch Mitarbeitende vom Konflikt zurücktreten, kann etwas anderes in die Mitte treten, zum Beispiel neue Ideen oder Themen. [TH05_01]
Sequenz 1.2	Die Repräsentanzen können sich nach der ersten Befragung durch die Aufstellungsleitung nochmals bewegen und einen möglichen, anderen Platz einnehmen.

Nachdem die Aufstellungsleitung die Repräsentanzen Führungskraft und Mitarbeiter:in bat, in Feld 2 (Affektregulation) zu wechseln, bewegten sich beide nacheinander – beginnend mit der Führungskraft – dorthin. Der Konflikt, als beobachtende Repräsentanz, bewegte sich aus einer Position außerhalb der Spirale in das Feld eins (desorientierendes Dilemma).

Auf die Frage der Aufstellungsleitung, wie sie sich selbst und das System wahrnehme, äußerte die Führungskraft, dass ihr der Prozess der Feldveränderung zu schnell voranschritt. Sie betonte, dass Feld eins für sie noch von Bedeutung sei. Deshalb blickte sie weiterhin in Richtung dieses Feldes und positionierte sich so weit wie möglich in Feld zwei, jedoch mit einem klaren Bezug zu Feld eins. Obwohl die Führungskraft nachvollziehen konnte, warum der Wechsel in Feld zwei der nächste Schritt war und sie nun dort verbleibt, verspürte sie eine gewisse Trauer darüber, dass sich der Feldwechsel zu schnell vollzog.

Die Klarheit der Aussage der Führungskraft überraschte mich: „Für Rot war der Prozess zu schnell. Und für Rot ist es irgendwie wichtig, noch so weit wie möglich Richtung Feld eins zu sein und auch hinzugucken. Verbunden auch mit ein bisschen Trauer."

Aus meiner Praxiserfahrung erlebe ich Führungskräfte in Veränderungs- oder Transformationsprozessen – insbesondere, wenn sie selbst eine führende Rolle einnehmen – meist so, dass es für sie nicht „schnell genug" vorangehen kann. Umso mehr irritierte mich dieses Bedauern, ja sogar Nachtrauern. Das führte letztlich dazu, dass ich die Szene auswählte.

- Bild der Szene und korrespondierender Auszug aus dem Transkript:

  Aufstellungsleitung (00:16:27) stellte jeder Repräsentanz die Frage: „Okay. Dann frage ich mal Rot [Führungskraft]. Rot: wie nimmst du Dich jetzt in dem Feld zwei wahr, und das System?"
  Rot [Führungskraft] (00:16:41 – 00:17:37): „Für Rot war der Prozess zu schnell. Und für Rot ist es irgendwie wichtig, noch so weit wie möglich Richtung Feld

eins zu sein und auch hinzugucken. Verbunden auch mit ein bisschen Trauer. Rot findet das irgendwie gut und wertschätzend, das Blau [Konflikt] in Feld eins ist. Und, ja hat ein bisschen, also ich weiß nicht, Neid ist nicht das richtige Wort – vielleicht freut sich auch ein bisschen – so als Gelb [Mitarbeiter:in] in eins war, da dachte Rot: ach ja, Gelb hat es gut. Das kann das einfach machen. Das bleibt noch mal in eins. Hm, ja, so vielleicht. Aber es ist schon irgendwie für Rot klar: nee, es ist jetzt zwei, aber es bleibt noch so dieser – ja, das ist einfach sehr schnell ging.

- Eine reflexive Interpretation dazu:

Das erste Feld des integrativen Transformationsprozesses – das sogenannte desorientierende Dilemma – bietet Führungskräften die Möglichkeit zu erkennen, dass sie in ihrer Haltung zur Autorität zwischen einer autoritären und einer antiautoritären Einstellung „gefangen" sind. Dieses Spannungsfeld zeigt sich darin, dass sie weder mit der einen noch mit der anderen Haltung erreichen, dass Mitarbeiter:innen freiwillig und aus eigener Motivation Mitverantwortung für gemeinsame Ziele übernehmen. Die daraus resultierende Ratlosigkeit darüber, wie sich Führung wirksamer gestalten ließe, könnte einen inneren Suchprozess auslösen. Dieser Prozess zielt darauf ab, eine alternative Form des Führens zu finden – eine Art der Führung, die weder auf autoritärer Kontrolle noch auf dem Verzicht auf Verantwortung basiert.

Manche Führungskräfte könnten jedoch den Übergang vom ersten zum zweiten Feld (Affektregulation) zu schnell vollziehen; das legt die Äußerung der Repräsentanz Führungskraft nahe. In solchen Fällen gingen möglicherweise entscheidende Reflexionsmomente verloren, die es jedoch für das Entstehen tieferer Einsichten bräuchte. Die Aussagen der Führungskraft deuten darauf hin, ausreichend Zeit zur Verfügung zu stellen, damit Personen die Tragweite des desorientierenden Dilemmas vollständig erfassen können. Dies beinhaltet insbesondere die Würdigung des Dilemmas selbst: die Anerkennung, dass das Spannungsfeld zwischen gegensätzlichen Autoritätsverständnissen nicht nur ein Hindernis, sondern ein zentraler – und vermutlich entscheidender – Ausgangspunkt des Transformationsprozesses ist. In diesem Verständnis übernimmt der Konflikt eine wesentliche Funktion: die Würdigung und Anerkennung des Dilemmas. Mit diesem Verständnis sollten die Beteiligten den Konflikt weder vermeiden noch vorschnell lösen, da er wertvolle Hinweise auf das bestehende Spannungsfeld gibt. Stattdessen scheint es hilfreich, ihn sorgfältig zu analysieren – vor allem abseits der Sachebene. Denn solch eine Analyse stellt gleichzeitig eine Form der Würdigung dar (Abbildung 7.15).

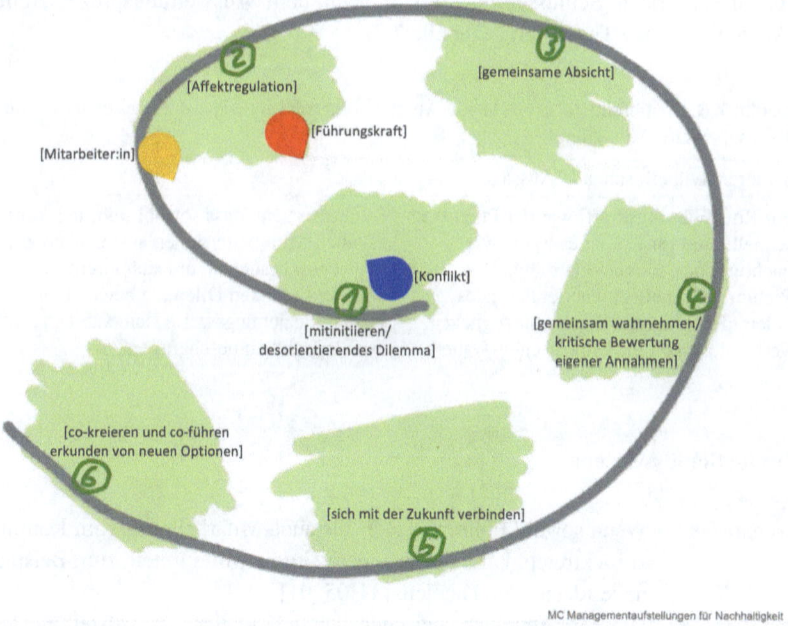

Abbildung 7.15 Schlüsselszene aus Szenario A, Sequenz 1.2 #00:16:27 – 00:17:37

Aus der Interpretation dieser Schlüsselszene bilden sich vier Erkenntnisse heraus:

- Die Würdigung des Dilemmas: Die bewusste Anerkennung des Spannungsfeldes zwischen unterschiedlichen Autoritätsverständnissen, das Desorientierung und Ratlosigkeit auslöst – und aus dem die Frage nach einer alternativen Form von Führung und Autorität entstehen kann.
- Eigenzeit: Ein Zeit-Raum der Reflexion, in der insbesondere Führungskräfte das Dilemma durchdringen, Motivation aufbauen und dadurch die Energie entwickeln, um den Transformationsprozess führend mitzugestalten.
- Struktur und Anleitung: Eine klare Orientierung, die zeigt, wie der nächste Schritt im Prozess aussehen könnte und welche Themen im nächsten Feld zu bearbeiten sind.
- Rückschau und Verbindung: Die Möglichkeit, auf das vorherige Feld zurückzublicken und mit dessen Energie verbunden zu bleiben, bis sich die Trauer über den Verlust überholter Muster so weit reguliert hat, damit sich die nächsten Schritte gehen lassen. Die Affektregulation in Feld zwei kann das erleichtern.

Aus dieser ersten Schlüsselszene blieb, nach dem Auswertungsprozess, eine erkenntnisleitende These übrig (Tabelle 7.8):

Tabelle 7.8 Irritierende/überraschende Aussage und relevante These zu der ersten Schlüsselszene, zweite Aufstellung

irritierende/überraschende Aussage	These
Für Rot [Führungskraft] war der Prozess zu schnell. Und für Rot ist es irgendwie wichtig, noch so weit wie möglich Richtung Feld eins [desorientierendes Dilemma] zu sein und auch hinzugucken. Verbunden auch mit ein bisschen Trauer.	Könnte es sein, dass sowohl Führungskräfte als auch Mitarbeiter:innen ausreichend Zeit und Raum brauchen, um sich ihrem desorientierenden Dilemma bewusst zu werden beziehungsweise sich damit „spielerisch" zu beschäftigen?

Zweite Schlüsselszene

Szenario A: Wenn sowohl Führungskräfte als auch Mitarbeitende vom Konflikt zurücktreten, kann etwas anderes in die Mitte treten, zum Beispiel neue Ideen oder Themen. [TH05_01]

Sequenz 1.4 Die Repräsentanzen bewegen sich in Feld vier. Die Aufstellungsleitung befragt die jeweiligen Repräsentanzen zum ersten Mal.

Nachdem die Repräsentanzen Führungskraft und Mitarbeiter:in sich in Feld vier bewegt haben und der Konflikt seine beobachtende Position eingenommen hat, beginnt die Aufstellungsleitung, die Repräsentanzen zu befragen.

Der Konflikt war sich in seiner beobachtenden Rolle sehr klar darüber, wo er sich platzieren möchte: hinter Feld vier, außerhalb des direkten Geschehens zwischen den beiden Repräsentanzen. Zum ersten Mal hat der Konflikt jedoch das Gefühl, nicht mehr richtig zu verstehen, was zwischen Führungskraft und Mitarbeiter:in passiert. In den Feldern eins bis drei war das anders. Dort hatte die Repräsentanz Konflikt immer den Eindruck, gut verstehen zu können, was zwischen den beiden ist – vielleicht sogar im Sinne einer Art Weisheit darüber, was zwischen ihnen geschehen könnte.

Seit Führungskraft und Mitarbeiter:in jedoch in Feld vier sind, ist dies für den Konflikt nicht mehr möglich. Er spürt sogar das Bedürfnis, ein Teil dieser Beziehung zu sein, erkennt aber gleichzeitig, dass dies nicht möglich ist. Besonders angesprochen hat den Konflikt die Aussage der Mitarbeiter:in, dass Feld vier ein kraftgebender Raum sei. Diese Wahrnehmung der Mitarbeiter:in stimmt mit der des Konflikts überein: Er erlebt Feld vier als eine Art Zwischenraum, der jedoch nicht leer ist. Vielmehr vermittelt dieser Raum Ruhe und bietet die Möglichkeit, sich auszurichten, Kraft zu tanken, Dinge zu verstehen und dann weiterzugehen. Der Konflikt spürt eine positive Ruhe in diesem Feld vier.

Die Aussage der Führungskraft irritierte mich, dass das Feld vier ein kraftgebender Raum sei. Bis dahin hatte ich das nicht mit der „kritischen Bewertung eigener Annahmen" in Verbindung gebracht; ebenso die Beschreibung eines Zwischenraums, der nicht leer ist – das machte mich neugierig und erinnerte mich an das primäre *ba*. Das führt mich zur Auswahl dieser Szene.

- Bild der Szene und korrespondierender Auszug aus dem Transkript:

  Aufstellungsleitung (00:43:59): „Mhm. Okay. Danke Rot [Führungskraft]. Dann Blau [Konflikt]: wie nimmst du dich selbst und das System wahr? Was beobachtest du?"
  Blau [Konflikt] (00:44:16 – 00:45:59): „Das, was ich total spannend finde, so für mich in meiner Beobachterinnenrolle ist, dass ich sehr klar darüber war, wo ich mich platzieren möchte. Also, ich war irgendwie klar, dass ich sozusagen ein bisschen aus dem Weg gehen möchte wieder. Also einfach hinter der vier stehen und mich irgendwie quasi vor den beiden, das war für mich total klar. Was ich aber gleichzeitig merke, also dafür habe ich irgendwie ein gutes Gespür so – mir hat auch die Metapher vom Rettungshubschrauber irgendwie ganz gut gefallen. Und gleichzeitig habe ich das Gefühl, dass ich ab hier nicht mehr so richtig verstehe, was zwischen Rot [Führungskraft] und Gelb [Mitarbeiter:in] passiert. Ich hatte vorher immer das Gefühl, den Eindruck, dass ich das gut verstehen kann. Dass ich vielleicht sogar schon ein bisschen vorher wusste, dass das jetzt passieren würde. Also ein bisschen so weisheitsmäßig. Aber hier habe ich wirklich den Eindruck, das ist für mich so eher so ein Gefühl von: ich weiß gar nicht mehr so richtig, was hier passiert und ich kann es auch nicht wissen. Und ich würde mir fast wünschen, so ein bisschen Teil davon zu sein. Also auch als Gelb [Mitarbeiter:in] es so beschrieben hat: das mit der Katze und dem Rankuscheln dachte ich: ach, irgendwie wäre ich da auch gerne dabei. Das ist mir aber auch nicht möglich. Das glaube ich irgendwie nicht, dass das geht. Was mich total angesprochen hat war, dass Gelb gesprochen, darüber gesprochen hat, was das für ein kraftgebender Raum ist, irgendwie. Ich dachte ja, stimmt. Für mich ist es wie so ein Zwischenraum, aber nicht einer, der leer ist. Sondern einer, der so Ruhe gibt, um sich auszurichten, um Kraft zu tanken, um Dinge zu verstehen und dann weiterzugehen. Also ich spüre auch so eine ganz positive Ruhe in diesem Feld vier."

- Eine reflexive Interpretation dazu:

  Vor dem Hintergrund dieses Szenarios, welches die Haltung der Führungskraft und der Mitarbeiter:in im Transformationsprozess widerspiegelt – „Wenn sowohl Führungskräfte als auch Mitarbeitende vom Konflikt zurücktreten, kann etwas anderes in die Mitte treten – zum Beispiel neue Ideen oder Themen." – zeigt sich erstmalig in Feld vier dieses „Andere in der Mitte": ein kraftspendender (Zwischen-)Raum. Dieser Raum ermöglicht es, in einer positiven Ruhe neue Energie zu schöpfen, Dinge zu verstehen und sich neu auszurichten, bevor die Beteiligten gestärkt weitergehen können.

  Feld vier – die kritische Bewertung eigener Annahmen – umfasst dabei zwei zentrale Elemente des transformativen Lernens: die kritische Reflexion über bestehende Annahmen sowie die Bewertung der Quellen, des Wesens und der Folgen von Denkgewohnheiten. Dieser Prozess erlaubt es den Beteiligten, ihr Handeln neu auszurichten und es stärker an ihren Zielen zu orientieren. In diesem Transformationsprozesses wäre ein mögliches, nächstes gemeinsames Ziel, sich in Richtung von Feld fünf zu bewegen: „sich mit der Zukunft verbinden."

  Dieser (Zwischen-)Raum, der durch die kritische Bewertung eigener Annahmen zwischen Führungskraft und Mitarbeiter:in emergiert, lässt sich mit Shimizus Konzepten von Holon und Relaton beschreiben. Führungskraft, Mitarbeiter:in, das Konfliktthema als auch die Haltung agieren als Holone, die durch ihre Relatone – also ihre wechselseitigen Abhängigkeiten und Interaktionen – in Verbindung mit dem spezifischen Kontext (dem integrativen Transformationsprozess) eine selbstorganisierte Ordnung im Konfliktsystem erzeugen. Aus dieser Ordnung heraus kann sich das System transformieren und in einen neuen Zustand übergehen: sich mit der Zukunft verbinden.

  In diesem Moment nimmt die Repräsentanz des Konflikts eine System-Wahrnehmung statt eine Feld-Wahrnehmung ein, wenn sie äußert, keine Wahrnehmung mehr für die Beziehung zwischen Führungskraft und Mitarbeiter:in zu haben. Nach Scharmers System-Feld-Unterscheidung entscheidet das Bewusstsein, das Systems von außen zu beobachten und das Feld von innen zu erkunden. Darüber hinaus ist nach Shimizu diese Repräsentanz nicht in einer abhängigen Interaktion mit den beiden anderen Repräsentanzen und kann daher auch nicht ortsbildend sein.

  Dieser Zwischenraum – der nicht leer ist – lässt sich auch durch Shimizus Konzepte des primären und sekundären *ba* interpretieren. Wenn sowohl der:die Mitarbeiter:in als auch der Konflikt äußern, dass in diesem Raum eine positive Ruhe herrscht, in der Kraft geschöpft und Dinge verstanden werden können, entspricht dies dem primären *ba*: einem holistischen Raum, in dem keine Subjekt-Objekt-Unterscheidung existiert. Parallel dazu entstehen durch die Artikulation der Akteure in Echtzeit Unterscheidungen (Subjekt-Objekt). Dadurch emergiert das sekundäre *ba*. Beide *ba* konvergieren durch den emergenten Prozess ihrer Artikulation, zum Beispiel durch die kritische Reflexion eigener Annahmen, im Bewusstsein der Beteiligten (Abbildung 7.16).

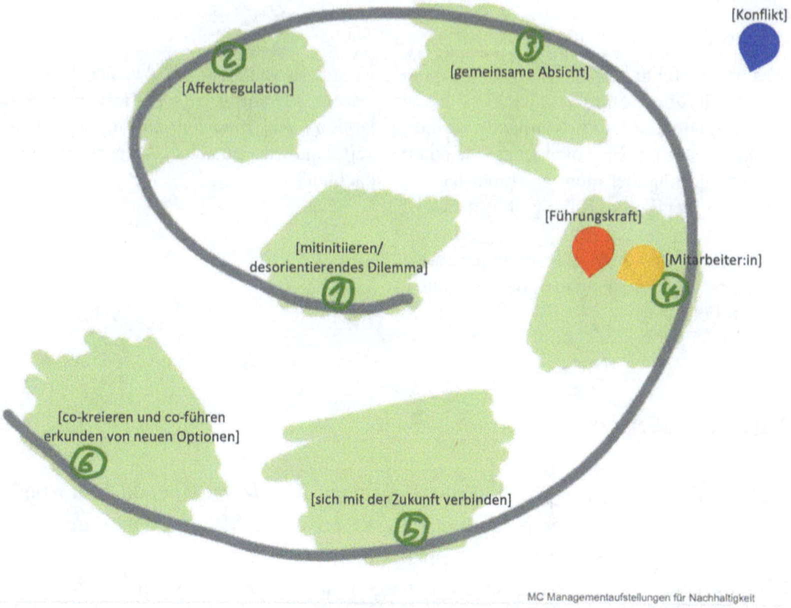

Abbildung 7.16 Schlüsselszene aus Szenario A, Sequenz 1.4 #00:43:59 – 00:45:59

Aus der Interpretation dieser Schlüsselszene bilden sich zwei Erkenntnisse heraus:

- Durch die Interaktion der Holone (Führungskraft, Mitarbeiter:in, Konfliktthema und Haltung) sowie der wirkenden Relatone, bildet sich aus sich selbst wahrscheinlich ein gemeinsamer Raum mit eigener Ordnung heraus, der es dem Konfliktsystem ermöglichen kann, sich zu transformieren.
- Die kritische Reflexion eigener Annahmen kann auch zu innerer Ruhe, neuer Kraft und Energie führen. Dies würde die Grundlage schaffen, um Dinge besser

zu verstehen, sich neu auszurichten und den Weg der Transformation gestärkt fortzusetzen.

Aus dieser zweiten Schlüsselszene blieb, nach dem Auswertungsprozess, eine erkenntnisleitende These übrig (Tabelle 7.9):

Tabelle 7.9 Irritierende/überraschende Aussage und relevante These zu der zweiten Schlüsselszene, zweite Aufstellung

irritierende/überraschende Aussage	These
Was mich total angesprochen hat war, dass Gelb [.] darüber gesprochen hat, was das für ein kraftgebender Raum ist irgendwie. Ich dachte ja, stimmt. Für mich ist es wie so ein Zwischenraum, aber nicht einer, der leer ist. Sondern einer, der so Ruhe gibt, um sich auszurichten, um Kraft zu tanken, um Dinge zu verstehen und dann weiterzugehen. Also ich spüre auch so eine ganz positive Ruhe in diesem Feld vier.	Könnte es sein, dass im Zwischenraum – wenn wir aufhören, ans Ziel kommen zu wollen – sich ein Mehr an Möglichkeiten zeigt, als wir [zunächst, Anm. d. Autors] dachten?

Dritte Schlüsselszene

Szenario A: Wenn sowohl Führungskräfte als auch Mitarbeitende vom Konflikt zurücktreten, kann etwas anderes in die Mitte treten, zum Beispiel neue Ideen oder Themen. [TH05_01]

Sequenz 1.5 Die Repräsentanzen bewegen sich in Feld fünf. Die Aufstellungsleitung befragt die jeweiligen Repräsentanzen zum ersten Mal.

Die Repräsentanz Mitarbeiter:in nimmt zum ersten Mal die Repräsentanz Konflikt bewusst wahr, was etwas Beruhigendes bedeutet. Bis zu diesem Punkt spielte der Konflikt für den:die Mitarbeiter:in keine wahrnehmbare Rolle. Das Feld fünf – sich mit der Zukunft verbinden – empfindet der:die Mitarbeiter:in weiterhin lediglich als eine Durchgangsstation. Sie verspürt den Wunsch, zügig in Feld sechs – Erkunden von neuen Optionen – zu wechseln; und zwar in einem Zustand freudiger Aufgeregtheit. Die Repräsentanz Mitarbeiter:in fühlt sich bereit und zugleich sowohl mit der Führungskraft als auch mit dem Konflikt verbunden.

Der Konflikt hatte zunächst die Sorge, dass seine beobachtende Präsenz von den beiden anderen Repräsentanzen missverstanden werden könnte – etwa als Form von

Kontrolle. Seine Intention ist jedoch rein begleitend und unterstützend. Mittlerweile ist der Konflikt erleichtert, dass seine Absicht richtig verstanden wurde, als auch, dass die drei Repräsentanzen zusammengefunden haben – auch wenn ihre Rollen sehr unterschiedlich sind. Er hat den Eindruck, dass jede Repräsentanz einen guten Platz für sich gefunden hat.

Darüber hinaus ist der Konflikt gespannt, was in Feld sechs geschehen wird. Er nimmt wahr, dass der:die Mitarbeiter:in mutig und entschlossen voranschreitet. Darüber hinaus bewertet diese Repräsentanz es als eine Stärke, dass sich die Führungskraft bewusst zurückhält. Dieses Feld fünf empfindet der Konflikt als einen Übergang.

Besonders spannend findet die Repräsentanz Konflikt, was der:die Mitarbeiter:in zuvor über Feld vier – kritische Bewertung eigener Annahmen – beschrieben hat: das Magische, das dieses Feld für sie offenbar ausmacht. Aus diesem Grund verweilte der Konflikt eine Weile bei Feld vier, während die beiden anderen Repräsentanzen bereits in Feld fünf weitergingen. Er hatte gehofft, selbst etwas von diesem Magischen wahrnehmen zu können. Dem Konflikt wurde dabei aber schnell klar, dass es die Repräsentanzen Führungskraft und Mitarbeiter:in sind, die den Feldern Bedeutung und Kraft verleihen. Die Felder allein, so erkennt er, bleiben ohne eine solche Interaktion weitgehend leer. Erst durch das bewusste Eintreten einer Repräsentanz in ein Feld entfaltet es seine Wirksamkeit.

Um dieses Phänomen zu beschreiben, verwendet der Konflikt die Analogie eines ruhigen Gewässers. Das Wasser ist da, bleibt jedoch still und bewegungslos, solange weder Wind noch ein äußerer Impuls es in Bewegung setzen. Die Felder vergleicht er mit dem Wasser, während die Repräsentanzen die Bewegungsimpulse darstellen – ähnlich wie Steine, die ins Wasser geworfen werden und Wellen erzeugen. Auf diese Weise drückt der Konflikt aus, dass die Felder zwar bereits eine inhärente Information enthalten, diese jedoch nur durch die aktive Interaktion mit einer Repräsentanz wirksam wird.

Es irritierte mich, dass der Konflikt als beobachtende Repräsentanz das Feld fünf – sich mit der Zukunft verbinden – als Übergang bewertete und nicht Feld vier – kritische Reflexion eigener Annahmen. Zudem überraschte es mich, dass das beobachtende Element die *ba*-Ontologie von Feld beschreiben konnte: das primäre *ba* als ruhiges Gewässer ohne Bewegung und das sekundäre *ba* als Elemente, die Wellenbewegungen erzeugen. Diese beiden Eindrücke führten zur Auswahl dieser Szene.

- Bild der Szene und korrespondierender Auszug aus dem Transkript:

  Aufstellungsleitung [AL] (00:50:43): „Danke rot [Führungskraft]. Gelb [Mitarbeiter:in]: wie nimmt Gelb sich selbst wahr und das System?"
  Gelb [Mitarbeiter:in] (00:50:54): „Also ich nehme zum allerersten Mal Blau [Konflikt] wahr und finde das gut. Es hat was Beruhigendes, dass Blau da ist. Es spielte davor gar keine Rolle. Ich empfinde fünf als wie eine Durchgangsstation. Ich will weiter. So, Gelb will weiter zur sechs. Und da ist so eine freudige Aufgeregtheit. Ja, Gelb fühlt sich irgendwie bereit und gleichzeitig auch verbunden. Also sowohl mit Rot [Führungskraft] als auch mit Blau."
  AL (00:51:44): „Danke. Blau [Konflikt]: Was beobachtet Blau? Wie nimmt es das System wahr?"
  Blau [Konflikt] (00:51:53): „Ich weiß gar nicht, ob das die Frage beantwortet, aber ich sag's jetzt trotzdem: ich bin nämlich gerade vor allem total erleichtert, weil ich Angst hatte, dass als Blau Angst hatte, dass, wenn ich jetzt so mitlaufe, meine Intention missverstanden werden könnte. Weil ich habe so meinen, ich stehe hier, um zu begleiten und zu unterstützen, aber nicht, um zu kontrollieren. Und ich hatte so eine große Sorge, dass doch Rot [Führungskraft] und Gelb [Mitarbeiter:in] missverstehen könnten. Was ich auch hätte verstehen können. Deswegen bin ich irgendwie total erleichtert, dass wir jetzt irgendwie zu dritt so zusammenkommen, auch wenn unsere Rollen sehr unterschiedlich sind. Ich habe gerade so ein tiefes Gefühl, von: hier hat irgendwie gerade jeder einen guten Platz gefunden. Und bin total gespannt, was jetzt im sechsten Feld irgendwie passiert; dass Gelb [Mitarbeiter:in] da so mutig für mich voranschreitet. Also für mich sieht es mutig aus. Ich finde das total stark, dass Rot [Führungskraft] sich irgendwie zurücknimmt, also dass der Übergang – also für mich ist es ein Übergang und der scheint irgendwie zu gelingen."
  AL (00:52:58): „Das heißt, fünf ist ein Übergang oder das, was Rot [Führungskraft] gesagt hat, ist ein Übergang oder was ist der Übergang für Blau [Konflikt]?"
  Rot [Führungskraft] [00:53:05]: „Ich hätte jetzt gesagt fünf, also Blau [Konflikt] würde sagen fünf ist der Übergang oder dieses Feld. Was ich übrigens auch total spannend fand – ich hatte mich nämlich so ganz kurz, ist Blau so neben Feld vier stehen geblieben und hatte so gehofft, dass das Magische, das Gelb [Mitarbeiter:in] vorher da beschrieben hat, noch da ist. Aber ich habe sofort gemerkt, dass da ist gar nichts mehr, wenn halt Rot und Gelb nicht da sind. Also für mich wurde so in diesem Weitergehen total deutlich, wie viel Kraft oder wie wichtig, wie bedeutsam diese beiden Elemente sind dafür, dass diese Räume überhaupt gefüllt werden können. Also die Räume allein sind gar nicht so sehr gefüllt, bis da jemand reingeht."

AL (00:53:46): „Würde Blau [Konflikt] sagen, entstehen die Räume dadurch, dass die Elemente dort drin sind und miteinander interagieren? Oder ist das zu viel oder was ganz anderes?"
Blau [Konflikt] (00:53:57 – 00:54:30): „Hm. Weiß ich gar nicht. Spontan kommt mir das Bild, wie wenn so ein ganz ruhiges Gewässer ist, dann ist das Gewässer ja da. Aber wenn kein Wind da ist oder niemand, der das Gewässer anstupst, dann ist keine Bewegung da. Das ist so, als wären die Felder das Wasser und die Elemente Rot [Führungskraft] und Gelb [Mitarbeiter:in] bringen da Bewegung rein oder werfen Steine ins Wasser oder tippsen das so an, dass so eine Welle entsteht. Also so ist das eher. Da ist schon irgendeine Information da, aber alleine wirkt die nicht."

- Eine reflexive Interpretation dazu:

Überraschend ist, dass die Repräsentanz Mitarbeiter:in den Konflikt zum ersten Mal wahrnimmt. Das könnte darauf hindeuten, dass der Konflikt für die Führungskraft eine größere Bedeutung für die Transformation der Autoritätsbeziehung hat als für den:die Mitarbeiter:in. Dass der:die Mitarbeiter:in sich dennoch sowohl mit dem Konflikt als auch mit der Führungskraft verbunden fühlt, könnte dafür sprechen, dass das Konfliktsystem selbst ein Feld mit hoher Informationsdichte und entsprechenden Feldkräften darstellt.

Auch wenn der Konflikt auf Basis meines ontologischen Verständnisses (vgl. 6.1) keine ontischen Merkmale aufweist, kann seine Aussagekraft – nämlich dass er eher begleitend und unterstützend denn kontrollierend ist – verdeutlichen, dass die Haltung beziehungsweise das Bewusstsein der Konfliktparteien als Holone verbunden mit den Relatonen die Bedeutung – und damit zu einem großen Teil auch die Wirkung – des Konflikts miterzeugen. Dieses Prinzip beschreibt die Repräsentanz Konflikt: Führungskraft und Mitarbeiter:in verleihen den Feldern Bedeutung und Kraft. Erst durch die bewusste Interaktion und das aktive Eintreten in das Feld beziehungsweise die aktive „Erzeugung" des Felds entfaltet sich dessen Feldwirkung. Dies entspricht weitgehend dem Verständnis des primären und sekundären *ba* mit dem Bewusstsein als Konvergenzpunkt der. Auch die dynamische Überlagerung der vier Prozessebenen in der PST – körperlich, psychisch, mikrosozial und makrosozial – beschreibt dieses Phänomen. Die vier Ebenen wirken als Felder, die Sinn und Bedeutung wechselseitig erzeugen (Abbildung 7.17).

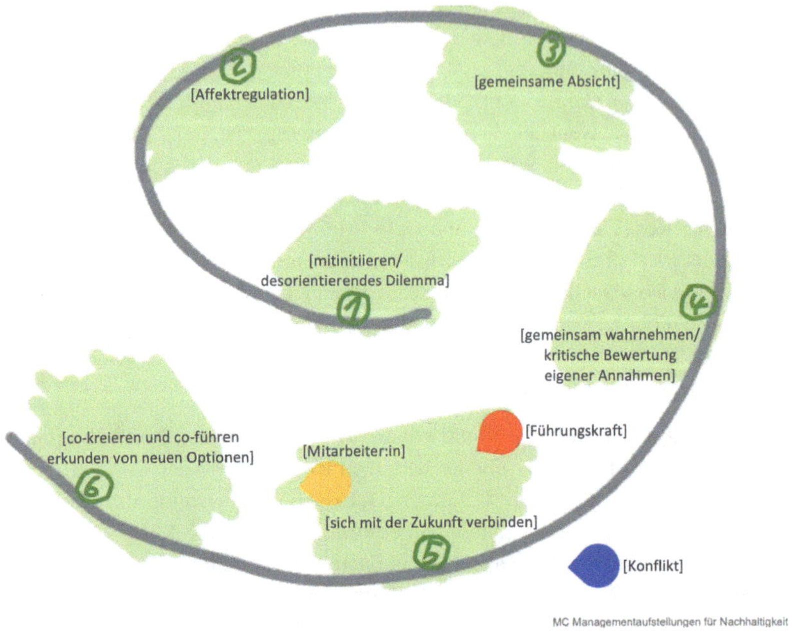

Abbildung 7.17 Schlüsselszene aus Szenario A, Sequenz 1.5 #00:50:43 – 00:54:30

Aus der Interpretation dieser Schlüsselszene bilden sich drei Erkenntnisse heraus:

- Konflikte in Organisationen lassen sich als Felder mit hoher Informationsdichte und dynamischen Feldkräften verstehen. Die spezifische (transformative) Wahrnehmung und Bedeutung eines Konflikts kann durch die bewusste Interaktion der Konfliktparteien entstehen, die dabei als felderzeugende Akteur:innen agieren.
- Die Wirkung eines Konflikts auf die Beteiligten emergiert sehr wahrscheinlich aus ihrer felderzeugenden Interaktion. Damit könnten sie sowohl die Dynamiken der Autoritätsbeziehung als auch den Transformationsprozess entscheidend mitbeeinflussen. Konflikte werden somit zu Orten, an denen Konfliktparteien Sinn und Bedeutung co-konstruieren.
- Eine wichtige Voraussetzung hierfür wäre, dass alle Beteiligten in einer Führungsbeziehung – einschließlich möglicher Beobachter:innen – soziale Felder bewusst wahrnehmen und ein „Feldbewusstsein“ entwickeln können. Dies würde

ermöglichen, Konflikte in Transformationsprozessen als unterstützende und begleitende Elemente zu sehen und ihre Wirkung gezielt für die Evolution von Autoritätsbeziehungen zu nutzen.

Aus dieser dritten Schlüsselszene blieb, nach dem Auswertungsprozess, eine erkenntnisleitende These übrig (Tabelle 7.10):

Tabelle 7.10 Irritierende/überraschende Aussage und relevante These zu der dritten Schlüsselszene, zweite Aufstellung

irritierende/überraschende Aussage	These
irritierend: der Konflikt beobachtet Feld fünf „sich mit der Zukunft verbinden" als Übergang und nicht Feld vier überraschend: dass das beobachtende Element die ba-Ontologie von Feld beschreibt: primäres (ruhiges Gewässer ohne Bewegung) und sekundäres (Elemente erzeugen Wellenbewegungen)	Könnte es sein, dass Energie immer vorhanden ist – sie muss nur in Bewegung gebracht werden? Dabei wirken Ausprägung und Richtung auf den ganzen Raum – und unterschiedlich.

Vierte Schlüsselszene

Szenario B: Gemeinsame Reflexionsarbeit führt zu mehr sozialem Ausgleich [TH02_01]

Sequenz 2.3 Die Repräsentanz Mitarbeiter:in bewegt sich in Feld drei. Die Aufstellungsleitung befragt die jeweiligen Repräsentanzen zum ersten Mal.

Der Konflikt beobachtet, dass sich der:die Mitarbeiter:in in Feld drei – gemeinsame Absicht – und die Führungskraft außerhalb aller Felder befindet und interpretiert dies als ein äußerst destruktives System, in dem es kaum oder gar nicht vorstellbar ist, dass etwas entstehen kann. Auf die Frage der Aufstellungsleitung, ob die Führungskraft etwas zum Konflikt äußern möchte, verneint diese.

Der:die Mitarbeiter:in äußert sich auf diese Frage der Aufstellungsleitung und bestätigt, basierend auf ihrem Gefühl, was die Repräsentanz Konflikt geäußert hat. Aus ihrer Perspektive ist es nicht vorgesehen, dass sie allein für etwas zuständig ist. Sie kann auch nicht allein entscheiden, was zu tun ist, und sieht den Konflikt, wenn überhaupt, nur in einer unterstützenden Rolle. Der Konflikt kann aus ihrer Sicht keine Arbeit leisten oder etwas erledigen – dies ist eine Aufgabe, die innerhalb des Feldes gelöst werden muss, jedoch nicht die Aufgabe des Konflikts selbst. Der:die Mitarbeiter:in sieht die Verantwortung entweder bei der Führungskraft oder bei anderen Akteur:innen. Sie betont, dass es nicht möglich ist, die anstehenden Aufgaben allein zu bewältigen, solange sie sich alleine in dem Feld befindet.

Mich überraschte, dass die Repräsentanz Mitarbeiter:in so klar äußerte, dass sie „das jetzt hier nicht irgendwie alleine reißen" kann. Ich fragte mich, ob dies mit einer Verweigerung der Verantwortung durch die Führungskraft zusammenhing – oder mit etwas ganz anderem. Daher wählte ich diese Szene aus.

- Bild der Szene und korrespondierender Auszug aus dem Transkript:

  Aufstellungsleitung [AL] (01:18:41): „Danke. Blau [Konflikt]: was beobachtest du?"
  Blau [Konflikt] (01:18:47): „Kann das diesmal ganz knapp sagen: ein sehr destruktives System, glaube ich. Also ich kann mir nicht vorstellen, dass so irgendwas entstehen oder wirken kann in diesem System. Oder es wird sehr schwierig."
  AL (01:19:04): „Okay, danke. Gibt es noch was von Rot [Führungskraft] oder Gelb [Mitarbeiter:in] zu sagen, in Bezug auf Aussagen von Blau [Konflikt] oder grundsätzlich?"
  Rot [Führungskraft] (01:19:14): „Von Rot nicht."
  Gelb [Mitarbeiter:in] (01:19:16 – 01:19:48): „Ja, Gelb schon nochmal. Also, das was Blau [Konflikt] gesagt hat, würde ich, kann ich so auch spüren. Also ich kann nur sagen, jetzt so alleine ist es nicht vorgesehen. Also ich kann das jetzt hier nicht irgendwie alleine reißen und Blau kann wenn dann irgendwie unterstützen. Aber Blau kann keine Arbeit machen oder kann irgendwie nichts erledigen. Irgendwas ist zu erledigen und es ist aber nicht die Aufgabe von Blau. Sondern das müsste schon irgendwie Rot [Führungskraft] machen oder sonst irgendwer. Ja, also so funktioniert es nicht, wenn ich da allein bin."

- Eine reflexive Interpretation dazu:

  Es fällt auf und ist zugleich interessant, dass die beobachtende Repräsentanz Konflikt diese Situation als äußerst destruktiv wahrnimmt, aus der kaum etwas Konstruktives entstehen kann. Diese Wahrnehmung steht im Einklang mit den Äußerungen der Repräsentanz Mitarbeiter:in.

  Wenn in Feld drei – gemeinsamen Absicht – die Erzeugung einer gemeinsamen Richtung ansteht – auf Basis eines öko-systemischen Ansatzes, geprägt von gleichwertigen, gewaltfreien und zielorientierten Beziehungen (vgl. 5) –, erscheint es stimmig, dass es ohne die Führungskraft als essenzieller Teil der Führungsbeziehung nicht geht. Diese befindet sich offenbar weit außerhalb von Feld drei.

Der Kontext des Szenarios „gemeinsame Reflexionsarbeit führt zu mehr sozialem Ausgleich“ scheint in dieser Situation weder Wirkung zu entfalten noch Bedeutung zu haben. Es wirkt vielmehr so, als zeige die Führungskraft eine eher antiautoritäre Haltung zur Autorität: Sie entzieht sich der Verantwortung oder verweigert deren Übernahme. Dies könnte darauf hindeuten, dass sie entweder noch nicht bereit ist, sich im Feld drei gemeinsam mit dem:der Mitarbeiter:in auf eine gemeinsame Absicht zu verständigen, oder dass sie dies schlicht nicht möchte. Alternativ könnte das auch darauf hinweisen, dass die Führungskraft eine eher autoritäre Haltung zur Autorität einnimmt, in der die Idee einer gemeinsamen Absicht im Sinne Transformativer Autorität wenig attraktiv oder gar unvorstellbar erscheint. Diese Interpretation würde ebenfalls die Positionierung der Repräsentanz Führungskraft außerhalb aller Felder erklären.

Daraus ergibt sich möglicherweise, dass entweder zu wenig Konfliktenergie vorhanden ist, um dieses Feld und dessen Wirkung zu erzeugen. Alternativ könnte es auch mit daran liegen, dass es keine direkte Beziehung zwischen den Repräsentanzen Mitarbeiter:in und Führungskraft gibt, da von beiden Seiten keine Initiative erkennbar ist, miteinander in Kontakt zu treten.

Die Nichtlinearität von Transformationsprozessen könnte zudem darauf hinweisen, dass diese Konstellation den spezifischen Entwicklungsverlauf einer Führungskraft widerspiegelt. Dieser Verlauf zeigt sich in der Dynamik räumlicher und zeitlicher Systeme. Diese entstehen durch Varianzen – Unterschiede in Rhythmen, Tempi und räumlichen Konstellationen – und Invarianzen. Letztere bestehen aus kontinuierlich wechselwirkenden Elementen, die auf ein Gleichgewicht hinarbeiten. Beide Konstitutionen stehen in einer wechselseitigen, strukturellen Verbindung, beeinflussen sich gegenseitig und prägen die Gestaltung von Realität und Gegenwart.

In Feldern, in denen gemeinsame Wahrnehmungen oder Erkenntnisse realitätsbildend wirken – wie im vorliegenden Fall in Feld drei – können Varianzen jedoch Störungen und Ungleichgewichte hervorrufen, die Anpassungsreaktionen erfordern. Konflikte fungieren dabei oft als Indikatoren. Werden diese Konfliktfunktionen von den Beteiligten jedoch nicht erkannt, droht der gemeinsame Fortschritt ins Stocken zu geraten oder sich zu verlangsamen. Diese Dynamik könnte sich auch in der vorliegenden Schlüsselszene zeigen (Abbildung 7.18).

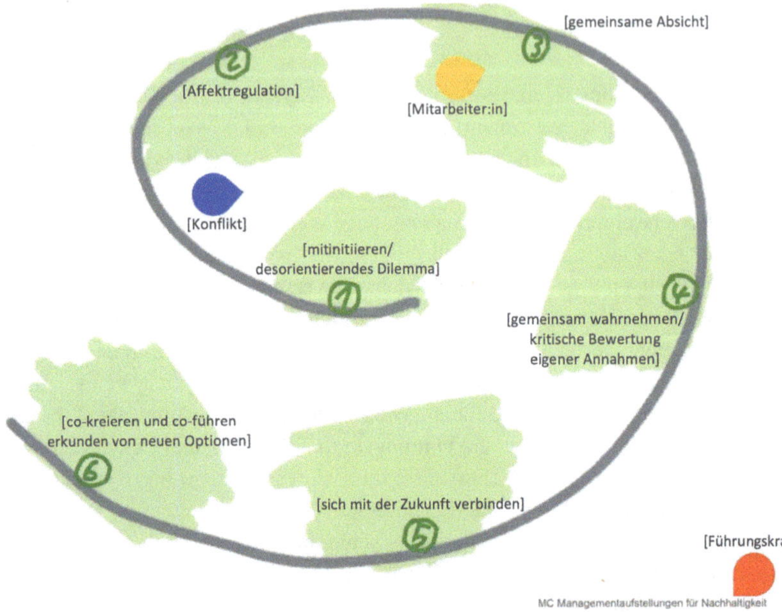

Abbildung 7.18 Schlüsselszene aus Szenario B, Sequenz 2.3 #01:18:41 – 01:19:48

Aus der Interpretation dieser Schlüsselszene bilden sich zwei Erkenntnisse:

- Jeder Transformationsprozess verläuft aufgrund seiner Nichtlinearität und Emergenz grundsätzlich individuell. Es ist anzuerkennen, dass Menschen die sechs Felder des Prozesses in ihrem eigenen Tempo und in einer für sie passenden Reihenfolge bearbeiten – möglicherweise sogar einige Felder mehrfach. Dies erzeugt ein Spannungsfeld, da die Transformation der Autoritätsbeziehung auf ähnlichen, gemeinsamen Wahrnehmungen und Erkenntnissen aller Beteiligten in einer Führungsbeziehung basiert. Darüber hinaus entsteht ein Spannungsfeld auf der makrosozialen Prozessebene durch unser kapitalistisches Wirtschaftssystem. Dessen Setzungen wie Effizienz, Linearität, Taktung und Kontrollierbarkeit wirken als strukturbildende Merkmale in Organisationen. Diese reiben sich jedoch mit den Prinzipien von Transformationsprozessen, die durch Nichtlinearität, Emergenz und Eigenzeit geprägt sind.

  Transparenz und Reflexion als Elemente der Transformativen Autorität können dabei helfen, Unterschiede und Spannungsfelder zu erkennen und diese förderlich zu gestalten. So könnte beispielsweise eine Person, die bereits willens ist, ein nächstes Feld zu betreten, auf die andere Person warten, bis diese im gleichen Feld angekommen ist. Alternativ könnte die „fortgeschrittenere" Person ein Feld „zurückgehen", um zum Beispiel Unterstützung anzubieten.

– Darüber hinaus kann es sinnvoll sein, Spannungsfelder (räumlich, zeitlich, …) bewusst mit zusätzlicher (Konflikt-)Energie zu „laden", um Ordnungs-Ordnungs-Übergängen näher zu kommen. Dabei ist es entscheidend, den Konflikt als Indikator für Anpassungsbedarf sowie als wertvolles Element zur Förderung der Transformation und einer verbesserten Führungsbeziehung zu verstehen – und nicht als Problem, das „stört" oder sogar „weggemacht" werden muss.

Aus dieser vierten Schlüsselszene blieb, nach dem Auswertungsprozess, eine erkenntnisleitende These übrig (Tabelle 7.11):

Tabelle 7.11 Irritierende/überraschende Aussage und relevante These zu der vierten Schlüsselszene, zweite Aufstellung

irritierende/überraschende Aussage	These
„Also [Gelb] kann das jetzt hier nicht irgendwie alleine reißen und Blau kann – wenn – dann irgendwie unterstützen."	Könnte es sein, dass wir nicht gelernt haben, dass eine unserer größten Stärken darin liegt, die Unterstützung anderer Menschen zu beanspruchen?

Fünfte Schlüsselszene

Szenario C: Wenn die sozialen Schäden ausgeglichen wurden, kann sich in der Folge auch eine neue soziale Ordnung herausbilden [TH01_02]

Sequenz 3.2 Die Repräsentanzen bewegen sich in Feld drei. Die Aufstellungsleitung befragt die jeweiligen Repräsentanzen zum ersten Mal.

Die Repräsentanz Konflikt fühlt sich stark an die Linie gebunden, welche einer Achterbahn mit Schienen ähnelt. Dieses Bild drückt das Gefühl dieser Repräsentanz aus – ein positiv konnotiertes Gefühl, das sie als etwas Gutes empfindet – weil es einen vorgegebenen Weg bietet. Gleichzeitig schränkt dieser vorgegebene Weg die Repräsentanz jedoch auch ein, was bei ihr den Eindruck erweckt, sich auf einer anderen Ebene zu bewegen und dadurch etwas anderes wahrzunehmen.

Zudem beobachtet die Repräsentanz Konflikt, dass zwischen den Repräsentanzen Mitarbeiter:in und Führungskraft ein Wohlwollen vorherrscht. Trotz ihrer unterschiedlichen Vorstellungen akzeptieren sie einander in ihren Unterschieden. Besonders bedeutsam für den Konflikt ist das Gefühl, dass die beiden anderen Repräsentanzen auf unterschiedlichen Ebenen oder in unterschiedlichen Zeitdimensionen agieren, verglichen mit der eigenen Wahrnehmung.

Die Aussage der Repräsentanz Konflikt überraschte mich – und machte mich neugierig: Sie erklärte, dass sowohl sie selbst als auch die beiden anderen Repräsentanzen auf unterschiedlichen Ebenen oder in verschiedenen Zeitrechnungen unterwegs seien. Daher wählte ich diese Szene aus.

- Bild der Szene und korrespondierender Auszug aus dem Transkript:

  Aufstellungsleitung (01:43:57): „Okay, danke. Blau [Konflikt]: Was beobachtet Blau, wie nimmt Blau das System wahr?"
  Blau [Konflikt] (01:44:04 – 01:45:16): „Irgendwie spannend, weil Blau das Gefühl hat, dass es das System nur sehr begrenzt wahrnehmen kann. Weil Blau sich als Element sehr gebunden an diese Linie fühlt. Also diese Metaphern, die jetzt kamen mit so Achterbahn und Schiene und so, die die stimmen tatsächlich. Also fühle ich mich auch. So, das hat irgendwie was Gutes, weil es so einen Weg vorgibt. Aber es schränkt Blau auch sehr ein. Deswegen, ich habe so ein bisschen wie so ein Eindruck, dass ich auf einer anderen Ebene unterwegs bin und da was anderes sehe. Beobachte aber weiterhin, dass die Elemente Gelb [Mitarbeiter:in] und Rot [Führungskraft], so jedenfalls aus meiner Perspektive, immer noch so ein Wohlwollen einander, gegeneinander, also einander gegenüber haben. So. Und zwar unterschiedliche Bilder haben, aber die auch so akzeptieren, so wirkt es für mich. Also die gegenseitig sich akzeptieren. Aber tatsächlich das Gefühl, das ist so ein bisschen, als wäre ich, während ich und die anderen beiden Elemente so auf unterschiedlichen Ebenen oder wie so in unterschiedlichen Zeitrechnungen unterwegs irgendwie so – ein bisschen komisch.

- Eine reflexive Interpretation dazu:

  Die Metapher der Schienen einer Achterbahn, die einerseits Struktur bietet und andererseits Beschränkungen auferlegt, verweist auf die Linearität in der Darstellung der Transformationsprozesse bei Mezirow und Scharmer, aus denen mein integrativer Transformationsprozess hervorging. Auch wenn beide betonen, dass die Phasen mehrfach durchlaufen werden können, erhöhen diese (visuellen) Darstellungen die Wahrscheinlichkeit zu einer linearen Rezeption der Verläufe – insbesondere bei Menschen, die mit Nichtlinearität und Emergenz eher unvertraut sind.

Zugleich verweist die Achterbahnmetapher auf eine affektregulierende Struktur, die in einem von Höhen und Tiefen sowie überraschenden Wendungen geprägten „Fahrtverlauf" eines Transformationsprozesses trotzdem Sicherheit bieten kann. Die Beschränkungen durch die Fremdordnung der Schienen kann verdeutlichen, dass Prozessverläufe außerhalb der vorgesehenen „Fahrbahn" von den Konstrukteur:innen der Achterbahn nicht bedacht wurden beziehungsweise überhaupt denkbar sind. Dies spiegelt die Linearität einer vorgegebenen Ordnung wider, die der Nichtlinearität und Emergenz lebendiger Prozesse – mit ihren aus sich selbst herausbildenden Ordnungen beziehungsweise Strukturen – entgegensteht (vgl. 3.3 sowie 3.4.2).

Vor diesem Hintergrund postuliere ich, dass die Haltung (im Kontext des Szenarios) „Wenn die sozialen Schäden ausgeglichen wurden, kann sich in der Folge auch eine neue soziale Ordnung herausbilden" ihre Wirkung wahrscheinlich nur dann entfalten kann, wenn ein teilweise vorstrukturierter Transformationsprozess gegeben ist. Dieser Prozess sollte neben der Grundstruktur vor allem ausreichend Raum für Nichtlinearität und Emergenz bieten, in dem auch Wiedergutmachung/sozialer Ausgleich stattfinden kann. Das ermöglicht (wahrscheinlich überhaupt erst), dass sich eine neue soziale Ordnung tatsächlich herausbilden kann. Es ist sogar denkbar, dass sich der beschriebene Prozessverlauf mit seiner Grundstruktur selbst transformiert – etwa durch die Bearbeitung von Konflikten im Rahmen von Wiedergutmachung/sozialem Ausgleich. Dabei könnte er in eine andere Prozessordnung und einen veränderten Verlauf übergehen.

In der Metapher ausgedrückt: Die Achterbahn verlässt die Schienen und verändert ihre Gestalt. Dieser systemische Gestaltwandel geht einher mit der Emergenz neuer Funktionen und Kompetenzen. Dadurch wird es der „neuen Gestalt" möglich, völlig andere Wege zu erkunden – zum Beispiel ihren Weg in einem Dschungel fortzusetzen.

Die Wahrnehmung der Repräsentanz Konflikt, dass sie sich und die Repräsentanzen Führungskraft und Mitarbeiter:in in unterschiedlichen Zeitdimensionen bewegen, lässt sich mit Scharmers Konzept der „Ich-in-wir"-Qualität erklären. In dieser Feldqualität zeigt sich die Wahrnehmung eines Raums durch einen sich panoramisch erweiternden, vierdimensionalen Zeit-Raum. Stille als Form dieser Zeitwahrnehmung manifestiert dabei etwas, das sich gerade im Entstehen befindet. Ein gemeinsamer Ort stellt dabei ein sinnliches Erleben dar, das über den Sinn der Gegenwart hinausgeht.

Da die Repräsentanz Konflikt die Perspektive einer Beobachterin einnimmt, kann sie ihre Wahrnehmung der Repräsentanzen Führungskraft und Mitarbeiter:in nur vage beschreiben. Mit Scharmer lässt sich dieses Phänomen erklären: Um die Erfahrungen innerhalb des Feldes – etwa die Wahrnehmung des sozialen

Raumes und der sozialen Zeit – tatsächlich zu erfassen, ist es für eine Person erforderlich, sich aktiv auf dieses soziale Feld einzulassen, um darin überhaupt erst ihre Wahrnehmung verändern zu können.

In diesem Zusammenhang könnte sich das Konzept der „Zeitskulptur" als hilfreich erweisen, insbesondere im Kontext des beschriebenen Szenarios. Soziale Schäden wie Beschämung oder Ausgrenzung befinden sich in dem Zeitstrom der sogenannten „gewordenen Zeit" – also einer Vergangenheit, die bis in die Gegenwart hineinwirkt. In den Feldern oder Orten des Transformationsprozesses (wie in dieser Schlüsselszene im Feld zwei, „Affektregulation"), trifft diese gewordene Zeit in der Gegenwart auf den Zeitstrom der „werdenden Zeit" – einer Zukunft, die gerade im Entstehen ist. Darin erkenne ich die Möglichkeit eines transformativen Moments: Die Gegenwart wird bewusst als Gestaltungsraum genutzt, um aus dem Zeitstrom der Verletzungen auszusteigen. Dies eröffnet Personen, sich in den Zeitstrom einer werdenden, auf Gewaltfreiheit und Gleichwertigkeit basierenden Führungsbeziehung hineinzubegeben (Abbildung 7.19).

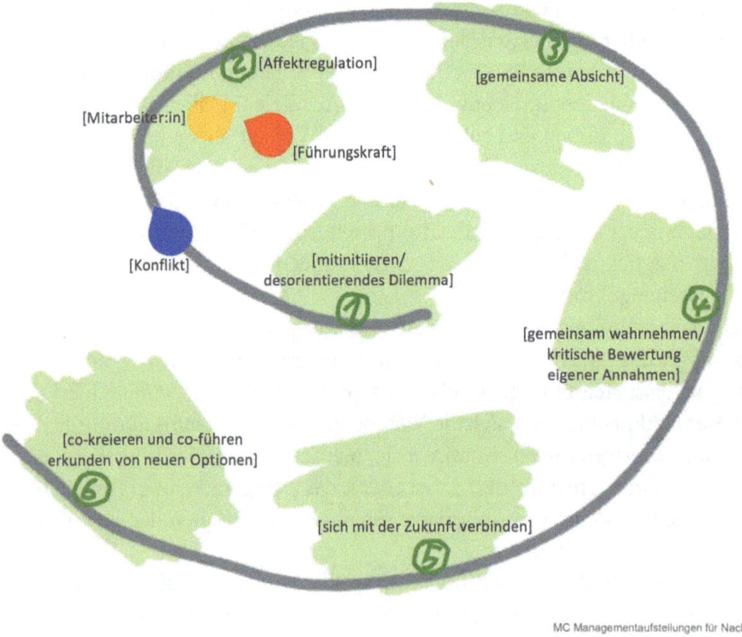

Abbildung 7.19 Schlüsselszene aus Szenario C, Sequenz 3.2 #01:43:57 – 01:45:16

Aus der Interpretation dieser Schlüsselszene bilden sich zwei Erkenntnisse:

- Auch wenn meine aktuelle Darstellung des integrativen Transformationsprozesses bereits Felder und einen eher spiralförmigen Verlauf andeutet, könnte die deutliche Verbindungslinie dennoch zu einer linearen Interpretation führen. Daraus ergibt sich die Notwendigkeit einer hilfreicheren Darstellung, die nichtlineare Verläufe besser abbildet. Eine passende Analogie könnte dafür die Struktur eines Rhizoms und seine Prozesshaftigkeit sein, wie Deleuze und Guattari das beschrieben haben (Deleuze und Guattari 1977). Diese Analogie steht in engem Zusammenhang mit meinem Ansatz (vgl. 5). Im Folgenden ein kurzer Exkurs dazu.

Im Gegensatz zu hierarchischen Strukturen wie Bäumen, die von einem zentralen Punkt ausgehen, verbindet ein Rhizom beliebige Punkte miteinander. Es repräsentiert ein nicht-zentriertes, nicht-hierarchisches System. Ein Rhizom ist weder durch das Einzelne noch durch die Vielheit definierbar – es lässt sich ausschließlich durch die Zirkulation von Zuständen charakterisieren.

Rhizome bestehen aus Dimensionen, nicht aus Einheiten. Sie formen lineare Vielheiten, die sich auf einem sogenannten Konsistenzplan ausbreiten können. Dabei ändern diese Vielheiten ihre Dimensionen und transformieren sich kontinuierlich. (Deleuze und Guattari 1977, S. 34–35). Der Konsistenzplan stellt ein übergeordnetes, dynamisches Feld dar, das die nichtlineare und nichthierarchische Verbindung heterogener Elemente zu einem kohärenten Ganzen ermöglicht. Er ist nicht durch vorgegebene Strukturen oder Hierarchien definiert, sondern durch die Intensität und die Beziehungen zwischen den Elementen. Innerhalb dieses dynamischen Feldes, geprägt von Offenheit und Flexibilität, können Transformationen und Verbindungen stattfinden. (Deleuze und Guattari 1977, S. 34).

In diesem dynamischen Feld beziehungsweise Konsistenzplan, entstehen Plateaus – spezifische Abschnitte intensiver Aktivität. Ein Plateau ist ein in sich geschlossener Bereich ohne feste Anfangs- oder Endpunkte. Es interagiert aber dennoch mit anderen Plateaus und existiert in einem kontinuierlichen Fluss von Intensitäten. Diese Interaktionen sind nicht durch starre Regeln oder Strukturen begrenzt, sondern durch die Dynamik und die Beziehungen innerhalb des Netzwerks. Plateaus sind nicht hierarchisch organisiert und fördern eine vielfältige, intensive Verbindung von Ideen und Prozessen. (Deleuze und Guattari 1977, S. 35–36).

Ein rhizomatischer Prozess zeichnet sich dadurch aus, dass er nichtlinear oder hierarchisch verläuft. Stattdessen basiert er auf Verbindungen und Transformationen, die ohne zentrale Instanz auskommen. Rhizomatische Prozesse sind dynamisch und adaptiv; sie passen sich an unterschiedliche Kontexte an und bleiben offen für Veränderungen. (Deleuze und Guattari 1977, S. 25–28).

In diesem Verständnis stellt der integrative Transformationsprozess ein Rhizom dar, in dem alle sechs Felder einen Konsistenzplan oder ein dynamisches Feld erzeugen. Jedes Feld repräsentiert darin ein Plateau. Menschen erleben beziehungsweise durchleben den Transformationsprozess eher dynamisch adaptiv und nichtlinear – kurz: rhizomatisch.

- Der integrative Transformationsprozess benötigt eine Öffnung, um seine grundlegende Struktur selbst transformieren zu können. Das heißt: Der Prozess braucht Emergenzfelder, aus denen sich alternative Prozessverläufe entwickeln können.
- Die Funktion von Stille ist entscheidend, um in den Zeitstrom einer werdenden Zukunft eintreten zu können. Sie ermöglicht es den Menschen, das gerade Entstehende wahrzunehmen, und erfordert in allen Feldern eine erhöhte Aufmerksamkeit. Dies gilt insbesondere für Feld zwei, „Affektregulation". Hier entsteht vermutlich erstmals Raum, sich affektiv mit Verletzungen aus der Vergangenheit auseinanderzusetzen, Wiedergutmachung zu erfahren und aus dem Zeitstrom der vergehenden Zeit auszutreten.
- Personen, die ihre Haltung zu Autorität transformieren möchten, sollten idealerweise mit dem Wissen und der bewussten Bereitschaft beginnen, ihre Perspektive zu erweitern: von einer primär beobachtenden Systemwahrnehmung hin zu einer stärker erkundenden und mitgestaltenden Feldwahrnehmung. So können sie die Qualitäten der Felder wahrscheinlich überhaupt erst wahrnehmen und gezielt nutzen.
- Das Element der Wiedergutmachung/sozialer Ausgleich kann in der Gegenwart darauf hinweisen, dass ein Wechsel zwischen Zeitströmen möglich ist. Diese Funktion scheint mir in allen Feldern von Bedeutung zu sein.

Aus dieser fünften Schlüsselszene blieb, nach dem Auswertungsprozess, eine erkenntnisleitende These übrig (Tabelle 7.12):

Tabelle 7.12 Irritierende/überraschende Aussage und relevante These zu der fünften Schlüsselszene, zweite Aufstellung

irritierende/überraschende Aussage	These
„das ist so ein bisschen, als wäre ich, während ich und die anderen beiden Elemente so auf unterschiedlichen Ebenen oder wie so in unterschiedlichen Zeitrechnungen unterwegs."	Könnte es sein, dass Wiedergutmachung die Zeitwahrnehmung verändert?

Sechste Schlüsselszene

Szenario C: Wenn die sozialen Schäden ausgeglichen wurden, kann sich in der Folge auch eine neue soziale Ordnung herausbilden. [TH01_02]

Sequenz 3.5 Die Aufstellungsleitung befragt die jeweiligen Repräsentanzen zum zweiten Mal.

Für die Repräsentanz Führungskraft ebenso wie für den:die Mitarbeiter:in stellt das Feld fünf eine Zwischenstation dar. Für die Führungskraft endet der Prozess jedoch nicht mit Feld sechs. Daraus ergibt sich bei ihr die Frage, ob die Zahlenfolge überhaupt eine so große Relevanz besitzt oder ob die Bedeutung vielmehr darin liegt, dass die Repräsentanzen gemeinsam von Insel zu Insel in Bewegung sind. Dabei entsteht bei der Führungskraft der Eindruck, dass sie auf jeder Insel zu einer immer stärkeren Verbundenheit oder zu einem tieferen gemeinsamen Verstehen kommen.

Die Repräsentanz der Mitarbeiter:in ist überrascht, dass die Repräsentanz Konflikt es aushält, neben der Führungskraft und Mitarbeiter:in präsent zu sein, ohne einzugreifen. Die Repräsentanz Konflikt entgegnet daraufhin, dass sie keine Wahl habe. Es falle ihr auch nicht schwer, diese Situation auszuhalten – denn die Möglichkeit einer solchen Wahl stehe ihr nicht zur Verfügung.

Die Führungskraft beschreibt die Repräsentanz Konflikt als etwas, das eine andere Qualität aufweist als die Repräsentanzen Führungskraft und Mitarbeiter:in. Gerade deshalb sei die Konstellation so, wie sie ist – und genau das sei auch gut so.

Die Beschreibung der Repräsentanz Konflikt überraschte mich: Weniger die Reihenfolge der Felder sei entscheidend, sondern eher die gemeinsame Bewegung. Diese führe zu einer immer stärkeren Verbundenheit oder einem tieferen gemeinsamen Verständnis. Diese Gründe führten zur Auswahl dieser Szene.

- Bild der Szene und korrespondierender Auszug aus dem Transkript:

  Aufstellungsleitung (02:02:37): „Okay. Gibt es von Gelb [Mitarbeiter:in] oder Rot [Führungskraft] noch was dazu zu sagen, was Blau [Konflikt] jetzt gesagt hat?"
  Rot [Führungskraft] (02:02:46): „Rot findet auch: also Blau [Konflikt] hat absolut recht mit der Zwischenstation. Und es ist auch mit sechs nicht zu Ende. Und ich weiß gar nicht, ob diese Zahlen 5-6-4, ob das so eine Relevanz hat – sondern die Relevanz hat eher, dass wir von Insel zu Insel gemeinsam in Bewegung sind und dass wir jede, auf jeder Insel, habe ich so den Eindruck, immer mehr eine stärkere Verbundenheit oder ein tieferes gemeinsames Verstehen bekommen."
  Gelb [Mitarbeiter:in] (02:03:18): „Gelb hat noch den Impuls zu sagen: es überrascht, dass Blau [Konflikt] das aushält. Also da jetzt daneben zu sein. So bei Gelb [Mitarbeiter:in] und Rot [Führungskraft], ohne einzugreifen."
  Blau [Konflikt] (02:03:33): „Blau würde sagen, es hat keine Wahl. Also mir fällt es tatsächlich auch nicht schwer, das auszuhalten, aber es hat auch keine Wahl, das blaue Element."
  Rot [Führungskraft] (02:03:41 – 02:03:53): „Und Rot würde sagen: Blau [Konflikt] ist irgendwie was, hat eine andere Qualität als – Blau, hat eine andere Qualität als Rot und Gelb [Mitarbeiter:in]. Und deswegen ist das so und ist es gut."

- Eine reflexive Interpretation dazu:

  Dass das Feld „sich mit der Zukunft verbinden" sowohl für die Perspektive der Führungskraft als auch der Mitarbeiter:in nur eine Zwischenstation darstellt, ist nachvollziehbar. Letztlich fungiert jedes Feld in einem Transformationsprozess als eine Art Übergangspunkt zum nächsten. Besonders interessant ist die Beobachtung, dass weniger die Reihenfolge der Felder als vielmehr die Bewegung an sich entscheidend ist. Aus dieser Dynamik scheint eine zunehmende Verbundenheit und ein tieferes gemeinsames Verständnis zu entstehen.

  Diese Bedeutung könnte bereits Ausdruck der im fünften Feld sichtbaren, zukünftigen Qualität einer neuen Ordnung sein – vor dem Hintergrund des Szenarios „Wenn die sozialen Schäden ausgeglichen wurden, kann sich in der Folge auch eine neue soziale Ordnung herausbilden". Dass diese Qualität sowohl die Führungskraft als auch den:die Mitarbeiter:in in Feld fünf (erstmalig) benennen, könnte darauf hindeuten, dass sie sich bereits mit der Zukunft verbinden.

  Daraus lässt sich ableiten, dass die gemeinsame Konfliktbearbeitung im Transformationsprozess das zentrale Element darstellt. Ziel ist es, in der

Führungsbeziehung eine stärkere Verbundenheit und ein tieferes gemeinsames Verständnis zu schaffen – nahezu unabhängig von der Reihenfolge der Feldbewegung.

Bemerkenswert ist zudem, dass der Konflikt als eine andere Qualität wahrgenommen wird und sich gleichzeitig selbst als solche wahrnimmt. Hier scheint sich ein Unterschied zwischen dem Felderleben von Führungskraft und Mitarbeiter:in auf der einen Seite und der Systemwahrnehmung durch den Konflikt auf der anderen Seite zu zeigen. Dies entspricht der Unterscheidung zwischen Feld und System nach Scharmer (Abbildung 7.20).

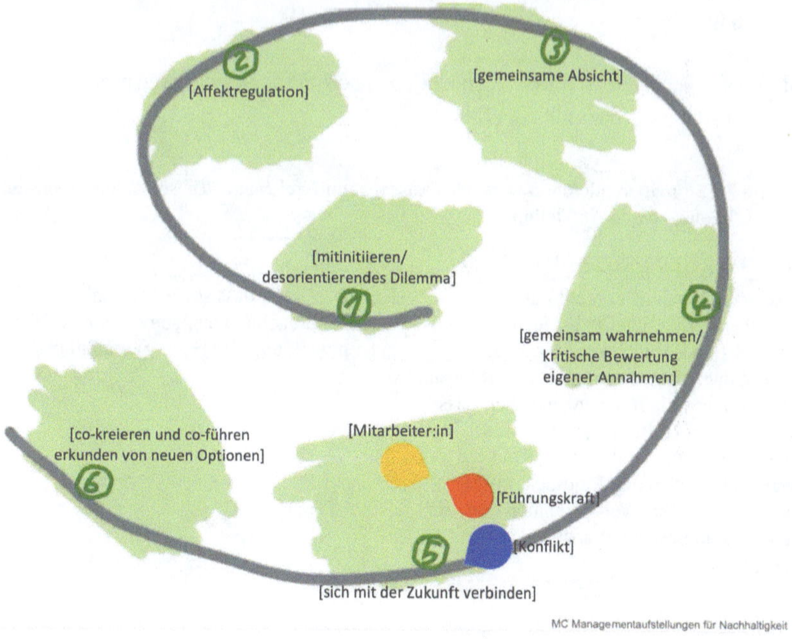

Abbildung 7.20 Schlüsselszene aus Szenario C, Sequenz 3.5 #02:02:37 – 02:03:53

Aus der Interpretation dieser Schlüsselszene bildet sich eine Erkenntnis:

– Die Nichtlinearität und der Kontext (soziale Schäden ausgleichen – Bildung neuer Ordnung) beeinflussen den Transformationsprozess erheblich. Dadurch scheint es plausibel, dass die Reihenfolge, in der Menschen diesen Prozess durchlaufen, eine eher zweitrangige Rolle spielt. Dies gilt wahrscheinlich insbesondere, wenn bereits eine Form von Wiedergutmachung/sozialem Ausgleich zwischen Führungskraft und Mitarbeiter:in stattfand. In solchen Fällen rückt die gemeinsame Bewegung von Feld zu Feld stärker in den Fokus. Diese Dynamik dürfte die Führungsbeziehung festigen und ein tieferes gegenseitiges Verständnis fördern.

Eine neue Ordnung könnte beispielsweise ein verändertes Verständnis im Umgang mit Hierarchie bedeuten. Dies könnte in der Folge sogar eine strukturelle Veränderung von Hierarchie bewirken. Eine Neuordnung könnte aber auch bedeuten, dass die Abfolge der bearbeiteten Felder aus der Beziehungsdynamik zwischen Führungskraft und Mitarbeiter:in während der Konfliktbearbeitung entsteht.

Aus dieser sechsten Schlüsselszene blieb, nach dem Auswertungsprozess, eine erkenntnisleitende These übrig (Tabelle 7.13):

Tabelle 7.13 Irritierende/überraschende Aussage und relevante These zu der sechsten Schlüsselszene, zweite Aufstellung

irritierende/überraschende Aussage	These
„also Blau hat absolut recht mit der Zwischenstation. Und es ist auch mit sechs nicht zu Ende. Und ich weiß gar nicht, ob diese Zahlen 5-6-4, ob das so eine Relevanz hat – sondern die Relevanz hat eher, dass wir von Insel zu Insel gemeinsam in Bewegung sind und dass wir [.] auf jeder Insel, habe ich so den Eindruck, immer mehr eine stärkere Verbundenheit oder ein tieferes gemeinsames Verstehen bekommen."	Könnte es sein, dass sozialer Ausgleich/ Wiedergutmachung den gemeinsamen Blick auf Entwicklung (Bewegung) ermöglicht?

Weitere, während des Transkriptionsprozesses entstandene, erkenntnisleitende Thesen

Während des Transkriptionsprozesses sind einige erkenntnisleitende Thesen entstanden, die ich als äußerst nützlich und originell bewerte – auch wenn die Co-Forscher:innen dies im Durchschnitt anders einschätzten. Dennoch möchte ich diese Ideen in den Forschungsprozess einbringen, da Personen mit einem starken

Praxisfokus oft das Neue oder Andersartige an „dem Neuen“ noch nicht erkennen, wie ich bereits in Unterkapitel 7.2.1 erläutert habe (Tabelle 7.14).

Tabelle 7.14 Weitere erkenntnisleitende Thesen aus dem Transkriptionsprozess

irritierende/überraschende Aussage	These
(00:12:45) „Ich [habe] irgendwie das Gefühl, ich habe [..] diese Spirale irgendwie in mir [..] es ist so ein bisschen, als wäre ich wiedergeboren worden. [Ich] habe diese Spirale nicht im Kontext A erlebt, sondern irgendwann vorher schon.“	Könnte es sein, dass ein prototypischer Beziehungskonflikt eine zeitübergreifende Transformationsstruktur repräsentiert?
(00:40:00) „das ist gut, dass Blau da ist. Das ist da irgendwie wie der Rettungshubschrauber, der da steht, falls irgendwas passiert.“	Könnte es sein, dass die Bindung/ Beziehung durch den Konflikt ein verlässlicher Ort im unbekannten Gelände darstellt?
(01:28:30) „dass Rot irgendwie wie aus einer anderen Zeit kommt. Also, als wäre das System oder der Kontext B irgendwie in der Zukunft und Rot wäre aber noch aus der Vergangenheit und würde versuchen, dieses System mit den alten Regeln und Mustern zu bespielen.“	Könnte es sein, dass verschiedene Menschen in einem gemeinsamen Transformationsprozess diesen in ihrer jeweiligen Zeitdimension gleichzeitig durchlaufen können?
(02:01:46) „dass sich auf eine Art diese einzelnen Stationen zu wiederholen. Aber jetzt gar nicht, dass immer das Gleiche passiert, sondern dass es halt so stetig ist. Also, es hat so eine Prozesshaftigkeit. Blau fängt langsam an so zu verstehen welche [..] dieses schienen- und zughaftige [..] was Blau als Element mit reinbringt“	Könnte es sein, dass es eine Art Beobachter:in braucht, um die Stetigkeit/ Verlässlichkeit eines konfliktären Transformationsprozesses als eine Form nicht-personaler Führung wahrnehmen zu können?

Bewertung aller erkenntnisleitenden Thesen aus der zweiten Aufstellung
Dem Auswertungsprozess nach Merk weiter folgend, bewerte ich in Schritt 5 die relevanten, erkenntnisleitenden Thesen aus der Erkundungsaufstellung 2. Die Bewertung folgt, mit Einzug abgesetzt, unterhalb der jeweiligen These in der Logik: „Wenn die These so stimmt, dann kann das bedeuten…".

- Als nützlich bewertete These aus der ersten Schlüsselszene: „Könnte es sein, dass sowohl Führungskräfte als auch Mitarbeiter:innen ausreichend Zeit und Raum brauchen, um sich ihrem desorientierenden Dilemma bewusst zu werden beziehungsweise sich damit „spielerisch" zu beschäftigen?"

  Führungskräfte und Mitarbeiter:innen benötigen Räume, um sowohl autoritäre als auch antiautoritäre Haltungen zur Autorität mit Leichtigkeit („spielerisch") zu erkunden. Solche Experimentierräume können durch verschiedene Formen entstehen, etwa durch Methoden aus Psychodrama, Soziodrama, Theaterpädagogik, Kunsttherapie, Waldpädagogik oder körperorientierten Ansätzen. Wichtig ist, dass diese Angebote individuell unterschiedliche Zugänge ermöglichen, damit jeder Mensch das Dilemma von Autorität und deren Alternativen auf seine Weise erleben kann.

  Ziel ist es, bewusst Desorientierung, Ratlosigkeit und Hilflosigkeit zuzulassen, um Raum für einen inneren Suchprozess zu öffnen. Dieser Prozess kann dann die Motivation wecken, eigenständig nach einer neuen Haltung zur Autorität zu suchen. Aufgrund der persönlichen Biografie jedes Individuums, insbesondere im beruflichen Kontext von Führung und Autorität, ist dieser Weg zutiefst individuell und geschieht in der eigenen Zeit und Tiefe der jeweiligen Person.

  Die Herausforderung bleibt jedoch, diese individuellen Transformationsprozesse in einer Organisation so zu vernetzen, dass sie ein Erleben eines gemeinsamen Prozesses ermöglichen.

- Als nützlich bewertete These aus der zweiten Schlüsselszene: „Könnte es sein, dass sich im Zwischenraum – wenn wir aufhören, ans Ziel kommen zu wollen – sich ein Mehr an Möglichkeiten zeigt, als wir [zunächst, Anm. d. Autors] dachten?"

  Ein bewusster Umgang mit dem Verständnis von Zielen ist essenziell für den Transformationsprozess. Das transaktionale Zielverständnis beschreibt ein eher lineares Erreichen eines im Ist-Zustand definierten Soll-Zustandes (Young et al. 2021, S. 1270–1271). Dieses Verständnis folgt einer Veränderungslogik und steht im Gegensatz zur Transformationslogik. In der Transformationslogik nimmt das Ziel während des Prozesses immer mehr Gestalt an; die neue Form entwickelt sich erst durch die Transformation selbst. Dafür ist eine neue Ziel-Epistemologie erforderlich. Diese Hinterfragung der Ziel-Epistemologie sollte idealerweise gleich zu Beginn des Transformationsprozesses, also in Feld eins, stattfinden – oder zumindest dort beginnen. In jedem Fall sollte sich diese Reflexion in Feld vier, dem „kritischen Hinterfragen eigener Annahmen", vollziehen.

Der integrative Transformationsprozess ist rhizomatisch, wodurch Menschen die Felder mehrfach durchlaufen oder einige gleichzeitig bearbeiten können. Es ist denkbar, dass sich für bestimmte Themen – wie das Verständnis von Zielen – Feld vier mit Feld eins überlagert. Dabei könnte ein weiteres, desorientierendes Dilemma entstehen. Dieses verbindet die kritische Bewertung eigener Annahmen über Ziele mit der Energie, die aus dem Dilemma unterschiedlicher Autoritätshaltungen entsteht. Das könnte gleich zu Beginn diesen Zwischenraum während des gesamten Transformationsprozesses öffnen, in dem sich ein Mehr an Möglichkeiten zeigt.

- Als nützlich bewertete These aus der dritten Schlüsselszene: „Könnte es sein, dass Energie immer vorhanden ist – sie muss nur in Bewegung gebracht werden? Dabei wirken Ausprägung und Richtung auf den ganzen Raum – und unterschiedlich."

  Die *ba*-Theorie kann diese These untermauern. Die „immer vorhandene Energie" verweist auf eine topozentrische Repräsentation. Diese beschreibt einen gemeinsamen Raum-Zeit-Bereich, den interagierende Menschen teilen, indem sie sich wechselseitig und simultan wahrnehmen – sowohl durch den Ausdruck als auch durch die Rezeption. Dieser Aspekt wird als Co-Präsenz bezeichnet und ist eine zentrale Facette des primären *ba*. Durch Bewegung wird diese Beziehung als „Energie" erfahrbar. Das Bewusstsein dient hierbei als Konvergenzpunkt zwischen dem primären und sekundären *ba*. Artikulation erzeugt das sekundäre *ba* durch die Trennung von Subjekt und Objekt.

  Ideologien, Theorien, Menschen oder auch Gruppen beeinflussen die Ausprägung und Richtung dieser Energie. Sie gestalten – auch mit ihren Bewusstseinen – damit das „soziale Gravitationsfeld", welches den umgebenden Sozialraum strukturiert.

  Letztlich bedeutet dies, dass Menschen in einem konfliktären Transformationsprozess durch bewusste Interaktion und Artikulation Energie für eine gemeinsame Richtung aktivieren können – in diesem Fall für die Absicht, gewaltfreie, gleichwertige und zielorientierte Beziehungen zu gestalten.

- Als nützlich bewertete These aus der vierten Schlüsselszene: „Könnte es sein, dass wir nicht gelernt haben, dass eine unserer größten Stärken darin liegt, die Unterstützung anderer Menschen zu beanspruchen?"

Die „kritische Reflexion eigener Annahmen“ in Feld vier sollte sich auch mit dem Thema „um Unterstützung bitten“ beschäftigen, mit Leitfragen wie zum Beispiel: Erlaube ich mir, Unterstützung in Anspruch zu nehmen?

Zum anderen ist wahrscheinlich auch eine Affektregulation im Hinblick auf Scham erforderlich. Menschen, die den Anspruch an sich haben, alles allein bewältigen zu „müssen“, könnten ahnen, dass sie mit Unterstützung wirksamer wären. Doch solch eine Erkenntnis könnte einem Eingeständnis von Scheitern gleichen und (innere) Scham auslösen. Da Scham neuronale Verbindungen zu Schmerz aufweist, könnten manche Menschen aus Schamabwehr darauf verzichten, um Hilfe zu bitten – oder sogar vermeiden, es zu lernen (Piretti et al. 2023, S. 9).

- Als nützlich bewertete These aus der fünften Schlüsselszene: „Könnte es sein, dass Wiedergutmachung die Zeitwahrnehmung verändert?“

  Das Element Wiedergutmachung/sozialer Ausgleich der Transformativen Autorität erfüllt eine weitere Funktion, indem es die Zeitskulptur der Gegenwart formt: Es kann wesentlich dazu beitragen, Erlebnisse aus der Vergangenheit – die bis in die Gegenwart hineinwirken – überwiegend abzuschließen oder ihre Bedeutung zu verändern. Durch die reziproke und strukturelle Kopplung von Raum- und Zeitsystemen beeinflusst es damit sowohl die Wahrnehmung als auch die Erzeugung von Realität und Gegenwart.

- Als nützlich bewertete These aus der sechsten Schlüsselszene: „Könnte es sein, dass sozialer Ausgleich/Wiedergutmachung den gemeinsamen Blick auf Entwicklung (Bewegung) ermöglicht?“

  Wie bereits zuvor beschreiben, besteht die zusätzliche Funktion des Elements Wiedergutmachung/sozialer Ausgleich darin, Zeitskulpturen der Gegenwart zu formen. Dadurch können Menschen Erlebnisse aus ihrer Vergangenheit überwiegend abschließen. Das ermöglicht ihnen in der Folge, in den Zeitstrom der werdenden Zeit einzutreten – der ihre Wahrnehmung für Entwicklung und Bewegung in Richtung Zukunft öffnet.

Auch die erkenntnisleitenden Thesen, die während des Transkriptionsprozesses entstanden und ich sowohl als originell und nützlich erachte, bewerte ich ebenfalls nach derselben Logik.

- „Könnte es sein, dass ein prototypischer Beziehungskonflikt eine zeitübergreifende Transformationsstruktur repräsentiert?“

Mit dem Konzept der Konflikttransformation lassen sich Konfliktbearbeitungsprozesse auch als umfassende Transformationsprozesse begreifen. Eine transformative Konfliktbearbeitung kann strukturelle und relationale Veränderungen bewirken – sowohl innerhalb des Konflikts als auch im umgebenden System. Darin unterscheidet sie sich von der Konfliktlösung, die sich oft auf den Lösungsversuch spezifischer Probleme beschränkt. (Mitchell 2002, S. 2–3, 2002, S. 5).

Exkurs: Phasen der Konflikttransformation:

- Konfliktbildung: Diese Phase kennzeichnen unvereinbare Interessen und die aktive Mobilisierung von Unterstützung.
- Transformation: Qualitative Veränderungen treten ein und beeinflussen Akteur:innen, Themen, Regeln sowie Strukturen.

Die Transformation vollzieht sich auf mehreren Ebenen:

- Persönliche Ebene: Beteiligte stärken ihre Eigenverantwortung und erfahren Anerkennung, was moralisches Wachstum und gegenseitige Empathie fördert.
- Strukturelle Ebene: Tiefgreifende Veränderungen der Systemstrukturen schaffen die Basis für eine nachhaltige Konfliktlösung.
- Beziehungsebene: Konfliktbeteiligte wandeln feindliche Beziehungen zu friedlichen Verhältnissen, die Gleichheit und Gegenseitigkeit betonen.
  (Mitchell 2002, S. 5–12).

Daraus leite ich ab, dass Führungskräfte und Mitarbeiter:innen Konflikte in ihren Autoritätsbeziehungen gezielt nutzen können, um einen Transformationsprozess zu beginnen. Dieser Prozess verwandelt sehr wahrscheinlich nicht nur die Konfliktdynamik, sondern auch die Autoritätsverständnisse aller Beteiligten. Die von mir entwickelten Felder des integrativen Transformationsprozesses lassen sich für eine gezielte Orientierung während der Konfliktbearbeitung nutzen (vgl. 5).

- „Könnte es sein, dass die Bindung/Beziehung durch den Konflikt ein verlässlicher Ort im unbekannten Gelände darstellt?"

  Der Konflikt und das daraus entstehende Konfliktsystem stellen ein eigenes Feld (Gravitationsfeld) dar, einen Ort, der sich aus sich selbst herausbildet. Je nach Feld des integrativen Transformationsprozesses können bei den Beteiligten Orientierungslosigkeit und Hilflosigkeit auftreten. Dies geschieht vermutlich vor allem dann, wenn sie sich erstmals mit Gedanken beschäftigen, die nicht aus dem fortlaufenden Zeitstrom vergangener Überlegungen hervorgehen, sondern aus einem werdenden Zeitstrom. Dadurch entsteht in der Regel eine irritierende Andersartigkeit, die Menschen als neu und ungewohnt wahrnehmen. Was in diesem Wandel jedoch bleibt, ist die Konfliktbeziehung als stabilisierender Ort, an dem noch weiterhin bekannte Kommunikations- und Beziehungsmuster gelten. Diese bieten ein Stück Verlässlichkeit in einem offenen Prozess – insbesondere, wenn sie mit Bindungsangeboten verknüpft sind (Feeney und Fitzgerald 2019, S. 127).

Um diese Perspektive einnehmen zu können, bedarf es einer anderen oder erweiterten Epistemologie von Konflikt. Daraus ergibt sich, dass die Beteiligten den Konflikt nicht zu schnell bearbeiten und schon gar nicht auflösen sollten, damit er seine Funktion als verlässlicher Anker erfüllen kann. Ergänzend dazu sind Interventionen erforderlich, die auf der Bindungstheorie basieren, um die Beziehung im Konflikt zu stärken. Beispiele hierfür sind empathische Reflexion, ein Verständnis für konfliktverstärkende Trigger sowie der emotionale und konstruktive Umgang damit. (Feeney und Fitzgerald 2019, S. 130). Der Konfliktbearbeitungsstil der Transformativen Autorität bietet in diesem Zusammenhang hilfreiche Ansätze, wie zum Beispiel Deeskalation und Beharrlichkeit oder auch Wiedergutmachung/sozialer Ausgleich (vgl. 3.1). Er basiert auf der epistemologischen Grundlage der Neuen Autorität, die stark mit der Bindungstheorie verwoben ist (vgl. 3.1), und kann wertvolle Impulse für bindungsorientierte Formen der Konfliktbearbeitung bieten.

– „Könnte es sein, dass verschiedene Menschen in einem gemeinsamen Transformationsprozess diesen in ihrer jeweiligen Zeitdimension gleichzeitig durchlaufen können?“

  Menschen können sich gemeinsam durch den Transformationsprozess bewegen, auch wenn sie sich währenddessen in unterschiedlichen Feldern befinden. Die Verbindung entsteht durch die gemeinsame Bewegung im Prozess und nicht notwendigerweise durch die gleichzeitige Bearbeitung derselben Felder. Das ermöglicht, dass sich jede Person in ihrem eigenen Tempo und in einer für sie passenden oder sich ergebenden Reihenfolge von Feld zu Feld bewegen kann. Damit jedoch eine gemeinsame Wahrnehmung und Absicht entstehen können, sind Raum und Zeit für die Reflexion dieser individuellen Erfahrungen wichtig, insbesondere bei unterschiedlichen

Reihenfolgen der Feldbearbeitung. Auf diese Weise kann sich das „Ich-im-wir“ (als normativ gegebene Absicht der transformativen Autoritätshaltung) bereits während des Transformationsprozesses manifestieren.

– Könnte es sein, dass es eine Art Beobachter:in braucht, um die Stetigkeit/Verlässlichkeit eines konfliktären Transformationsprozesses als eine Form nicht-personaler Führung wahrnehmen zu können?

Durch die Dynamik des Konflikts entsteht oft ein Konfliktsystem, das die Wahrnehmung der Konfliktparteien zunehmend einschränkt. Daher fällt es ihnen vermutlich schwer, den stetigen Verlauf eines Transformationsprozesses mit seinen typischen Phasen oder Feldern als eine Form verlässlicher Führung zu erkennen. Denn diese Führung wird nicht von einer einzelnen Person ausgeübt, sondern wirkt als Prozessdynamik, die ihr dennoch Orientierung geben und sie durch die Konfliktbearbeitung leiten kann. Um diese transformative, nicht-personale Führung wahrnehmen zu können, bedarf es einer beobachtenden Funktion, die diese Perspektive eröffnet.

Diese Funktion können Transformationsbegleiter:innen übernehmen, beispielsweise andere Führungskräfte, Kolleg:innen aus der Mitarbeiter:innen-Vertretung oder dem Personalbereich, interne oder externe Coaches, Mediator:innen und weitere Unterstützende. Damit diese „Beobachter:innen“ ihre Wirkung entfalten können, ist es – wie bei Konflikten üblich – entscheidend, dass die Konfliktparteien sie als allparteilich akzeptieren.

8 Ergebnisse im Überblick

Bevor ich die Ergebnisse und ihre Implikationen ausführlicher reflektiere, bündele ich die zentralen Beiträge dieser Arbeit in vier Kernunterscheidungen. Sie markieren die Linien, entlang derer ich den Begriff Transformative Autorität theoretisch und empirisch weiterentwickle.

1. Konfliktlösung und Konfliktbearbeitung
   Ich unterscheide Konfliktlösung von Konfliktbearbeitung. Konfliktbearbeitung verstehe ich weniger als möglichst rasche Beseitigung von Differenzen, sondern als einen Ort für Transformation, an dem Menschen Spannungen halten, bearbeiten und in ihrer transformativen Bedeutung erkennen und nutzen können.
2. Person und Beziehungsfeld
   Ich verschiebe das bisherige Autoritätsverständnis von der Person in das Beziehungsfeld. Autorität entsteht damit nicht allein aus Position, Rolle oder persönlicher Zuschreibung, sondern im Zusammenwirken von Präsenz, Resonanz, Beziehungsgestaltung und Kontext.
3. Linearität und Rhizomatik
   Ich ersetze lineare Vorstellungen von Konflikt- und Transformationsprozessen durch eine rhizomatische Dynamik. Transformation erscheint damit als ein simultan wechselwirkendes, emergentes und mehrdimensionales Feldgeschehen – nicht als Abfolge klar trennbarer Phasen oder Schritte.
4. Beobachten und Co-Forschen
   Ich erweitere den Forschungsprozess selbst, indem ich zwischen Beobachten und Co-Forschen unterscheide. Dadurch mache ich Macht sowohl zum Gegenstand der Untersuchung als auch zu einer wirksamen Kategorie für die Reflexion des eigenen Erkenntnisprozesses.

F. Baumann-Habersack, *Transformative Autorität*,
https://doi.org/10.1007/978-3-658-51824-0_8

Diese vier Unterscheidungen bilden den verdichteten Ausgangspunkt für die folgende Reflexion der Ergebnisse. Sie eröffnen, dass sich Transformative Autorität in meiner Studie weder als Führungsstil noch als Eigenschaft einzelner Personen versteht, sondern als ein relationales und prozesshaftes Geschehen, das sich in Konflikten, Beziehungen und organisationalen Feldern rekonstruieren lässt.

In diesem Kapitel verknüpfe ich die Ergebnisse aus dem Theorieteil mit den Erkenntnissen des empirischen Teils. Dazu gehören der Theorieansatz der Transformativen Autorität, der Ansatz meines integrativen Transformationsprozesses, die Ergebnisse und Einsichten zum Konfliktstil der Transformativen Autorität, die Erkenntnisse aus der zweiten Erkundungsaufstellung sowie die erkenntnisleitenden Thesen aus dem Transkriptionsprozess dieser Aufstellung.

Die Darstellung erfolgt in dieser Reihenfolge. Am Ende des Kapitels fließen die empirischen Erkenntnisse in eine Überarbeitung des integrativen Transformationsprozesses ein, sodass sich die Zusammenhänge zwischen Theorie, empirischer Rekonstruktion und Modellweiterentwicklung nachvollziehen lassen.

In diesem Kapitel führe ich lediglich einen neuen Inhalt ein, der einer gesonderten Quellenangabe bedarf.

8.1 Ergebnisteil: Theoretische Grundlagen der Transformativen Autorität

Durch die Integration der Personzentrierten Systemtheorie mit den feldtheoretischen Ansätzen von Lewin, Ciompi, Scharmer und Shimizu erhalten die theoretischen Grundlagen der Transformativen Autorität Kontur. Deren sieben Elemente wirken dabei als Feldkräfte, die individuelle wie kollektive Umwelten mitgestalten und Konflikte als Katalysatoren für (potenzielle) qualitative Ordnungsübergänge nutzen. Auf diese Weise kann sich eine eher gewaltfreie, auf Gleichwertigkeit basierende Führungspraxis herausbilden. Sie wirkt dynamisch auf Wahrnehmung, Verhalten sowie soziale Systeme ein und lässt in einem Prozess der Sinnbildung neue Ordnungen emergieren.

Vor diesem Hintergrund zeigt sich ein epistemologischer Unterschied im Verständnis von Konflikten zwischen der Transformativen Autorität und traditionellen Konfliktbearbeitungsansätzen (vgl. 3.1): Während die Transformative Autorität Konflikte als Ausgangspunkte für potenzielle neue Ordnungen versteht, können traditionelle Bearbeitungsformen deren Potenzial für Ordnungsübergänge nicht konzeptualisieren. Darüber hinaus geben sie keine gewaltfreie und auf Gleichwertigkeit basierende Führungspraxis als normatives Ziel aus.

Im Sinne Lewins betrachte ich die Transformative Autorität als psychologisches Feld (Lebensraum), das durch die strukturelle Kopplung von Wahrnehmung, Umwelt und Handlungen entsteht. Diesen Raum prägen Werte, die Anziehungs- oder Abstoßungskräfte erzeugen, während Ziele als dynamische Kraftfelder wirken. Affektive und kognitive Prozesse können diese Ziele zusätzlich verstärken. Die Personzentrierte Systemtheorie erweitert meinen Ansatz, indem sie die Wechselwirkungen zwischen körperlichen, psychischen, mikro- und makrosozialen Prozessen als feldartige Dynamik konstruiert. In Führungsbeziehungen stehen Konflikte damit für eine Form von Spannungsfeldern, die qualitative Übergänge zwischen relativ stabilen Ordnungszuständen auslösen können. Im Kontrast hierzu fehlen den traditionellen Konfliktbearbeitungsstilen (vgl. 3.1) sowohl eine feldtheoretische Perspektive auf Konflikte als auch die Theorie von Ordnungszuständen selbstorganisierter Systeme.

Durch die Perspektive Ciompis lassen sich die affektiven und kognitiven Prozesse der Transformativen Autorität als eine Art Gravitationskraft verstehen, die Wahrnehmung, Emotionen und Verhalten strukturiert. Bestehende Ordnungen lassen sich so stabilisieren oder destabilisieren, was tiefgreifende Veränderungen ermöglichen kann. Konflikte können in diesem Zusammenhang Ordnungsübergänge beschleunigen, die alle Prozessebenen durchziehen. Ich verstehe daher die sieben Elemente der Transformativen Autorität auch als Knotenpunkte in einem Netz. Diese wechselwirken mit individueller Wahrnehmung, sozialer Dynamik und makrosozialen Strukturen.

Meine Sichtweise lässt sich mit Scharmers Konzept der Feldqualitäten – „Ich-in-dir“ und „Ich-in-wir“ als transformative Beziehungsfelder – weiter verstärken. Diese Felder tragen dazu bei, dass sich die Elemente Reflexion sowie Führungsnetzwerk/-koalition als Kräfte des Wandels über individuelle Grenzen hinaus in den sozialen Raum ausbreiten können. Das eröffnet Möglichkeiten, Führung als gemeinschaftlichen Prozess zu gestalten. Führungsnetzwerke, verstanden als kollektive Felder, unterstützen dabei die Verfolgung gemeinsamer Ziele. Gleichzeitig können Elemente wie Wiedergutmachung/sozialer Ausgleich, Beharrlichkeit und Deeskalation Zeit und Raum in tiefgreifende Resonanzräume umwandeln – die Transformationsprozesse fördern können.

Shimizus Konzept des *ba* (eines relationalen Raum-Zeit-Bereichs) bereichert diesen Ansatz, indem es physische, psychische und soziale Dimensionen holistisch sowie gleichzeitig mit ihren Unterschieden integriert. Jedes der sieben

Elemente der Transformativen Autorität betrachte ich als Holon: eine selbstorganisierende Einheit, die sowohl eigenständig als auch gleichzeitig Teil eines größeren Systems ist. Deren Beziehungen sowie die Art ihrer Beziehungsgestaltung (Relatone) prägen die Dynamik des Gesamtsystems und können Ordnungs-Ordnungs-Übergänge befördern. Diese Wechselwirkungen lassen sich als transformative Prozesse begreifen, die sich auf allen Prozessebenen der Personzentrierten Systemtheorie entfalten.

8.2 Ergebnisteil: integrativer Transformationsprozess

Ich verknüpfe die Theorie des transformativen Lernens und die Theorie U zu einem integrativen Transformationsmodell, das deren jeweilige Stärken kombiniert. Eine solche Zusammenführung findet sich in der Literatur bisher nicht.

Beide Theorien betonen intensive Reflexion, kritische Prüfung bestehender Annahmen und Offenheit für neue Perspektiven. Mezirow konzentriert sich vor allem auf kognitive Prozesse, während die Theorie U diese Perspektive um emotionale und somatische Dimensionen erweitert. Außerdem hebt sie die Mitgestaltung einer emergierenden Zukunft durch Empathie und Intuition hervor. Auf diese Weise entsteht ein integrativer Transformationsansatz, der sowohl kognitive, emotionale als auch praktische Aspekte miteinander verwebt.

Studien konstatieren, dass Transformation eher gelingt, wenn Menschen Körper, Geist und Seele miteinbeziehen. Weitere Forschungsergebnisse zeigten zudem, dass kritische Reflexion, transformative Lernprozesse und daraus resultierende Handlungen weitreichende Veränderungen in Organisationen begünstigen: Führungskräfte, die ihre Annahmen und Verhaltensweisen hinterfragen und anpassen, steigern die Anpassungsfähigkeit ihrer Organisationen gegenüber externen Anforderungen.

Aufgrund meiner rund 30-jährigen Berufserfahrung im Kontext von Wandel sowie der dargestellten Theorien kombiniere ich die beide Transformationsprozesse zu einem Prozess der Transformation von Führungsautorität. Da Transformationsprozesse nichtlinear verlaufen, nutze ich statt „Phasen“ oder „Schritte“ den Begriff „Feld“ im Sinne Ciompis: Jedes Transformationsfeld stellt eine hochverdichtete Form von Information dar, die durch Kommunikation eine Art Gravitationskraft aufbaut und damit Kräfte in eine bestimmte Richtung lenkt. Die Felder formen gemeinsam einen übergreifenden Ort im Verständnis von Shimizu, in dem sich die beteiligten Akteur:innen in Co-Präsenz wahrnehmen. Diese Wahrnehmung erschafft einen interaktiven Raum-Zeit-Bereich, in dem gewordene und werdende Zeit im Jetzt zusammenwirken.

Mein Transformationsmodell weist sechs Felder auf, in denen sich die Kernelemente des transformativen Lernens und der Theorie U verdichten. Die Nummerierung ist prototypisch und betont die inhaltliche Logik, ohne eine starre beziehungsweise lineare Reihenfolge vorzugeben.

Im ersten Feld, **mitinitiieren/desorientierendes Dilemma**, zeigt sich das Spannungsfeld zwischen autoritären und antiautoritären Haltungen. Offene Diskussionen über anstehende Herausforderungen können hier den Impuls geben, einen Transformationsprozess einzuleiten.

Im zweiten Feld, **Affektregulation**, regulieren die Akteur:innen Gefühle wie Angst, Wut, Schuld oder Scham. Dadurch bleiben beziehungsweise werden sie affektiv arbeitsfähig und können sich konstruktiv dem nächsten Feld zuwenden.

Im dritten Feld, **gemeinsame Absicht**, einigen sich die Beteiligten auf eine konkrete Form von Autorität – Transformative Autorität – die Gewaltfreiheit, Gleichwertigkeit und ein „Ich-in-wir“-Bewusstsein in Führungsbeziehungen anstrebt.

Im vierten Feld, **gemeinsam wahrnehmen/kritische Bewertung eigener Annahmen**, reflektieren die Menschen im Transformationsprozess Macht, Autorität, Gewalt, Führen und Folgen sowie Freiwilligkeit und Zwang. Sie erkennen historische und persönliche Hintergründe und realisieren, dass Unzufriedenheit mit autoritär-antiautoritären Mustern häufig systemisch bedingt ist.

Im fünften Feld, **sich mit der Zukunft verbinden**, entsteht das Bedürfnis, Führung und Autorität neu zu denken. Die beteiligten Personen richten sich auf eine emergierende Zukunft aus, in der sie sich von überkommenen Mustern (beginnen zu) lösen.

Im sechsten Feld, **co-kreieren und co-führen/erkunden von neuen Optionen**, entwickeln und erproben die Akteur:innen mithilfe von Prototypen neue Führungspraktiken, Rollen, Prozesse und Strukturen. Hier fließen die späteren Phasen des transformativen Lernens und der Theorie U zusammen, um in der Praxis der Transformation schrittweise Gestalt zu verleihen. Dabei erlangen die Beteiligten neues Wissen und stärken ihr Vertrauen in neue Formen von Führen und Folgen. Ein fortlaufendes Lernen, Reflektieren und Anpassen integriert diese Praktiken in den beruflichen Alltag Abb. 8.1.

Die spiralförmige Darstellung der sechs Felder ist nur eine Möglichkeit der Visualisierung. Andere Formen, wie etwa eine Rhizomstruktur, sind ebenso denkbar. Entscheidend ist das Verständnis, dass sich die Felder überlagern, wechselseitig beeinflussen und dadurch im gemeinsamen Transformationsprozess neue Bedeutungen und Sinn entstehen.

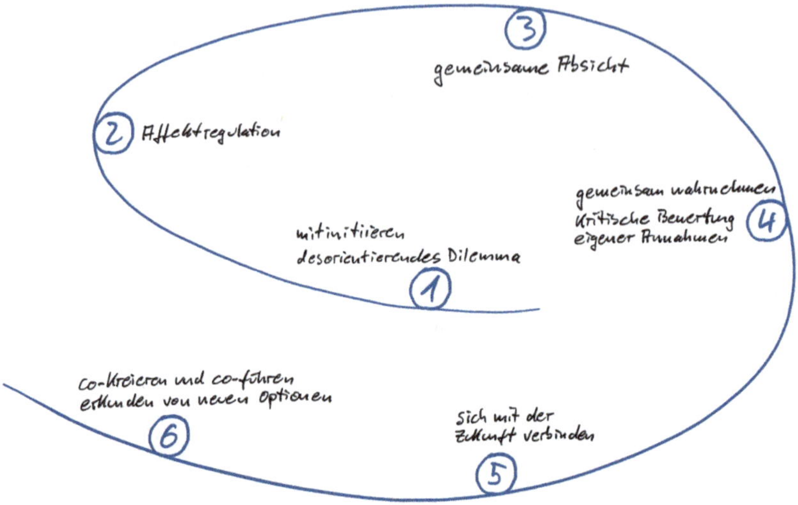

Abbildung 8.1 Integrativer Prozess zur Transformation von Führungsautorität

8.3 Ergebnisteil: Konfliktstil

Der Konfliktstil der Transformativen Autorität verfolgt das Ziel, Konflikte zwischen Führungskräften und Mitarbeiter:innen nicht nur effektiver zu bearbeiten, sondern auch die Autoritätsbeziehung grundlegend weiterzuentwickeln. Dieser Ansatz strebt eine Beziehungsgestaltung an, die durch Gewaltfreiheit, Gleichwertigkeit und Co-Führung gekennzeichnet ist. Dieser Stil könnte in Organisationen eine andere Streitkultur fördern, in der Interessengegensätze nicht zwangsläufig zu handlungseinschränkenden Konflikten führen. Stattdessen könnten die Beteiligten ihre Meinungsverschiedenheiten oder sachlichen Auseinandersetzungen eher würdewahrend und selbstverantwortlich bearbeiten oder sogar lösen.

Der Unterschied zu den traditionellen Konfliktbearbeitungsstilen (vgl. 3.1) zeigt sich hier darin, dass sie sich weder auf den spezifischen Kontext der betrieblichen Autoritätsbeziehung beziehen noch ein normatives Ziel für die Konfliktbearbeitung vorsehen: eine Autoritätsbeziehung, die in Gewaltfreiheit, Gleichwertigkeit und Co-Führung gründet.

Die deskriptive Teilstudie mit n = 378 legt nahe, dass alle Elemente dieses Konfliktstils von den Befragten als nützlich bis ziemlich nützlich für eine transformative Konfliktbearbeitung eingeschätzt wurden. Diese Befunde sprechen für die potenzielle Relevanz und Anwendbarkeit der folgenden zentralen Merkmale:

1. Nähe-Distanz- und Hierarchierelation:
   Führungskräfte und Mitarbeiter:innen können durch die Haltung von Gleichwertigkeit zueinander eine Basis schaffen, die eine Konfliktbearbeitung erleichtert. Es erscheint plausibel, dass eine Balance zwischen sozialer Nähe und professioneller Distanz die Beziehung stabilisiert und Stress reduziert. Wo die nötige Distanz zur Konfliktbearbeitung fehlt, können Mediator:innen hilfreich sein, um die Konfliktbearbeitung zu unterstützen.
2. Verständnis von Veränderungen:
   Es ist wahrscheinlich, dass Führungskräfte, die ihre eigenen Anteile am Konflikt reflektieren, eher in der Lage sind, gemeinsam mit den Beteiligten konsensuale oder kompromissorientierte Lösungen zu finden. Eine Unterstützung durch Kolleg:innen aus dem Führungskreis oder Fachkräfte für Konfliktbearbeitung könnte dazu beitragen, Vertrauen zu stärken und Kooperation zu fördern.
3. Umgang mit Eskalationen:
   Eine deeskalierende Grundhaltung könnte daran mitwirken, Eskalationen zu vermeiden und konstruktive Lösungswege im Dialog zu erarbeiten. Zeitverzögertes Handeln ermöglicht eher Raum, um durchdachtere Lösungen zu finden. Mediator:innen könnten zudem als wichtige Unterstützer:innen bei der Entwicklung von Konsens und Lösungsalternativen fungieren.
4. Vereinzelung und Vernetzung:
   Die Vernetzung zwischen Führungskräften, im Sinne einer Führungskoalition für bessere Arbeitsbeziehungen, könnte die Belastung einzelner Führungskräfte mindern und gleichzeitig die Grundlage für konstruktive Gespräche stärken. Methodische, emotionale oder fachliche Unterstützung von Kolleg:innen trägt dazu bei, Konflikte kooperativ zu bewältigen.
5. Umgang mit Transparenz:
   Transparenz stärkt eher das Vertrauen zwischen Führungskräften und Mitarbeiter:innen und fördert das Verständnis für unterschiedliche Positionen. Führungskräfte, die ihre Entscheidungen transparent erklären, könnten dazu beitragen, Konflikte zu deeskalieren und Mitarbeiter:innen zur Offenheit einzuladen.
6. Verständnis von Ausgleich:
   Die Kombination aus der Forderung nach Korrekturen und der gleichzeitigen Wertschätzung gegenüber Mitarbeiter:innen, die soziale Schäden verursacht

haben, kann die Beziehungsebene stärken und die Kooperationsbereitschaft für die Konfliktbearbeitung fördern. Insbesondere bei schwerwiegenden sozialen Schäden, wie etwa der Verletzung der Würde, kann die Einbindung von Mediator:innen den Versöhnungsprozess wirksam unterstützen.

7. Umgang mit Selbstreflexion:
   Führungskräfte – die ihre eigenen Konfliktanteile reflektieren – könnten die Gefahr verringern, Verantwortung einseitig auf Mitarbeiter:innen zu übertragen. Dies könnte die Bereitschaft zur konstruktiven Konfliktbearbeitung bei allen Beteiligten erhöhen.

Daraus schließe ich, dass der Konfliktstil der Transformativen Autorität eine vielversprechende Grundlage für eine andere Kultur der Konfliktbearbeitung in Organisationen bietet. Die empirischen Ergebnisse legen nahe, dass vor allem Führungskräfte und Mitarbeiter:innen die zentralen Merkmale dieses Ansatzes als nützlich und anwendbar einschätzen. Dieser Konfliktstil könnte nicht nur die Bearbeitung von Konflikten erleichtern, sondern auch zu einer grundlegenden Transformation der Autoritätsbeziehung zwischen Führungskräften und ihren Mitarbeiter:innen beitragen.

8.4 Erkenntnisse aus den Schlüsselszenen der zweiten Erkundungsaufstellung

Die Rhizomatik des Prozesses:
Der integrative Transformationsprozess von Autorität in Führungsbeziehungen ist geprägt von Nichtlinearität, Emergenz und Eigenzeit. Er beginnt grundsätzlich mit der Würdigung des Dilemmas, das im Spannungsfeld unterschiedlicher Autoritätsverständnisse entsteht. Die bewusste Anerkennung von daraus folgender Desorientierung und Ratlosigkeit kann den Raum für die Suche nach alternativen Formen von Führung und Autorität schaffen. Eigenzeit – im Sinne eines Zeit-Raums – kann es Führungskräften erleichtern, dieses Dilemma zu reflektieren, Motivation aufzubauen und die Energie zu entwickeln, den Prozess aktiv mitzugestalten. Struktur und Anleitung bieten grundsätzlich Orientierung und erleichtern die Navigation durch die Felder des Prozesses, ohne individuelle Verläufe auszuschließen. Der Prozess ist rhizomatisch: Jedes der sechs Felder stellt ein Plateau dar, welches die Personen dynamisch, adaptiv und oft mehrfach durchlaufen können.

Konflikte als Felder hoher Informationsdichte:
Konflikte spielen eine zentrale Rolle in diesem Transformationsprozess. Sie stellen Felder mit hoher Informationsdichte und dynamischen Kräften dar. Durch die Interaktion der Holone – vor allem Führungskraft, Mitarbeiter:in, Konfliktthema und Haltung – sowie mit ihnen wirkenden Relatone, kann ein gemeinsamer Raum mit eigener Ordnung entstehen. Dieser Raum ermöglicht es dem Konfliktsystem, sich selbst zu transformieren. Ein bewusstes „Feldbewusstsein" aller Beteiligten, einschließlich möglicher Beobachter:innen, ist dafür essenziell. Denn es fördert die Wahrnehmung von Konflikten als sinnstiftende Elemente, die die Beteiligten gezielt nutzen können, um Autoritätsbeziehungen weiterzuentwickeln – zusätzlich zum eigentlichen Konfliktthema. Transparenz und Reflexion sind dabei entscheidende Prinzipien, um Spannungsfelder erkennen und bewusst gestalten zu können. Gerade dieser dynamische, feldgestaltende Charakter von Konflikten bleibt in traditionellen Konfliktbearbeitungsstilen (vgl. 3.1) epistemologisch unberücksichtigt. Ihre Herangehensweise ist weitestgehend dekontextualisiert und unterstützt Transformationsprozesse nur bedingt. Konflikte gelten dort eher als statische Gebilde ohne selbsterzeugende Ordnung.

Affektregulation als transformative Grundlage:
Die Regulation von Affekten bildet die Grundlage für transformative Schritte. Sie schafft in der Regel Raum, um mögliche Verletzungen aus der Vergangenheit zu bearbeiten, Wiedergutmachung zu erfahren und dadurch aus dem Zeitstrom der vergehenden Zeit auszusteigen.

Stille spielt eine zentrale Rolle – sie ermöglicht, die entstehende Zukunft wahrzunehmen und die Zeitströme zwischen Vergangenheit und Zukunft als „Zeitskulpturen" in der Gegenwart zu gestalten. Das Element der Wiedergutmachung weist darüber hinaus darauf hin, dass Wechsel zwischen diesen Zeitströmen sowohl möglich als auch wesentlich für den Prozess sein können. Diese Wechsel lassen sich durch das bewusste „Aufladen" von Spannungsfeldern mit zusätzlicher (Konflikt-)Energie unterstützen, um Ordnungs-Ordnungs-Übergänge zu fördern.

Widersprüche als evolutionäre Dynamik:
Ein Spannungsfeld ergibt sich auch auf makrosozialer Ebene: Die Prinzipien vor allem kapitalistischer Systeme – Effizienz, Linearität und Kontrollierbarkeit – (Kohn 1976, S. 127–128; Putterman 1984, S. 177; Schimank 2015, S. 418–419) stehen im Widerspruch zu den dynamischen, emergenten Prozessen des nichtlinearen Wandels. Hier kann ebenfalls die Analogie des Rhizoms weiterhelfen: Der Transformationsprozess folgt einer adaptiven, verzweigten Struktur. Diese erlaubt es,

individuelle und kollektive (widerstreitende) Dynamiken gleichermaßen zu integrieren. Konflikte sind dabei keine Hindernisse, sondern wertvolle Indikatoren für Anpassungsbedarf und Entwicklung. Sie eröffnen Räume, in denen sich neue Sinnzusammenhänge herausbilden und Autoritätsbeziehungen evolvieren können.

8.5 Erkenntnisse aus den entstandenen Thesen während des Transkriptionsprozesses

Der Konflikt als zeitübergreifende Transformationsstruktur:
Ein Beziehungskonflikt kann tiefgreifende Veränderungen auf persönlicher, struktureller und systemischer Ebene auslösen. Anders als bei reinen Lösungsansätzen, die sich nur auf Streitpunkte konzentrieren, kann eine transformative Konfliktbearbeitung Wirkung im gesamten Umfeld entfalten. In der ersten Phase – der Konfliktbildung – zeigen sich unvereinbare Interessen und eine Mobilisierung von Unterstützung. In der darauffolgenden Transformationsphase treten meist qualitative Veränderungen ein, die Akteur:innen, Themen, Regeln und Strukturen betreffen: So steigern auf persönlicher Ebene Beteiligte ihre Eigenverantwortung und erfahren Anerkennung. Auf struktureller Ebene erhöhen veränderte Systemstrukturen die Wahrscheinlichkeit für eine nachhaltige Konfliktlösung. Und auf Beziehungsebene können sich feindselige Beziehungen in friedliche, gleichberechtigte Verhältnisse wandeln. Führungskräfte und Mitarbeiter:innen können diese Dynamik gezielt nutzen, um sowohl ihr Konfliktgeschehen als auch ihre Autoritätsverhältnisse zu transformieren. Die im Rahmen meiner Arbeit entwickelten Phasen des integrativen Transformationsprozesses können dafür eine konkrete Orientierung bieten.

Im Gegensatz dazu sind traditionelle Konfliktbearbeitungsstile (vgl. 3.1) nicht in der Lage, Konflikte als Teil eines umfassenderen Transformationsprozesses zu begreifen. Ihnen fehlt eine Epistemologie, die anerkennt, dass Konflikte mehr als nur Hindernisse sind. Dadurch bleibt unsichtbar, dass sie auch eine Funktion innerhalb zeitübergreifender Strukturveränderungen übernehmen können.

Bindung/Beziehung als stabiler Ort im unbekannten Gelände:
In Phasen von Unsicherheit und Wandel kann der Konflikt selbst zu einem stabilisierenden Anker werden, da er vertraute Kommunikations- und Beziehungsmuster bewahrt. Konflikte beziehungsweise Konfliktsysteme bilden ein eigenes Gravitationsfeld, das Orientierung bietet, während neue Gedanken und ungewohnte

Herausforderungen die Beteiligten konfrontiert. In solchen Momenten, die Menschen oft als irritierend oder destabilisiert wahrnehmen, ermöglicht der Konflikt ein Stück Verlässlichkeit und Kontinuität.

Damit Konflikte diese Funktion erfüllen können, sollten die Parteien sie nicht vorschnell lösen. Vielmehr braucht es eine erweiterte Epistemologie des Konflikts, die den Konflikt als Beziehungsort versteht und die Bindung zwischen den Beteiligten stärkt. Bindungsorientierte Interventionen, wie empathische Reflexion, das Verstehen konfliktverschärfender Trigger oder ein emotional konstruktiver Umgang, können die Beziehung im Konflikt stabilisieren und den offenen Prozess unterstützen. Ein bindungsorientierter Konfliktbearbeitungsstil, wie der der Transformative Autorität, bietet dafür hilfreiche Ansätze: Deeskalation und Beharrlichkeit sowie Wiedergutmachung/sozialer Ausgleich können eine stabile Beziehungsebene erschaffen. Im Unterschied dazu fehlt den traditionellen Konfliktbearbeitungsstilen (vgl. 3.1) eine Epistemologie, die den Konflikt zusätzlich auch als stabilisierenden Ort der Beziehung zwischen den Konfliktbeteiligten konstruiert.

Gemeinsamer, zeitlich versetzter Transformationsprozess:
Mehrere Menschen können einen Transformationsprozess gemeinsam durchlaufen, selbst wenn sie sich in unterschiedlichen Feldern und zeitlichen Bezügen bewegen. Die Verbindung entsteht sehr wahrscheinlich nicht durch die gleichzeitige Bearbeitung identischer Themen, sondern eher durch die gemeinsame Bewegung innerhalb des Prozesses und die geteilte Absicht. Diese Dynamik erlaubt es den Beteiligten, in ihrem eigenen Tempo zu arbeiten und ihre individuelle Reihenfolge der Feldbearbeitung zu finden. Entscheidend scheint jedoch, dass sie sich Raum für Reflexion und Austausch erschaffen, um unterschiedliche Erfahrungen zu teilen und ein gemeinsames Ziel zu entwickeln. In diesem Prozess manifestiert sich das „Ich-im-wir“, welches die Transformative Autorität als normativer Kern beschreibt. Daraus kann ein kollektives Verständnis entstehen, das individuelle Schritte integriert und die gemeinsame Entwicklung trotz zeitlicher Varianzen fördert.

Beobachter:in für nicht-personale Führung:
In konfliktären Transformationsprozessen entsteht oft ein Konfliktsystem, das die Wahrnehmung der Beteiligten in der Regel einschränkt. Dadurch fällt es den Konfliktparteien schwer, die stetige Dynamik des Prozesses als eine Form nicht-personaler Führung (Prozessführung) zu erkennen. Denn diese Form der Führung manifestiert sich nicht durch Einzelpersonen, sondern wirkt durch die Dynamik des Prozesses selbst – der auch eine orientierende und strukturierende Funktion beinhaltet. Um diese Prozessführung für alle Beteiligten wahrnehmbar zu machen,

braucht es eine Art beobachtende Instanz, die diese neue Perspektive eröffnet. Transformationsbegleiter:innen – wie Führungskräfte, Mediator:innen, Coaches oder Vertreter:innen des Personalbereichs – könnten diese Funktion übernehmen, sofern die Konfliktparteien sie als allparteilich akzeptieren. Durch ihre dissoziierte Beobachtung können die Beteiligten diesen Prozess als kontinuierlichen und verlässlichen Transformationsverlauf erkennen, der Orientierung bietet – ohne, dass das durch personale Führung erfolgt.

Während dieser Ansatz die Prozessdynamik zusätzlich als eine Form nichtpersonaler Führung begreift, fehlt eine solche Perspektive in den traditionellen Konfliktbearbeitungsstilen (vgl. 3.1) ebenso wie in den beiden Transformationsprozessen (vgl. 3.5.1 und 3.5.2). Sie verfügen über keine Epistemologie, die sichtbar macht, dass eine konfliktäre Prozessdynamik auch das Beziehungsgeschehen strukturieren und den Beteiligten als Orientierung dienen kann.

8.6 Überarbeiteter Transformationsprozess mit Integration der empirischen Erkenntnisse

Aus diesen Erkenntnissen (vgl. 8.1–8.5) folgt, dass ich das zuvor beschriebene Modell des integrativen Transformationsprozesses (vgl. 8.2) nochmals anpasse. Ich habe es wie folgt überarbeitet:

Es umfasst weiterhin sechs Felder, in denen sich die Kernelemente des transformativen Lernens und der Theorie U miteinander verweben. Die Nummerierung der Felder ist prototypisch und betont eine inhaltliche Logik, ohne dabei eine lineare Reihenfolge vorzugeben. Der integrative Transformationsprozess von Autorität in Führungsbeziehungen zeichnet sich durch Nichtlinearität, Emergenz und Eigenzeit aus. Diese Prinzipien stehen jedoch oft im Gegensatz zu den Leitlinien kapitalistisch geprägter Systeme, wie Effizienz, Linearität und Kontrollierbarkeit.

Eine hilfreiche Perspektive bietet in diesem Zusammenhang die Analogie des Rhizoms: Der Transformationsprozess gibt mit den sechs Feldern Struktur und Orientierung und ermöglicht gleichzeitig individuelle Verläufe und Wiederholungen. Er wahrt dabei die Eigenzeit der Beteiligten. Die individuellen Verläufe können sich verzweigen, neu anpassen und widersprüchliche (systemische) Dynamiken integrieren. Daher bezeichne ich ihn als rhizomatisch: Jedes der Felder stellt einen Ort dar, in den eine Personen dynamisch, adaptiv und oft mehrfach eintreten kann und ihn dadurch miterschafft. Durch diese Prozesse können die Beteiligten schrittweise ihr Vertrauen in andere oder sogar neue Formen von Führen und Folgen stärken. Das ermöglicht ihnen aus Konflikten zu lernen und zu erleben, wie sich Autorität als gemeinsame Absicht und Verantwortung – ein „Ich-im-wir" – realisieren lässt.

Eine wichtige Rolle nimmt in diesem Zusammenhang der Konfliktstil der Transformativen Autorität ein. Dieser strebt danach, Konflikte zwischen Führungskräften und Mitarbeiter:innen effektiver zu bearbeiten sowie die Autoritätsbeziehung grundlegend weiterzuentwickeln. Seine Grundprinzipien – Gewaltfreiheit, Gleichwertigkeit und Co-Führung – sind anschlussfähig an alle Felder des Modells. Sie bieten einen Rahmen, um Interessengegensätze konstruktiv und selbstverantwortlich bearbeiten zu können. Die deskriptive Teilstudie mit n = 378 legt nahe, dass alle Merkmale dieses Konfliktstils von den Befragten als nützlich bis ziemlich nützlich für eine transformative Konfliktbearbeitung eingeschätzt wurden. Auch diese Erkenntnisse finden sich nun in meinem Modell des rhizomatischen Transformationsprozesses:

Erstes Feld – Mitinitiieren/Desorientierendes Dilemma:

Im ersten Feld zeigt sich das Spannungsfeld zwischen autoritären und antiautoritären Haltungen. Offene Diskussionen über anstehende Herausforderungen können hier den Impuls geben, einen Transformationsprozess einzuleiten. Die bewusste Würdigung des dabei entstehenden Dilemmas – die Anerkennung von Desorientierung und Ratlosigkeit vor dem Hintergrund widersprüchlicher Autoritätsverständnisse – kann den Raum für die Suche nach alternativen Formen von Führung und Autorität eröffnen. Hier verdeutlicht sich, dass Eigenzeit eine wesentliche Rolle spielen kann: Ein Zeit-Raum, in dem Führungskräfte wie Mitarbeiter:innen ausreichend Gelegenheit haben, das Dilemma zu reflektieren, Motivation aufzubauen und die Energie zu entwickeln, den Prozess aktiv mitzugestalten.

Gerade in diesem Spannungsfeld können sich früh Konflikte zeigen, die für den weiteren Prozess richtungsweisend sind. Der Konfliktstil der Transformativen Autorität empfiehlt hier vor allem eine achtsame Gestaltung von Nähe-Distanz- und Hierarchierelation. Fühlen sich Führungskraft und Mitarbeiter:in gleichwertig in ihrer Würde geachtet, entsteht eher eine stabile Grundlage für die konstruktive Bearbeitung des Dilemmas. Zugleich braucht es ausreichend Distanz, um sachlich reflektieren zu können und nicht sofort in emotionale Eskalationen zu verfallen. Wo diese Distanz fehlt oder zu groß wird, können beispielsweise Mediator:innen unterstützen, das Gleichgewicht wiederherzustellen und Dialog zu fördern.

Hierin liegt eine Herausforderung herkömmlicher Konfliktbearbeitungsstile (vgl. 3.1): Da sie keinen spezifischen Kontextbezug aufweisen, lassen sie die Rolle der hierarchischen Nähe-Distanz-Relation für eine stabile Autoritätsbeziehung im Wandel außen vor. Ohne dieses Verständnis bleibt jedoch unklar, wie sich Konflikte in Organisationen so bearbeiten lassen, dass sie eine Transformation ermöglichen – statt grundsätzlich bestehende Strukturen zu reproduzieren.

Konflikte weisen generell eine hohe Informationsdichte und dynamische Kräfte auf. Durch die relatonale (sic) Interaktion verschiedener Holone (Führungskraft, Mitarbeiter:in, Konfliktthema und Haltung) kann ein gemeinsamer Raum mit eigener Ordnung entstehen, der sich selbst zu transformieren vermag. Ein solches Feldbewusstsein aller Beteiligten – einschließlich möglicher Beobachter:innen – ist dabei essenziell, um Konflikte als sinnstiftende Elemente zu begreifen. Sehr wahrscheinlich (nur) dadurch können die Beteiligten sie gezielt nutzen, um ihren Autoritätsbeziehungen weiterzuentwickeln.

Zweites Feld – Affektregulation:

Im zweiten Feld regulieren die Akteur:innen Gefühle wie Angst, Wut, Schuld oder Scham. Dadurch werden sie affektiv arbeitsfähig und können sich konstruktiv dem nächsten Feld zuwenden. Die Regulation von Affekten bildet die Grundlage für transformative Schritte, weil sie Raum schafft, um mögliche Verletzungen aus der Vergangenheit bearbeiten und Wiedergutmachung erfahren zu können. Hier kann sich manifestieren, wie Menschen – durch das bewusste „Aussteigen" aus dem stetigen Zeitstrom – eine Zeitskulptur gestalten können, die (ihre) Vergangenheit und Zukunft dynamisch repräsentiert. Solche „Zwischenzeiten" erleichtern es, alte Muster zu erkennen, zu bearbeiten und damit die emotionale Energie für den weiteren Prozess zu bündeln. Gleichzeitig können die Beteiligten – durch das bewusste und stetige „Aufladen" von Spannungsfeldern mit (Konflikt-)Energie – diese gezielt nutzen, um Übergänge zwischen alten und neuen Ordnungen herbeizuführen.

Insbesondere die bewusste Steuerung von Zeitströmen und Konfliktenergie eröffnet neue Möglichkeiten in der Konfliktbearbeitung. Die traditionellen Konfliktbearbeitungsstile (vgl. 3.1) beinhalten weder epistemologische Aussagen über die gezielte Nutzung von Zeitströmen noch über die Funktion von Konfliktenergie als Treiber für Ordnungs-Ordnungs-Übergänge. Damit liegt ein wesentliches Potenzial brach, das eine transformative Konfliktbearbeitung ermöglichen könnte.

Grundsätzlich ist in eskalierenden Situationen eine deeskalierende Haltung im Sinne des Konfliktstils der Transformativen Autorität entscheidend, damit Menschen handlungsfähig bleiben. Dabei ist der Umgang mit dem Spannungsfeld zwischen der erforderlichen Konfliktenergie für transformative Ordnungsübergänge und der Deeskalation zur Aufrechterhaltung der Handlungsfähigkeit herausfordernd. Für die Beteiligten bleibt dies ein kontinuierlicher Suchprozess, ein Gleichgewicht zwischen diesen Polen zu finden. Denn besonders im Feld der Affektregulation empfiehlt sich häufig eher verzögertes Handeln: Sobald sich starke Emotionen wie Wut oder Angst erhöhen, kann ein Innehalten helfen, um die Gefühle zunächst zu reflektieren und konstruktive Wege zu eröffnen.

Zentral ist ebenfalls das Verständnis von Veränderungen: Führungskräfte, die ihre eigenen Anteile am Konflikt reflektieren, sind eher in der Lage, ein konstruktives Umfeld zu schaffen. Mediator:innen oder andere allparteiliche Personen können dabei als wichtige Unterstützer:innen auftreten – wenn es darum geht, die Dynamik des Konflikts zu beruhigen, Reflexionsprozesse zu begleiten und das Gespräch in konstruktive Bahnen zu lenken.

Drittes Feld – Gemeinsame Absicht:

Im dritten Feld einigen sich die Beteiligten auf ein konkretes Verständnis von Autorität als gemeinsame Absicht: die Transformativen Autorität, die Gewaltfreiheit, Gleichwertigkeit und ein „Ich-in-wir"-Bewusstsein in Führungsbeziehungen anstrebt. Dieses Feld greift den Impuls aus dem ersten Feld auf und konkretisiert ihn: Nach anfänglicher Desorientierung und erster Affektregulation finden die beteiligten Personen eine übergeordnete, normative Haltung, die ihnen Orientierung geben kann. In Phasen von Unsicherheit kann ihr Konflikt für sie dabei sogar ein stabilisierender Anker sein – wenn ihn ein:e Konfliktmoderator:in dafür hilfreich moderiert. Denn der Konflikt als Anker bewahrt auch vertraute Kommunikations- und Beziehungsmuster und kann damit gleichzeitig einen vertrauten Rahmen für die Auseinandersetzung liefern. In den traditionellen Konfliktbearbeitungsstilen (vgl. 3.1) fehlt aus epistemologischen Gründen die Möglichkeit, einen Konflikt als Anker für einen vertrauten Rahmen der Auseinandersetzung zu verstehen.

Ein wichtiger Aspekt des Konfliktstils der Transformativen Autorität ist die Offenheit für Veränderungen. Führungskräfte, die ihre eigenen Anteile am Konflikt reflektieren, sind eher in der Lage, gemeinsam mit den Beteiligten konsensuale oder zumindest kompromissorientierte Lösungen zu finden. Auch Vernetzung bekommt hierbei eine wichtige Bedeutung: Eine Führungskoalition (für bessere Arbeitsbeziehungen) kann beispielsweise dann entstehen, wenn mehrere Führungskräfte sich gegenseitig methodisch, emotional oder fachlich unterstützen, um gemeinsam Konflikte zu bearbeiten. Traditionelle Konfliktbearbeitungsstile (vgl. 3.1) sehen im Unterschied dazu nicht vor, dass sich Führungskräfte wechselseitig bei der Konfliktbearbeitung unterstützen, um die Arbeitsbeziehungen zu verbessern.

Darüber hinaus kann Transparenz im Umgang mit Hintergründen von Entscheidungen zusätzlich das Vertrauen zwischen Führungskräften und Mitarbeiter:innen stärken und die Kooperation erhöhen. Dadurch kann ein gemeinsamer Raum entstehen, in dem die Konfliktbeteiligten ihre Macht und Verantwortung für die Konfliktbearbeitung teilen – ganz im Sinne der Co-Führung.

Viertes Feld – Gemeinsam wahrnehmen/kritische Bewertung eigener Annahmen:

Im vierten Feld reflektieren die Menschen im Transformationsprozess Macht, Autorität, Gewalt, Führen und Folgen sowie Freiwilligkeit und Zwang. Sie erkennen in der Regel historische als auch persönliche Hintergründe und realisieren, dass Unzufriedenheit mit autoritär-antiautoritären Mustern häufig systemisch bedingt ist. So kann sich ein zeitübergreifender Transformationsprozess in Gang setzen, in dem persönliche, strukturelle und systemische Ebenen ineinanderwirken.

Konflikte lassen sich in diesem Zusammenhang als Katalysatoren für tiefgreifenden Wandel verstehen. Sie markieren Bereiche mit hoher Informationsdichte und dynamischen Kräften. In der Interaktion von Holonen – etwa Führungskräften, Mitarbeiter:innen, Konfliktthemen und Haltungen – mit ihren Relatonen entsteht ein Raum, der sich selbst transformieren kann. Konflikte können darüber hinaus den Fokus auf (scheinbar) unvereinbare Interessen lenken, Unterstützung mobilisieren und so auf persönlicher und institutioneller Ebene Transformationspotenzial eröffnen.

Zentral für diese kritische Bestandsaufnahme ist der Umgang mit Selbstreflexion. Wer seine eigenen Konfliktanteile erkennt und Verantwortung dafür übernimmt, reduziert sehr wahrscheinlich das Risiko, die Verantwortung oder gar Schuld einseitig auf andere zu projizieren. Dieser selbstreflexive Akt trägt dazu bei, dass alle Beteiligten ihre Perspektiven kritisch hinterfragen und damit zu einem gemeinsamen Verständnis ihrer Konfliktursachen gelangen können. Offenheit und Ehrlichkeit können dabei wie Katalysatoren für eine umfassendere Entwicklung wirken. Daraus kann ein gemeinsames Bewusstsein für Macht- und Autoritätsfragen entstehen.

In traditionellen Konfliktbearbeitungsstilen (vgl. 3.1) findet sich hingegen keine ausgewiesene Phase, die bestehende Annahmen der Beteiligten kritisch hinterfragt. Dabei kann gerade dies eine transformative Basis bilden, um für das Entstehen des Konflikts Mitverantwortung zu übernehmen.

Fünftes Feld – Sich mit der Zukunft verbinden:

Im fünften Feld entwickelt sich – im Sinne des rhizomatischen Transformationsprozesses – das Bedürfnis, Führung und Autorität neu zu gestalten. Die beteiligten Personen richten sich auf eine emergierende Zukunft aus, in der sie überholte und nicht mehr funktionale Muster hinter sich lassen. Stille spielt dabei eine zentrale Rolle: Sie ermöglicht ihnen, dass sich die entstehende Zukunft in ihrem Bewusstsein bilden kann. Darüber hinaus ermöglicht die Stille den Beteiligten – sehr wahrscheinlich überhaupt erst – ihre Zeitströme zwischen Vergangenheit und Zukunft als gestaltbare Zeitskulpturen in der Gegenwart zu begreifen.

Der Transformationsprozess entfaltet sich in der Regel nichtlinear: Mehrere Menschen können diesen Prozess gemeinsam durchlaufen, auch wenn sie sich dabei in unterschiedlichen Feldern und zeitlichen Bezügen befinden. Entscheidend ist die geteilte Absicht und das gemeinsame Ziel: Die Wirksamkeit des „Ich-im-wir“ im Sinne der Transformativen Autorität. Ein solcher gemeinsamer, zeitlich versetzter Transformationsprozess kann gedeihen, wenn genügend Raum für Reflexion und Austausch besteht. Denn dann fällt es den Beteiligten sehr wahrscheinlich leichter, individuelle Schritte zu gehen und zugleich ihre Erfahrungen in die Gemeinschaft einzubringen.

Konflikte können in dieser Phase zugleich Verbindung und Herausforderung sein: Indem der Konflikt vertraute Kommunikationsmuster aufrechterhält, können die durch ihn geschaffene Bindung und Beziehung stabilisierend wirken – manchmal sogar, während die Konfliktparteien zu gleicher Zeit neue Perspektiven entwickeln, um sich von diesen Mustern zu lösen. Ein bindungsorientierter Konfliktstil hilft, Interessengegensätze als potenziell konstruktive Spannungsfelder zu erkennen und eine andere Streitkultur zu etablieren. Der Konfliktstil der Transformativen Autorität betont hier die Bedeutung von Vernetzung und Transparenz.

Die traditionellen Konfliktbearbeitungsstile (vgl. 3.1) sind darauf ausgerichtet, eine (schnelle) Lösung des Konflikts zu finden; dass ein bindungsorientierter Konfliktstil bereits während der inhaltlichen Bearbeitung eine konstruktive Streitkultur fördern kann, fehlt in ihrer Betrachtung.

Sechstes Feld – Co-kreieren und co-führen/Erkunden von neuen Optionen:

Im sechsten Feld entwickeln und erproben die Akteur:innen mithilfe von Prototypen neue Führungspraktiken, Rollen, Prozesse und Strukturen. Hier fließen die späteren Phasen des transformativen Lernens und der Theorie U zusammen, um in der Praxis der Transformation schrittweise Gestalt zu verleihen. Konflikte sind dabei keine Hindernisse, sondern wertvolle Indikatoren für Anpassungsbedarf und Entwicklung. Sie eröffnen Räume, in denen sich neue Sinnzusammenhänge herausbilden und Autoritätsbeziehungen evolvieren können. Im Gegensatz zu den traditionellen Konfliktbearbeitungsstilen (vgl. 3.1) zeigt sich hier ein anderes epistemologisches Verständnis von Konflikten: sie gelten nicht länger als zu beseitigendes Hindernis, sondern als Raum öffnender Prozess. So können durch die Konfliktbearbeitung neue Sinnzusammenhänge emergieren.

In diesem Kontext kann sich auch eröffnen, dass Führung nicht zwingend an eine Person gekoppelt sein muss: In der Regel entsteht im Prozessverlauf ein Konfliktsystem, das als eine Form nicht-personaler Führung wirkt. Dieses System strukturiert und orientiert die Beteiligten, ohne dass eine Einzelperson als führende Instanz agiert. Um diese Prozessführung für alle Beteiligten wahrnehmbar und für die Transformation gestaltbar zu machen, braucht es jedoch eine beobachtende Instanz (zum Beispiel Transformationsbegleiter:innen wie Coaches, Mediator:innen und so weiter), die eine Außenperspektive einnehmen kann. Diese kann den Transformationsprozess als kontinuierlichen und verlässlichen Verlauf erfahrbar machen – und neue Handlungsräume eröffnen – ohne dass der Bedarf nach personengebundener Führung (wieder) entsteht. Währenddessen können sich die Beteiligten neues Wissen erarbeiten und ihr Vertrauen in neue Formen von Führung und Folgen erhöhen.

Auch in der Phase des Erkundens von neuen Optionen kann das Verständnis von Ausgleich in den Vordergrund treten. So kann es nötig sein, soziale Schäden, die im Konfliktverlauf (unbeabsichtigt) entstanden sind, wiedergutzumachen oder zumindest zu mildern. Die Kombination aus der Forderung nach Ausgleich und gleichzeitiger Wertschätzung gegenüber Konfliktparteien, die (unbedacht) Konflikte verschärft haben, kann die Beziehungsebene stärken und die Kooperationsbereitschaft für die Konfliktbearbeitung fördern. Bei schwerwiegenden Verletzungen – etwa der Würde – kann zudem die Einbindung von Mediator:innen oder anderer Unterstützung den Versöhnungsprozess in Gang bringen. Dadurch verbessert sich sehr wahrscheinlich die Qualität der Co-Kreation, weil sich die emotionale Grundlage für gleichwertige Führung immer weiter festigt.

Traditionelle Konfliktbearbeitungsstile (vgl. 3.1) sehen hingegen die Prozessdynamik ihrer Interventionen epistemologisch nicht vor. Dadurch bleiben sowohl beabsichtigte als auch unbeabsichtigte Folgen außerhalb der Betrachtung. Im Gegensatz dazu erkennt der Konfliktstil der Transformativen Autorität – insbesondere in Verbindung mit dem rhizomatischen Transformationsprozesses – an, dass während der Transformation unbeabsichtigte Verletzungen entstehen können. Diese gilt es auszugleichen, um die Beziehungsebene zu stärken.

Aus dieser Überarbeitung folgt auch eine neue Visualisierung des integrativen beziehungsweise rhizomatischen Transformationsprozesses.

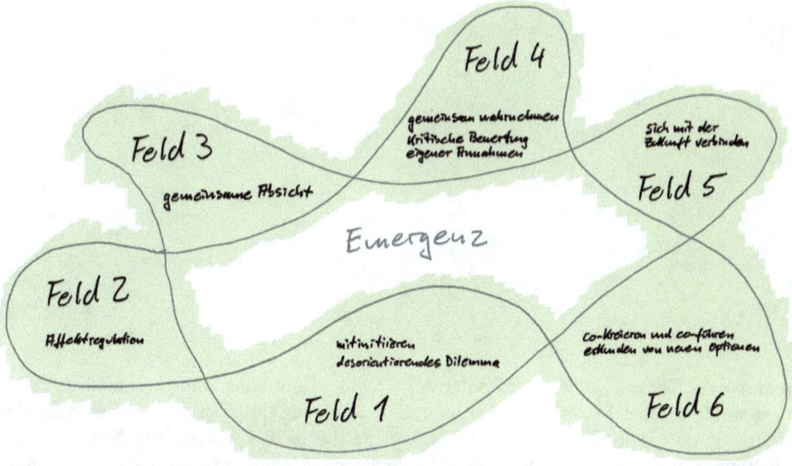

Abbildung 8.2 rhizomatischer Transformationsprozess, überarbeitet mit empirischen Erkenntnissen

Die Abb. 8.2 des überarbeiteten Transformationsprozesses zeigt die Felder in einer Rhizom-Struktur. Die Nummerierung und Linienführung bieten Orientierung und erleichtern die Strukturierung. Gleichzeitig verdeutlichen die Feldschraffierungen, die über die Linien hinausgehen, dass Menschen ihren Prozess in beliebiger Reihenfolge durchlaufen können. Dadurch bleibt Raum, dass sich der individuelle Verlauf der Transformation manifestieren kann.

In dieser Abbildung – hier im Zentrum – liegt ein Emergenzfeld. Es deutet an, dass sich selbst diese Darstellung weiterentwickeln kann – auch, wo sich dieses Feld verortet. Diese Visualisierung illustriert daher nur eine von vielen, möglichen Formen des Prozesses.

Die Abbildung verbindet dadurch zwei wichtige Aspekte: Sie schafft Orientierung und Struktur, wie es die empirischen Erkenntnisse nahelegen. Gleichzeitig bleibt sie offen für nichtlineare und emergente Entwicklungen, die sich erst im Verlauf der Transformation ergeben können.

Zusammenfassung und Ausblick

9

9.1 Beantwortung der Forschungsfragen

Forschungsziel
Identifikation und Beschreibung möglicher transformativer Konfliktbearbeitungsformen in Autoritätsbeziehungen, insbesondere von Menschen mit Führungsverantwortung in betrieblichen Konfliktsituationen – in Zeiten einer epochalen Transformation.

Forschungsfragen

1. **Was zeigt sich insbesondere bei Personen in betrieblichen Autoritätsbeziehungen, wenn sie in einem – durch eine systemische Aufstellung simulierten – Transformationsprozess Konflikte bearbeiten, die in Verbindung mit den Elementen der Transformativen Autorität stehen?**
   Die im Folgenden beschriebenen praxisnahen Beobachtungen stammen aus einer Simulation eines prototypischen Beziehungskonflikts. Dabei ging es um eine Führungskraft und eine:n Mitarbeiter:in, die sich während eines Transformationsprozesses in einem prototypischen Unternehmen, einer Behörde oder einer anderen Organisation in einem Konflikt befanden. Diese Simulation zeigt keine exakte Abbildung der Realität, sondern wahrscheinliche (Konflikt-)Dynamiken, die in ähnlicher Weise auch in der Praxis vorkommen (können). Gleichzeitig ist mir bewusst, dass in der Realität einer spezifischen Organisation, Institution oder Behörde auch völlig andere oder sogar gegensätzliche Phänomene auftreten können. Solche Unterschiede hängen von den handelnden Personen, der Organisationskultur und -struktur, den inhaltlichen Konfliktthemen, dem (Markt-)Umfeld und nahezu unendlichen weiteren Faktoren ab.

F. Baumann-Habersack, *Transformative Autorität*,
https://doi.org/10.1007/978-3-658-51824-0_9

Die Beobachtungen, die ich aus sechs Schlüsselszenen zusammengetragen habe (vgl. 7.2.3), sind daher nur ein kleiner Ausschnitt dessen, was in einem Transformationsprozess passieren kann. Es war weder mein Ziel, noch wäre es realistisch, alle denkbaren Phänomene (vollständig) darzustellen. Aus diesem Grund bestand nie mein Anspruch, eine umfassende Darstellung zu liefern. Vielmehr möchte ich typische Dynamiken beleuchten, die in solchen Prozessen häufig auftreten können.

Die Schlüsselszenen zeigen, dass sich Führungskraft und Mitarbeiter:in während der Konfliktbearbeitung in einem Transformationsprozess in mehreren Feldern jeweils unterschiedlich verhalten und aufeinander beziehen. Einerseits gibt es Phasen gemeinsamer Reflexion, in denen beide neue Einsichten gewinnen und sich verbundener fühlen. Andererseits entsteht Spannung, wenn sie unterschiedliche Tempi oder Haltungen (autoritäres/antiautoritäres Verhalten) einnehmen oder wenn eine Seite den Prozess „verlässt". Auch stellt sich dar, dass die Beteiligten den Konflikt selbst als eigenständige Größe wahrnehmen, der ihre Aufmerksamkeit immer wieder auf wesentliche Aspekte ihrer Beziehung lenken kann – sei es die gemeinsame Verantwortung, die Klärung von Rollen oder das Hineinwachsen in eine neu gedachte Führungsbeziehung.

Die beobachteten Phänomene zusammengefasst:

a) Unterschiedliche Tempi und Bedürfnis nach Reflexion:
Während der Konfliktbearbeitung im Kontext eines Transformationsprozesses zeigt sich, dass die Führungskraft im ersten Feld „desorientierendes Dilemma" zwischen autoritären und antiautoritären Haltungen gebunden ist. Dieses Spannungsfeld löst Ratlosigkeit darüber aus, wie Führung wirksamer gestaltet werden könnte. Das erfordert wahrscheinlich eine tiefere Reflexion, um alternative Führungsformen zu entwickeln.

Den Übergang vom ersten zum zweiten Feld „Affektregulation" empfindet die Führungskraft teilweise als zu schnell. Dadurch können wichtige Reflexionsmomente verloren gehen. Die Führungskraft äußert Trauer über den schnellen Wechsel und behält einen klaren Bezug zum ersten Feld bei. Dies kann auf den Bedarf hinweisen, die Tragweite des desorientierenden Dilemmas vollständig zu erfassen und zu würdigen. Der:die Mitarbeiter:in hingegen empfindet in einigen Situationen Ungeduld und den Wunsch, möglichst rasch in die nächsten Felder (zum Beispiel „sich mit der Zukunft verbinden" oder „Erkunden von neuen Optionen") zu wechseln.

Der Konflikt selbst erfüllt eine zentrale Funktion, indem er dieses Spannungsfeld sichtbar macht und als Moment der Klärung dient. Eine Reflexion, besonders abseits der Sachebene, betrachte ich als essenziell für tiefere Einsichten in den Transformationsprozess.

b) Verständnis und Bedeutung des Konflikts:
Der Konflikt nimmt – statt Teil der Beziehung zu sein – eher die Funktion eines Katalysators für Veränderungen ein. In dem Raum von Feld vier emergiert durch die wechselseitigen Interaktionen von Führungskraft, Mitarbeiter:in und Konflikt eine neue Ordnung. Diese selbstorganisierte Ordnung kann Möglichkeiten für neue Ideen und eine gemeinsame Ausrichtung auf die Zukunft eröffnen.

Der:die Mitarbeiter:in nimmt den Konflikt teilweise spät oder anfangs kaum wahr und erkennt ihn erst später als „begleitende" Instanz. Für die Führungskraft hat der Konflikt oft eine klare, beobachtende Funktion, die zur Reflexion über das eigene Führungsverhalten anregt.

Der Konflikt repräsentiert ein relationales Feld, dessen Wirkung stark von der Haltung und Bewusstheit der Beteiligten abhängt. Das Zusammenwirken von Führungskraft, Mitarbeiter:in und Konflikt kann verdeutlichen: Die Bedeutung und Wirksamkeit jedes Felds entstehen gleichzeitig im Prozess der Interaktion sowie durch das bewusste Eintreten in die Felder – was die Repräsentanz Konflikt durch die Metapher eines ruhigen Gewässers beschreibt, das durch äußere Impulse in Bewegung gerät. Besonders deutlich zeigt sich dies am Feld „kritische Bewertung eigener Annahmen": Es erhält durch die Interaktion der Repräsentanzen eine besondere Kraft. Die beobachtende Repräsentanz des Konflikts benennt, dass die Felder ohne die bewusste Gestaltung der Repräsentanzen weitgehend wirkungslos bleiben. Diese Dynamik verweist auf die Überlagerung von körperlichen, psychischen, mikrosozialen und makrosozialen Prozessebenen, die in ihrer Wechselwirkung Sinn und Bedeutung erzeugen.

Die metaphorische Beschreibung der Repräsentanz Konflikt als „Achterbahn mit Schienen" verweist auf die Funktion von Sicherheit und Orientierung strukturierter Prozesse, gleichzeitig jedoch auch auf deren einschränkende Wirkung. Diese Widersprüchlichkeit prägt den Umgang mit Konflikten: er verlangt sowohl Stabilität als auch Raum für Abweichungen und kreative Lösungen. Die Achterbahnmetapher kann darüber hinaus auch die Bedeutung affektregulierender Strukturen unterstreichen, die in einem von Höhen, Tiefen und Wendungen geprägten Transformationsprozess Sicherheit bieten.

c) Gemeinsamer (Zwischen-)Raum und Verbundenheit:
In manchen Feldern (zum Beispiel Feld vier „kritische Bewertung eigener Annahmen") entsteht zwischen Führungskraft und Mitarbeiter:in ein spürbarer „Zwischenraum", der von Ruhe und positiver Energie gekennzeichnet ist. Beide erleben ihn als kraftspendend; als biete er ihnen die Möglichkeit zur Neuorientierung, bevor sie im Prozess weitergehen. Sowohl Führungskraft als auch Mitarbeiter:in beschreiben, dass durch das gemeinsame Verweilen in bestimmten Feldern oder „Inseln" eine stärkere Verbundenheit und ein tieferes gemeinsames Verstehen entstehen kann.

Die Bewegung von Feld zu Feld spielt offensichtlich eine zentrale Rolle. Sie fördert eine zunehmende Verbundenheit und ein tieferes gemeinsames Verständnis zwischen Führungskraft und Mitarbeiter:in – wobei die Reihenfolge der Felder eher zweitrangig ist. Die Felder selbst fungieren dabei als Übergänge – nicht als (End-)Stationen. Sie ermöglichen den Personen, sich mit der Zukunft zu verbinden und neue soziale Ordnungen anzudeuten. Ziel scheint zu sein, dass der Transformationsprozess weniger auf die Lösung von Differenzen fokussiert ist, sondern darauf, eine tiefere, gemeinsame Verbundenheit zu schaffen und die Grundlage für eine neue Ordnung zu legen. Im Feld „sich mit der Zukunft verbinden" benennen erstmals sowohl die Führungskraft als auch der:die Mitarbeiter:in diese Qualität, was auf eine gemeinsame Ausrichtung hinweist.

d) Erschwerte oder verweigerte Zusammenarbeit:
In Situationen, in denen sich die Führungskraft weit außerhalb des relevanten Feldes (zum Beispiel Feld drei „gemeinsame Absicht") aufhält, empfindet der:die Mitarbeiter:in das als destruktiv oder als „Alleingang". Er:sie sieht die Verantwortung nicht nur bei sich selbst und betont, dass sich eine gemeinsame Absicht ohne die Beteiligung der Führungskraft kaum bilden kann.

Hier kann sich entweder das Spannungsfeld zwischen autoritärem oder antiautoritärem Führungsverhalten auf Seiten der Führungskraft zeigen – und dem Wunsch nach Kooperation auf Seiten der Mitarbeiter:in. Alternativ könnte das Verhalten der Führungskraft aber auch auf einen Entwicklungsprozess hinweisen: sie ist noch nicht bereit, ihre Rolle in der Haltung der Transformativen Autorität im Feld der „gemeinsamen Absicht" einzunehmen.

e) Erleben von Nichtlinearität und verschiedenen „Ebenen":
Beide, Führungskraft und Mitarbeiter:in, erleben die Felder als Stationen, die sie nicht strikt linear durchschreiten. Mitunter kehren sie in frühere Felder

zurück oder überspringen gedanklich bereits einen nächsten Schritt. Während der:die Mitarbeiter:in zeitweise sehr zukunftsorientiert denkt – in voller Energie –, reflektiert die Führungskraft stärker die einzelnen Stationen als Orte der Vertiefung. Dadurch kann es so wirken, als befänden sich beide in unterschiedlichen Zeit- oder sogar Bewusstseinsebenen.

Der Prozess benötigt Raum für Nichtlinearität und emergente Entwicklungen, damit transformative Momente entstehen können. Solche Momente bilden sich wahrscheinlich, wenn die Beteiligten einer Autoritätsbeziehung die Gegenwart bewusst nutzen, um aus Verletzungen der Vergangenheit auszusteigen. Die Verbindung von „gewordener Zeit" (Vergangenheit) und „werdender Zeit" (Zukunft) schafft in der Gegenwart einen Möglichkeitsraum – in diesem kann dann eine neue soziale Ordnung – die auf Gewaltfreiheit und Gleichwertigkeit basiert – emergieren. Wiedergutmachung, wie der Ausgleich von sozialen Schäden – beispielsweise durch Beschämung oder Ausgrenzung verursacht –, kann die Transformation bestehender Strukturen bewirken. Dabei kann sich der Transformationsprozess selbst auch verändern und eine neue, emergente Gestalt annehmen. Diese neue Form bringt erweiterte Funktionen mit sich, die über das Bisherige hinausgehen und beispielsweise innovative Ansätze zur Konfliktbearbeitung ermöglichen.

f) Zunehmendes Verständnis für die Rolle des Konflikts:
Im Verlauf der Szenen wird deutlich, dass der Konflikt in seiner beobachtenden Rolle keine direkte „Arbeit" verrichtet, sondern vielmehr die Funktion eines Indikators erfüllt. Er zeigt beispielsweise auf, wo sich das Spannungsfeld zwischen Führungskraft und Mitarbeiter:in befindet, oder verdeutlicht, wie Varianzen in Dynamik, Tempo und räumlichen Konstellationen bei nichtlinearen Prozessen wirken. Im weiteren Verlauf erkennen sowohl die Führungskraft als auch der:die Mitarbeiter:in, dass der Konflikt eine andere Qualität annehmen kann. Dennoch erweist er sich für beide als hilfreich, solange sie ihn weder vermeiden noch vorschnell auflösen können.

Der Konflikt lässt sich auch als eine zeitunabhängige Stabilität in Form einer systemischen Konstante verstehen, die Raum für Reflexion und Entwicklung schafft.

2. **Mit welchen theoretischen Schemata lassen sich insbesondere die von den Personen erlebten Phänomene unter 1) erklären?**
Vor dem Hintergrund dieser Beobachtungen ziehe ich – zunächst in einer Übersicht – folgende Schlüsse:

Erstens zeigt sich, dass die Transformativen Autorität (unter Einbezug feldtheoretischer und systemischer Ansätze von Lewin, Ciompi, Scharmer und Shimizu) ein passendes Erklärungsmuster liefern kann, wie Konflikte zu Katalysatoren für Ordnungsübergänge werden können.
Zweitens verdeutlicht der überarbeitete integrative Transformationsprozess, dass eine rhizomatische, nichtlineare Struktur mit Affektregulation, kritischer Bewertung eigener Annahmen und Co-Kreation zu einem tieferen Verständnis von Autorität beiträgt.
Drittens ermöglicht der Konfliktstil der Transformativen Autorität durch Gewaltfreiheit, Gleichwertigkeit und Co-Führung eine Haltung, in der Konfliktparteien ihre Konflikte konstruktiv nutzen können, statt sie als reinen Störfaktor zu betrachten.
Viertens verstärken die Erkenntnisse aus der zweiten Erkundungsaufstellung die Sichtweise, dass Beteiligte Konflikte – mindestens in simulierten Szenarien – als dynamische, mitgestaltende Führungsinstanz erleben können, die nicht eine Führungsperson verwirklicht.
Und schließlich, **fünftens**, bringen die erkenntnisleitenden Thesen die Perspektive hervor, dass sich Konflikte zeitübergreifend als eine Art Bindungselement erweisen, gemeinsame Transformationsprozesse tragen sowie durch eine beobachtende Instanz (eine allparteiliche Begleitung) zu neuartigen Führungs- und Autoritätsformen beitragen können.
Im Folgenden beantworte ich die zweite Forschungsfrage in der Form, dass ich jedem beobachteten Phänomen (a bis f) nur die für die Erklärung relevanten Theorieaussagen zuordne.

Beobachtung a) Unterschiedliches Tempo und Bedürfnis nach Reflexion

Es stellt sich dar, dass die Führungskraft im ersten Feld des Transformationsprozesses bleiben möchte, weil sie darin eher den Wunsch nach tiefer Reflexion erlebt. Der:die Mitarbeiter:in empfindet hingegen in einigen Situationen Ungeduld und möchte möglichst schnell zu den nächsten Feldern wie „Affektregulation" oder „sich mit der Zukunft verbinden" weitergehen. Dadurch entsteht Spannung, wenn die Führungskraft Zeit zur Klärung des Dilemmas braucht, während der:die Mitarbeiter:in vorwärtsdrängt. Zusätzlich zeigt sich, dass die Führungskraft Trauer über das schnelle Verlassen des ersten Feldes äußert. Sie empfindet, dass die Tiefe und Tragweite dieses Dilemmas nicht vollständig erfasst wurden.

(1) Die Transformative Autorität
Die theoretischen Grundlagen der Transformativen Autorität betrachten Konflikte als mögliche Katalysatoren für qualitative Ordnungsübergänge. Das unterschiedliche Tempo verweist hier auf unterschiedliche affektive und kognitive Prozesse, die sich in der Beziehung zwischen Führungskraft und Mitarbeiter:in manifestieren.

(2) Überarbeiteter integrativer Transformationsprozess
Dieses Modell geht von einer nichtlinearen, rhizomatischen Struktur aus, die Raum für Eigenzeit lässt. Während sich die Führungskraft noch in der Tiefe des Dilemmas bewegt, empfindet der:die Mitarbeiter:in Ungeduld und den Wunsch, weiterzugehen. Die Spannung entsteht, wenn beide Seiten diese Unterschiede nicht transparent machen. Gleichzeitig zeigt das Modell auf, dass Beteiligte solche Konflikte als eine Art Signal nutzen können, um ihr Spannungsverhältnis zwischen Reflexion und Fortschritt zu erkennen.

Der rhizomatische Transformationsprozess macht deutlich, dass die tiefergehende Reflexion einer Führungskraft darauf abzielt, die emotionale Energie für die weiteren Schritte aufzubringen. Die Ungeduld der Mitarbeiter:in hingegen signalisiert eher, dass ihr Fokus bereits stärker auf den nächsten Schritten liegt. Beide Perspektiven könnten sich gut ergänzen, um den Prozess gemeinsam zu bewältigen.

(3) Konfliktstil der Transformativen Autorität
Dieser Stil empfiehlt eine Haltung, in der Gewaltfreiheit und Gleichwertigkeit nicht nur als Werte, sondern als konkrete Handlungsprinzipien wirken. Die Führungskraft kann ihre Reflexionsbedürfnisse transparent machen, während der:die Mitarbeiter:in benennen kann, was sie zum Weitergehen drängt. Elemente wie Transparenz, Deeskalation/Beharrlichkeit und Wiedergutmachung können dabei helfen, unterschiedliche Tempi in Einklang zu bringen und konstruktiv auszubalancieren.

(4) Erkenntnisse aus der zweiten Erkundungsaufstellung
Die Erkenntnisse verdeutlichen, dass Akteur:innen unterschiedliche Rhythmen entwickeln können, um sich durch die Felder zu bewegen. In einer Szene zeigte sich beispielsweise, dass die Führungskraft den Fokus auf das „desorientierende Dilemma“ richtete, während der:die Mitarbeiter:in emotional bereits einen Schritt weiter war. Die Beobachter:innen der Aufstellung kommentierten, dass die Ungeduld der Mitarbeiter:in nicht

unbedingt als Störung, sondern als Ausdruck ihres spezifischen Bedarfs zu verstehen sei. Diese Außenperspektive half, die Spannungen zwischen den beiden Beteiligten zu reduzieren.

(5) Erkenntnisleitende Thesen
Eine verbindende „Bindung/Beziehung" kann einen stabilen Ort in unsicheren Situationen schaffen, wenn Beteiligte unterschiedliche Tempi aushalten – was These zwei nahelegt. Dies wiederum ermöglicht nach These drei einen „gemeinsamen, zeitlich versetzten Transformationsprozess", in dem der Konflikt beide Positionen aufeinander bezieht, statt sie zu trennen.

Beobachtung b) Verständnis und Bedeutung des Konflikts

Es zeigt sich, dass die Beteiligten den Konflikt im Verlauf des Transformationsprozesses immer weniger als Störung empfinden, sondern zunehmend als eigenständige Größe, die wichtige Aspekte ihrer Beziehung widerspiegelt. Der:die Mitarbeiter:in nimmt den Konflikt zwar anfangs kaum wahr, erkennt aber später seine „begleitende Funktion". Die Führungskraft wiederum sieht im Konflikt von Beginn an einen beobachtenden Faktor, der zur Reflexion ihres Führungsverhaltens anregt. Die Schlüsselszenen heben hervor, dass der Konflikt wiederholt die Aufmerksamkeit auf entscheidende Aspekte lenkt – sei es die Verantwortung, die Rollenklärung oder die gemeinsame Ausrichtung.

(1) Die Transformative Autorität
Die theoretischen Grundlagen der Transformativen Autorität betonen, dass Konflikte in Autoritätsbeziehungen eine hohe Informationsdichte aufweisen und Übergänge zwischen stabilen Ordnungszuständen auslösen können. Die frühe Wahrnehmung des Konflikts durch die Führungskraft zeigt, dass sie ihn als Katalysator erkennt; der:die Mitarbeiter:in erkennt dies später und erlebt den Konflikt dann ebenfalls als orientierende Instanz.

(2) Überarbeiteter integrativer Transformationsprozess
Konflikte spielen im rhizomatischen Transformationsprozess eine zentrale Rolle, weil sie Felder hoher Dynamik beziehungsweise Energie darstellen und oftmals verdeutlichen, wo alte Muster nicht mehr greifen. Im Prozessverlauf (zum Beispiel zwischen den Feldern „Affektregulation" und „sich

mit der Zukunft verbinden") kann der Konflikt genau das Spannungsfeld markieren, in dem beide Parteien lernen, mit ihren unterschiedlichen Wahrnehmungen umzugehen.

(3) Konfliktstil der Transformativen Autorität
Dieser Konfliktstil betrachtet Konflikte nicht primär als Hindernis, sondern als Katalysator für die Transformation der Autoritätsbeziehung. Wenn Konfliktbeteiligte eine Haltung von Deeskalation/Beharrlichkeit und Selbstreflexion einnehmen, bleibt der Konflikt „beobachtbar" – statt unterdrückt oder verleugnet. Das kann die Führungskraft in ihrer Rolle unterstützen, Konflikte offen anzusprechen und der:die Mitarbeiter:in dafür zu sensibilisieren, was der Konflikt über ihre Beziehung aussagen kann.

(4) Erkenntnisse aus der zweiten Erkundungsaufstellung
Diese Aufstellung ließ den Konflikt als eine Art dritter Akteur wirken, der immer wieder auf ungeklärte Aspekte der Beziehung verwies. Eine Szene zeigte deutlich, dass der Konflikt die Führungskraft dazu anregte, ihre eigene Haltung zu reflektieren – während der:die Mitarbeiter:in zunächst unsicher war, welche Bedeutung der Konflikt für sie selbst haben könnte. Beobachter:innen bemerkten, dass der Konflikt „wie ein stiller Begleiter" immer wieder Hinweise darauf gab, wo im Prozess eine weitere Klärung nötig war.

(5) Erkenntnisleitende Thesen
Durch die erste These lässt sich der Konflikt als „zeitübergreifende Transformationsstruktur" beschreiben, die persönliche, strukturelle und systemische Veränderungen einleiten kann. Zugleich betont These zwei, dass ein Konflikt immer auch ein Bindungsfaktor ist, weil er die Beziehungspartner mit ihren unterschiedlichen Wahrnehmungen verbindet – und ihnen dadurch auch Halt in Phasen der Unsicherheit geben kann.

Beobachtung c) Gemeinsamer (Zwischen-)Raum und Verbundenheit

In manchen Feldern – insbesondere im Feld „kritische Bewertung eigener Annahmen" – entsteht ein spürbarer „Zwischenraum", den Führungskraft und Mitarbeiter:in als Moment der Ruhe, positiven Energie und Verbundenheit erleben. Beide beschreiben diesen Raum als kraftspendend und sehen darin eine Gelegenheit, innezuhalten und sich auf einer tieferen Ebene zu begegnen.

Solche Phasen sind selten dauerhaft, bieten jedoch die Möglichkeit, vor dem nächsten Schritt neue Orientierung zu finden.

(1) Die Transformative Autorität
Diesen Zwischenraum beschreiben die theoretischen Grundlagen der Transformativen Autorität als relationalen Raum-Zeit-Bereich, den die wechselseitigen Interaktionen der Beteiligten erzeugen und mitgestalten. In solchen Momenten entsteht affektive Resonanz, die zu Vertrauen und Gleichwertigkeit zwischen den Akteur:innen beitragen kann. Dadurch wird die Beziehung vertieft, während alte Abwehrhaltungen und Differenzen (zeitweise) zurücktreten.

(2) Überarbeiteter integrativer Transformationsprozess
Das Modell des rhizomatischen Transformationsprozesses beschreibt, dass im Feld „kritische Bewertung eigener Annahmen“ Personen ihre Annahmen zu Macht, Autorität, Gewalt und Zwang reflektieren. Wenn beide Beteiligte in einem solchen Zwischenraum innehalten, entsteht die Möglichkeit, alte Muster zu erkennen und sich mit der Zukunft zu verbinden. Diese „Ruheräume“ können emergente Momente darstellen, die durch die gemeinsame Reflexion und das wechselseitige Verstehen entstehen.

(3) Konfliktstil der Transformativen Autorität
Der Konfliktstil der Transformativen Autorität kann dazu beitragen, solche Räume bewusst zu gestalten. Gewaltfreiheit und Gleichwertigkeit können einen sicheren Rahmen erschaffen, in dem Personen Deeskalation praktizieren und Wiedergutmachung leisten können. Dadurch reduzieren sich sehr wahrscheinlich Spannungen. Das öffnet den Raum stärker für konstruktive Gespräche und wechselseitige Anerkennung, was als stabilisierendes Moment im Transformationsprozess wirken kann.

(4) Erkenntnisse aus der zweiten Erkundungsaufstellung
In der zweiten Aufstellung brachte hervor, dass Zwischenräume zwischen Konfliktfeldern eine wichtige Funktion haben. Eine Szene zeigte, wie die Führungskraft und der:die Mitarbeiter:in kurzzeitig innehalten und gemeinsam eine stärkere emotionale Verbindung erfahren konnten. Beobachter:innen kommentierten, dass diese Zwischenräume wie eine „kollektive Entspannung“ wirken und die Beziehungsebene aufladen, bevor es erneut in konfliktreiche Felder geht.

(5) Erkenntnisleitende Thesen
Wie These zwei verdeutlicht, kann ein solcher Zwischenraum als stabiler Ort dienen, der Bindung und Sicherheit bietet. Gleichzeitig zeigt These drei, dass solche Orte nicht alle Personen gleichzeitig erleben müssen. Sie entstehen wahrscheinlicher durch eine geteilte Absicht und Co-Präsenz. Diese Zwischenräume verbinden in der Gegenwart die Zeitströme von Vergangenheit und Zukunft und können dadurch ein Bewusstsein für eine gemeinsame Gegenwart erzeugen.

Beobachtung d) Erschwerte oder verweigerte Zusammenarbeit

In Situationen, in denen die Führungskraft sich außerhalb eines relevanten Feldes befindet (zum Beispiel Feld drei „gemeinsame Absicht"), empfindet der:die Mitarbeiter:in dies als destruktiv. Sie beschreibt, dass sich ohne die Präsenz der Führungskraft keine gemeinsame Absicht erschaffen lässt. Die Führungskraft wiederum scheint entweder durch Unsicherheit oder durch ungelöste Konflikte daran gehindert, in dieses Feld hineinzugehen. Wahrscheinlich zeigt sich in diesen Szenen das Spannungsverhältnis zwischen autoritären oder antiautoritären Mustern und dem Wunsch nach Kooperation.

(1) Die Transformative Autorität
Das Verlassen eines Feldes durch die Führungskraft lässt sich als Ausdruck eines ungelösten Spannungsfeldes zwischen autoritären und antiautoritären Haltungen verstehen. Die theoretischen Grundlagen der Transformativen Autorität sehen solche Konflikte als Hinweis darauf, dass die Führungskraft ihre eigene Haltung noch nicht reflektiert hat oder sich (noch) nicht in der Lage fühlt, in die Rolle für eine gewaltfreie und gleichwertige Führungsbeziehung zu treten.

(2) Überarbeiteter integrativer Transformationsprozess
Das Feld „gemeinsame Absicht" im Transformationsprozess dient dazu, sich für eine konkrete Form von Autorität zu entscheiden, die Gewaltfreiheit, Gleichwertigkeit und ein „Ich-im-wir"-Bewusstsein repräsentiert. Wenn eine Führungskraft nicht bereit ist, in dieses Feld einzutreten, kann dies signalisieren, dass noch nicht alle Voraussetzungen – wie etwa die Klärung emotionaler Spannungen im Feld „Affektregulation" – erfüllt sind. Das Stocken des Prozesses kann somit ein Hinweis darauf sein, dass es noch weiteren Bedarf gibt, andere Felder (zunächst) zu bearbeiten.

(3) Konfliktstil der Transformativen Autorität
Der Konfliktstil der Transformativen Autorität weist darauf hin, dass solche Situationen nach einer Selbstreflexion der Führungskraft verlangen. Transparenz über die eigenen Unsicherheiten sowie die Bereitschaft, sich in die gemeinsame Verantwortung einzubringen, können es ermöglichen, die Blockade zu lösen. Gleichzeitig kann der:die Mitarbeiter:in ihren Kooperationswunsch offenlegen, um die Führungskraft zu einer Kooperation einzuladen.

(4) Erkenntnisse aus der zweiten Erkundungsaufstellung
In der Erkundungsaufstellung 2 wurde eine Szene beschrieben, in der eine Person bewusst „außerhalb" eines gemeinsamen Feldes agierte. Die beobachtende Instanz interpretierte dies als symbolischen Ausdruck einer inneren Blockade, die aus nicht bearbeiteten Spannungen resultierte. Die Führungskraft wurde aufgefordert, ihre Haltung zu reflektieren, und zeigte nach einem Austausch erste Anzeichen von Annäherung. Dies unterstrich die Bedeutung von begleitender Reflexion, um solche Blockaden lösen zu können.

(5) Erkenntnisleitende Thesen
Wie These eins benennt, können Konflikte tiefgreifende Veränderungen auf persönlicher und struktureller Ebene einleiten – wenn Beteiligte sie nicht nur als Störung, sondern als Hinweis auf ungeklärte Themen begreifen. These vier verweist darauf, dass eine beobachtende Instanz helfen kann, solche Blockaden zu entschlüsseln und den Prozess zu entlasten – indem die Beteiligten ihren Konflikt als hilfreiche Funktion des Transformationsprozesses ansehen, statt nur als eine zu lösende Störung.

Beobachtung e) Erleben von Nichtlinearität und verschiedenen „Ebenen"

Die Führungskraft und der:die Mitarbeiter:in durchlaufen die Felder des Transformationsprozesses nichtlinear. Während der:die Mitarbeiter:in öfter eher zukunftsorientiert handelt und sich in Gedanken bei „sich mit der Zukunft verbinden" befindet, kehrt die Führungskraft immer wieder zu früheren Feldern wie „Affektregulation" zurück, um ungelöste emotionale Spannungen zu bearbeiten. Dieses Ungleichzeitige führt gelegentlich zu Missverständnissen, die das Gefühl verstärken, auf „unterschiedlichen Ebenen" zu stehen.

(1) Die Transformative Autorität
Das Erleben unterschiedlicher Zeit- und Bewusstseinsebenen spiegelt die dynamischen Wechselwirkungen affektiver, kognitiver und sozialer Prozesse wider. Während die Führungskraft durch affektive Resonanz stärker in der Vergangenheit verankert ist, strebt der:die Mitarbeiter:in nach neuen Möglichkeiten in der Zukunft. Diese Spannungen sind ein charakteristisches Merkmal transformativer Prozesse.

(2) Überarbeiteter integrativer Transformationsprozess
Der nichtlineare, rhizomatische Charakter des Prozesses erlaubt es, dass Beteiligte Felder mehrfach durchlaufen oder Felder überspringen. Während die Führungskraft wiederholt in das Feld „Affektregulation" zurückkehrt, um emotionale Spannungen zu klären, ist der:die Mitarbeiter:in im Feld „sich mit der Zukunft verbinden" aktiv. Diese Unterschiede zeigen, dass der Transformationsprozess keine starren Abfolgen kennt, sondern durch die Bedürfnisse der Beteiligten emergiert.

(3) Konfliktstil der Transformativen Autorität
Eine Haltung der Deeskalation/Beharrlichkeit und Offenheit kann dazu beitragen, dass die Beteiligten ihre unterschiedlichen Positionen akzeptieren. Durch transparente Kommunikation und gegenseitiges Verständnis lässt sich das Spannungsfeld entschärfen. Der Konfliktstil ermutigt dazu, Unterschiede nicht als Hindernis, sondern als Chance zur Ergänzung zu betrachten.

(4) Erkenntnisse aus der zweiten Erkundungsaufstellung
In einer Schlüsselszene der Aufstellung zeigte sich, dass die Beteiligten in unterschiedlichen Feldern verweilten: Während eine Person an der emotionalen Verarbeitung vergangener Konflikte arbeitete, war die andere bereits in einer kreativen Phase der Lösungsentwicklung. Die beobachtende Instant wies darauf hin, dass diese Unterschiede produktiv wurden, sobald die Beteiligten sie thematisierten und reflektierten.

(5) Erkenntnisleitende Thesen
These drei benennt, dass Personen Transformationsprozesse gemeinsam durchlaufen können, auch wenn die Prozesse zeitlich versetzt laufen. These zwei unterstreicht, dass Bindung als stabilisierender Faktor wirkt, der Sicherheit und Orientierung geben kann, auch wenn Beteiligte in unterschiedlichen Feldern agieren.

Beobachtung f) Zunehmendes Verständnis für die Rolle des Konflikts

Im Verlauf der Szenen erkennen Führungskraft und Mitarbeiter:in, dass der Konflikt nicht nur eine Belastung darstellt, sondern als eine Art „Beobachtender" fungiert – der immer wieder auf zentrale Aspekte wie Rollen, Verantwortung oder kollektive Ziele hinweist. Den Konflikt erleben die Beteiligten als hilfreichen Begleitenden, solange er nicht vorschnell gelöst oder unterdrückt wird.

(1) Die Transformativen Autorität
Konflikte werden in diesem Theorieansatz als Spannungsfelder verstanden, die qualitative Übergänge zwischen Ordnungen ermöglichen können. Das zunehmende Verständnis der Beteiligten, dass der Konflikt eine eigenständige Instanz repräsentiert, entspricht der Idee, dass Konflikte auch stabilisieren und zur Entwicklung beitragen können.

(2) Überarbeiteter integrativer Transformationsprozess
Der Konflikt bleibt in allen Feldern des Prozesses präsent – sei es als Moment der Klärung, Reflexion oder kreativen Spannung. Wenn die Parteien den Konflikt als kontinuierlichen Lernraum begreifen, kann er dazu beitragen, blinde Flecken zu erkennen und neue Führungsimpulse zu erproben.

(3) Konfliktstil der Transformativen Autorität
Der Konfliktstil ermutigt, den Konflikt für eine konstruktive Spannung zu nutzen, bis sich neue Lösungen und Ordnungen abzeichnen. Gewaltfreiheit und Gleichwertigkeit ermöglichen es, dass keine der Parteien ihre Perspektive auf Kosten der anderen durchsetzt.

(4) Erkenntnisse aus der zweiten Erkundungsaufstellung
In der Aufstellung zeigten die Metaphern „ruhiges Gewässer" und „Achterbahn mit Schienen", dass der Konflikt Stabilität und Dynamik zugleich bietet. Die beobachtende Instanz bemerkte, dass der Konflikt von den Beteiligten als fortwährende Funktion akzeptiert wurde, sobald sie erkannten, dass er eine wichtige Funktion für die Reflexion und die Beziehungsgestaltung erfüllt.

(5) Erkenntnisleitende Thesen
Wie These eins verdeutlicht, können Konflikte als „zeitübergreifende Transformationsstruktur" umfassende Veränderungen auslösen. These

vier zeigt auf, dass eine beobachtende Instanz essenziell ist, um den Konflikt als eine Form von Prozessführung wahrzunehmen und seine Dynamik gezielt zu gestalten.

3. **Welche eher neuartigen Konfliktbearbeitungsformen lassen sich aus 2) rekonstruieren?**

Aus den Beobachtungen (a–f) und theoretischen Schemata bildeten sich sechs Konfliktbearbeitungsformen heraus, die die bisherige Epistemologie traditioneller Bearbeitungsformen erweitert:

1) Konflikte als Katalysatoren für Ordnungsübergänge
2) Nichtlinearer, rhizomatischer Transformationsprozess
3) Konfliktstil der Transformativen Autorität: Gewaltfreiheit, Gleichwertigkeit, Co-Führung
4) Rolle der beobachtenden Instanz und der Konflikt als „dritter Akteur"
5) Zwischenräume und Bindung als stabilisierende Ressource
6) Zeitübergreifendes Zusammenwirken aller Konfliktbearbeitungsformen

Diese verstehen sich als Optionen, wie Führungskräfte aber auch Mitarbeiter:innen, Konflikte in transformativen Prozessen verstehen und für die Transformation (ihrer Autoritätsbeziehung) nutzen können. Im Folgenden stelle ich diese Konfliktbearbeitungsformen dar.

1) Konflikte als Katalysatoren für Ordnungsübergänge

Mein Grundgedanke: Menschen in Autoritätsbeziehungen sollten Konflikte nicht ausschließlich als Störung verstehen, sondern vielmehr als Impuls und Katalysator für Lern- und Transformationsprozesse. Sie erzeugen Energie und markieren Übergänge, die eine Neugestaltung von Rollen, Beziehungen und Strukturen ermöglichen.

Konfliktbearbeitungsformen:

- Den Konflikt frühzeitig anerkennen: Statt ihn zu vermeiden oder herunterzuspielen, nehmen Personen ihren Konflikt bewusst wahr und thematisieren ihn.
- Der Konflikt als Informationsquelle: Die Spannung enthält Hinweise auf tieferliegende Themen (zum Beispiel Rollenverteilung, Führungshaltung, Umgang mit Spannungen), die sich wandeln sollten.

Den Spannungsfeldern Raum geben: Die Beteiligten sollten ihre unterschiedlichen Geschwindigkeiten oder Bedürfnisse (zum Beispiel die Beobachtung der unterschiedlichen Tempi von Führungskraft und Mitarbeiter:in) transparent machen. Diese transparenten Unterschiede können als Katalysator für nächste Schritte in einem Transformationsprozess dienen.

2) Nichtlinearer, rhizomatischer Transformationsprozess

Mein Grundgedanke liegt in einem rhizomatischen Verständnis von Transformationsprozessen, bei denen Konflikte immer wieder in verschiedenen Feldern und zu unterschiedlichen Zeitpunkten erscheinen können. Dies verdeutlicht, dass Prozesse des Wandels nichtlinear und in beliebigen Reihenfolgen verlaufen können.

Konfliktbearbeitungsformen:

- Mehrfaches Durchlaufen von Feldern: Die Konfliktbearbeitung ist keine lineare, einmalige Aktion, sondern kann in verschiedenen Prozessphasen (erneut) aufleben.
- Schleifen zulassen: Gelegentlich ist es nötig, in ein vorheriges Feld zurückzukehren, zum Beispiel wenn sich noch unbearbeitete, emotionale Spannungen zeigen. Dadurch bleiben Konflikte „beweglich" und für die Parteien gestaltbar. So können sie diese für die Verbesserung ihrer Beziehung im Rahmen eines Transformationsprozesses nutzen.
- Transparenz über individuelle Prozesse: Die Transparenz, in welchem Feld sich jede Person im Transformationsprozess befindet, kann helfen, Missverständnisse zu vermeiden (beispielsweise die Ungleichzeitigkeit mit dem verbundenen Gefühl, auf unterschiedlichen „Ebenen" zu agieren).

3) Konfliktstil der Transformativen Autorität: Gewaltfreiheit, Gleichwertigkeit, Co-Führung

Mein Grundgedanke besteht darin, Konflikte auf Basis von Werten wie Gewaltfreiheit und Gleichwertigkeit zu behandeln. Damit bleiben Macht- und Hierarchiefragen besprechbar und konstruktiv gestaltbar – statt sie zu leugnen. Alle Seiten sind eingeladen beziehungsweise aufgefordert, in Mitverantwortung zu gehen und den Konfliktbearbeitungsprozess in Co-Führung gemeinsam zu gestalten.

Konfliktbearbeitungsformen:

- Gewaltfreie Kommunikation: Die Beteiligten streben bestmöglich danach, ihre emotionalen Reaktionen und Bedürfnisse (zum Beispiel Ungeduld, Trauer, Unsicherheit) würdewahrend zu kommunizieren – statt ausschließlich aggressiv oder vermeidend.
- Die Rolle von Mitverantwortung: Eine Klärung, welche (Mit-) Verantwortung bei wem liegt, kann Gleichwertigkeit fördern. Die Führungskraft ist auf der Beziehungsebene nicht „über" der Mitarbeiter:in, sondern nimmt (nur hierarchisch) eine andere Rolle ein – beide sind jedoch auf „Augenhöhe" in ihrer menschlichen Beziehung.
- Co-Führung: Konfliktlösung wird als gemeinsame Aufgabe verstanden. Beide (oder mehrere) Beteiligte sind für das Gelingen verantwortlich und übernehmen zugleich Verantwortung für ihr eigenes Verhalten.

4) Rolle der beobachtenden Instanz und der Konflikt als „dritter Akteur"

Mein Grundgedanke: Konflikte entfalten oft eine eigene Dynamik, ähnlich einem „dritten Akteur", der auf ungeklärte Themen hinweist. Eine beobachtende Instanz kann diese Dynamik spiegeln und moderieren, um eine konstruktive Bearbeitung zu ermöglichen.

Konfliktbearbeitungsform:

- Externe oder interne Meta-Perspektive: Eine von den Konfliktbeteiligten – als allparteilich oder überparteilich – anerkannte Person übernimmt die Funktion, die Dynamik zu spiegeln und zu moderieren. So lassen emotionale Verstrickungen erkennen, ohne in eine einseitige Parteilichkeit zu rutschen.

  Den Konflikt als Hinweisgeber begreifen: Statt zu fragen „Wer hat Schuld?", fokussiert diese Perspektive auf die Frage: „Was zeigt uns der Konflikt wahrscheinlich auch über unser System, unsere Beziehung, unseren Transformationsprozess?"

5) Zwischenräume und Bindung als stabilisierende Ressource

Dieser Grundgedanke hebt hervor, dass Phasen der Verbundenheit und Ruhe – vor allem während konfliktträchtiger Episoden – wichtig sind, um Sicherheit und Bindung zu festigen. Dadurch lassen sich die Beziehungen stabilisieren, und die Beteiligten können sich bei Bedarf erneut und konstruktiver dem Konflikt zuwenden.

Konfliktbearbeitungsformen:

- Ruhe und Raum schaffen: Statt Konflikte direkt „lösen" zu wollen, können die Parteien bewusst einen gemeinsamen Zwischenraum durch ihr

Bewusstsein schaffen, in dem sich Ruhe und gegenseitige Würdigung entfalten können. Dies reduziert wahrscheinlich das Eskalationspotenzial.
- Affektregulation in geschützter Atmosphäre: Die Führungskraft (idealerweise auch der:die Mitarbeiter:in) kann reflektieren, welche Emotionen (zum Beispiel Trauer, Wut, Enttäuschung) noch unbewältigt sind, ohne sofort in Konfrontation zu gehen.
- Bindung pflegen: Diese „Ruheinseln" können als stabilisierende Brücken in turbulenten Zeiten dienen – damit Konflikte langfristig konstruktiv bleiben und die Beteiligten sie nicht als bedrohliche Störung erleben.

6) Zeitübergreifendes Zusammenwirken aller Konfliktbearbeitungsformen
Dieser Grundgedanke drückt aus, dass diese Konfliktbearbeitungsformen in transformativen Prozessen nicht isoliert nebeneinanderstehen, sondern sich wechselseitig ergänzen. Konflikte bilden in einem Transformationsprozess eine zeitübergreifende Funktion, indem sie immer wieder auf wesentliche Aspekte der sich wandelnden Beziehung und Organisation hinweisen.

Konfliktbearbeitungsformen:
- Katalysator: Konflikte können zu unterschiedlichen Zeitpunkten und in unterschiedlichen Intensitäten (immer) wieder auftauchen. Sie dienen als Energielieferant für mögliche Ordnungsübergänge.
- Nichtlinearität: Phasenweise (Lern-)Schleifen und erneute Auseinandersetzungen sind Ausdruck des nichtlinearen Verlaufs einer Transformation.
- Bindung: Konflikte können eine verbindende Rolle einnehmen, wenn die Beteiligten sie als gemeinsamen Lernraum betrachten.
- Externe oder interne Beobachtung: Eine für die Beteiligten relevanten Instanz – die den Konflikt transformativ interpretiert – kann den Wandlungsprozess in einer transformativen Bahn halten.
- Langfristige Transformation: Die Parteien erledigen oder lösen gar Konflikte nicht „schnell", sondern nutzen diese immer wieder als Impuls, um ihre Autoritätshaltung und -beziehung zu transformieren.

Einige Formen der Konfliktbearbeitung, die sich aus meinem empirischen Forschungsprozess ergeben haben, mögen für manche Konfliktmanagement-Expert:innen wenig überraschend sein. Neu oder zumindest neuartig ist jedoch: Erstmals im Rahmen einer empirischen Studie bewerteten 387 Personen den Konfliktstil der Transformativen Autorität als nützlich bis sehr nützlich für eine transformative Konfliktbearbeitung. Diese deskriptive Teilstudie liefert zwar keine

Evidenz für die Wirksamkeit dieses Konfliktstils – sie schafft jedoch eine wissenschaftliche Grundlage, um diesen Ansatz in weiteren Studien genauer zu überprüfen.
Meine Arbeit zeigte außerdem – in einer Art Laborversuch –, dass diese Konfliktbearbeitungsformen in dem Kontext eines Transformationsprozesses wirksam sein können. Besonders deutlich wurde dies bei dem Einsatz einer „beobachtenden Instanz", bei der Bedeutung von Nichtlinearität und bei dem katalytischen Potenzial für Ordnungsübergänge in einer Autoritätsbeziehung.
Zum Abschluss stelle ich fest: Diese Formen der Konfliktbearbeitung im Rahmen eines Transformationsprozesses der Autoritätsbeziehung finden sich in der wissenschaftlichen Literatur bislang nicht. Sie ergänzen somit die Epistemologie zu den Verständnissen von Konflikten und deren Bearbeitung.

4. **Wie wirkt es auf den Forschungsprozess, wenn Repräsentant:innen der Zielgruppe – als „Co-Forscher:innen" – in ausgewählten Teilen an der Konzeption, Durchführung und Auswertung mitwirken?**

   Die Einbindung von Repräsentant:innen der Zielgruppe als Co-Forscher:innen bereicherte meine Arbeit nicht nur methodisch. Sie hatte auch einen emotionalen und ethischen Einfluss – und trug so zu einer noch sorgfältigeren Forschung bei.

   Ihre Bereitschaft, mir ihre wertvolle Zeit für dieses Forschungsprojekt zur Verfügung zu stellen, verstärkte mein Verantwortungsbewusstsein. Ich wollte keinesfalls riskieren, ihre Zeit zu vergeuden oder Ergebnisse zu liefern, die weder meinen noch den allgemeinen Qualitätsansprüchen guter Wissenschaft genügen. Diese innere Verpflichtung, seriöse Forschung zu leisten, verstärkte sich dadurch noch weiter, weil ich meine Reputation auch mit den Resultaten verbinde.

   Besonders bei der Evaluation des Fragebogens für die deskriptive Studie erwiesen sich die Co-Forscher:innen als unverzichtbar. Während des Pretests gaben sie entscheidende Rückmeldungen, die die Verständlichkeit des Fragebogens deutlich verbesserten; nicht nur in sprachlicher Hinsicht, sondern auch im Hinblick auf kulturelle Unterschiede zwischen den drei deutschsprachigen Ländern. Die Qualität des Fragebogens ließ sich durch ihre Einbindung insgesamt erheblich steigern. Zudem halfen die Co-Forscher:innen bei der Verbreitung des Fragebogens im Schneeballverfahren. Dadurch erweiterte sich die Stichprobe und erhöhte die Aussagekraft der Ergebnisse.

   Auch bei der Entwicklung der Thesen zu den verdeckten Systemaufstellungen spielten sie eine zentrale Rolle. Ihre Berufserfahrungen und spezifischen Rollen – als Führungskräfte oder Mitarbeiter:innen – führten zu praxisnahen Thesen. Die gezielte Einbeziehung weiblicher Perspektiven, im Sinne des transformativen Paradigmas, reduzierte zudem die Gefahr (m)eines männlich geprägten Autoritätsbias. Das erhöhte weiter die Aussagekraft und Praxisnähe der Ergebnisse.

Besonders eindrücklich war für mich die Bereitschaft der Co-Forscher:innen, trotz zweier gescheiterter Datenerhebungen auch bei einem dritten Versuch mitzuwirken. Ihre Großzügigkeit, ihr Vertrauen und ihre ermunternden Worte lösten bei mir tiefe Dankbarkeit aus und bestärkten meine Entschlossenheit, relevante und belastbare Erkenntnisse herauszuarbeiten.

Teil zwei der vierten Forschungsfrage: Und wie beeinflusste diese Mitwirkung das Verständnis der Co-Forscher:innen zu Konflikt, Transformation und Autorität?

Um diesen zweiten Teil der vierten Forschungsfrage zu beantworten, führte ich gegen Ende des Forschungsprozesses – im Februar 2025 – eine Online-Befragung mit Socisurvey durch. Sieben Co-Forscher:innen nahmen daran teil.

Ich wollte wissen, ob und wie sich ihr Verständnis von Konflikt, Transformation und Autorität während unseres gemeinsamen Forschungsprozesses veränderte. Dazu stellte ich ihnen drei Fragen:

1. Wie hat sich Dein Verständnis zum Thema Konflikt während des Forschungsprozesses geändert (von dem Start der Co-Forschung bis heute)?
2. Wie hat sich Dein Verständnis zum Thema Transformation während des Forschungsprozesses geändert (von dem Start der Co-Forschung bis heute)?
3. Wie hat sich Dein Verständnis zum Thema Autorität während des Forschungsprozesses geändert (von dem Start der Co-Forschung bis heute)?

Darüber hinaus interessierte mich, wie nützlich die Mitwirkung als Co-Forscher:in für die berufliche Tätigkeit war. Diese Frage konnten die Befragten mithilfe eines Schiebereglers auf einer Skala von 0 (kein Nutzen) bis 100 (sehr hoher Nutzen) beantworten. Es war auch möglich, die Frage als „nicht beantwortbar" zu markieren.

Die im Folgenden dargestellten Aussagen und Zitate stammen aus einer anekdotischen Auswertung der offenen Antworten – mit dem Ziel, Tendenzen zu illustrieren.

Auswertung zu Frage eins „Konfliktverständnis"

Mehrere Co-Forscher:innen berichteten, dass sich ihr Verständnis von Konflikten im Verlauf des Forschungsprozesses erweiterte. Während sie zu Beginn Konflikte eher als „Unstimmigkeiten" oder „Meinungsverschiedenheiten" betrachteten, entwickelte sich im Laufe der Co-Forschung ein differenzierteres Bild. Eine Führungskraft brachte diese Erkenntnis so auf den Punkt:

> „Meine wesentliche Erkenntnis ist, Konflikte mehrdimensionaler zu betrachten und Lösungsmechanismen (meist) nicht aus eingespielten Mustern entstehen."

Diese Aussage deutet darauf hin, dass Konfliktlösungen oft überraschend und spontan auftreten können – insbesondere dann, wenn eine Konfliktpartei bereit ist, ihre gewohnte Sichtweise zu verlassen und eine ungewohnte Perspektive einzunehmen.
Außerdem sahen einige Co-Forscher:innen Konflikte nicht mehr ausschließlich als etwas Negatives oder Störendes. Vielmehr erkannten sie den konstruktiven und notwendigen Charakter von Konflikten im beruflichen Kontext. Diese veränderte Einstellung zeigte sich auch in einer größeren Offenheit – teils sogar Freude – gegenüber Konfliktgesprächen. Eine Führungskraft beschrieb das so:

> „Konfliktgespräche gehören zur täglichen Aufgabe. Das umzukonnotieren, um es als Herausforderung zu sehen, hat zu mehr Gelassenheit und mehr Freude am Kontakt mit den Mitarbeitenden geführt."

Verglichen mit dem Beginn des Co-Forschungsprozesses lässt sich vorsichtig erkennen, dass die Co-Forscher:innen eine größere Gelassenheit und ein erweitertes Verständnis für die Dynamiken von Konflikten entwickelten. Etliche betonten, wie wichtig es sei, über rein sachliche Aspekte hinaus auch kommunikative und zwischenmenschliche Ebenen zu beachten.

Auswertung zu Frage zwei „Verständnis von Transformation"

Die Rolle der Co-Forscher:innen im Projekt führte zu einem erweiterten Verständnis von Transformation. Mehrere Mitwirkende äußerten, dass sie Transformation nicht mehr als linearen Prozess mit klaren Etappen betrachten – sondern als längere Entwicklung, in der sich stetig neue Aspekte und Herausforderungen ergeben. Eine Antwort fasste das so zusammen:

> „Je besser sie [die Transformation] strukturiert, begleitet und moderiert wird, umso mehr lässt sich in jedem Schritt die Evolution hin zum Neuen erkennen."

Gleichzeitig brachten die Co-Forscher:innen Transformation stärker mit gesamtgesellschaftlichen Entwicklungen in Verbindung. Eine Co-Forscherin reflektierte, dass ihr erst durch die aktuellen politischen und wirtschaftlichen Ereignisse bewusst geworden sei, „dass wir als Gesellschaft in einem Transformationsprozess stecken, der mit der Industrialisierung vergleichbar ist, jedoch viel schneller abläuft." Das deutet darauf hin, dass die Co-Forscher:innen ihre berufliche Wirklichkeit auch in einem größeren, systemischen Kontext verorten.
Eine weitere Erkenntnis war für einige die bislang unterschätzte Relevanz bestimmter Methoden in Transformationsprozessen – insbesondere der „verdeckten Aufstellungsarbeit":

> „Die Unterstützung von ‚versteckter Aufstellungsarbeit' im Hinblick auf Transformation hätte ich vorher total unterschätzt."

Die Mitwirkung am Forschungsprojekt trug offenbar dazu bei, Vorbehalte gegenüber neuen Formaten abzubauen und alternative Zugänge zu Veränderungsprozessen zuzulassen. Mehrere Co-Forscher:innen betonten zudem, dass sie Transformation heute differenzierter und weniger dogmatisch sehen. Während der Begriff stellenweise als überzogene „Heilsversprechung" wahrgenommen wurde, erkennen sie Transformation nun stärker als einen Prozess, der sowohl strukturelle als auch zwischenmenschliche Dimensionen umfasst:

> „Transformation in Teilbereichen zu denken und bezogen auf Softskills zu denken war und ist für mich neu, ist aber für mich mittlerweile ein attraktives Ziel."

Auswertung zu Frage drei „Autoritätsverständnis"

Beim Thema Autorität zeigten sich in den Rückmeldungen sowohl deutliche als auch subtile Veränderungen. Mir fiel auf, dass einige Co-Forscher:innen eine Neubewertung von Autorität vornahmen. Wo zuvor Skepsis oder Ablehnung herrschte, wird Autorität mittlerweile von vielen als notwendige Eigenschaft erfolgreicher Führung anerkannt:

> „Echte, im Sinne der Definition, Autorität ist eine entscheidende Eigenschaft erfolgreicher Führungskräfte."

Mehrere Co-Forscher:innen berichteten, dass sie Autorität inzwischen differenzierter betrachten. Auch wenn nicht alle eine klare Veränderung äußerten, schärfte sich ihr Bewusstsein dafür, dass Autorität nicht ausschließlich ein Merkmal einer Person ist – sondern durch Beziehungsdynamiken in einer Organisation entsteht:

> „Autorität ist eine emergente Eigenschaft eines Systems und keine, die nur an bestimmte und klar umrissene Eigenschaften geknüpft ist."

Gleichzeitig erhöhte sich bei den Co-Forscher:innen die Sensibilität im Umgang mit Macht und deren möglichen Missbrauch – ein zentrales Ziel des transformativen Mixed-Methods-Designs mit seinen wissenschaftstheoretischen Prämissen (vgl. 6).
Die Beteiligung an der Co-Forschung schien – wie einzelne Rückmeldungen nahelegen – den Blick dafür zu öffnen, wie Autorität im konkreten betrieblichen Alltag wirkt und wo auch ihre kritischen Grenzen verlaufen. Eine Person bringt diese Erkenntnis so zum Ausdruck:

> „Es ist ein ständiger Prozess für mich, zu verstehen, wie viel Autorität es sinnvoll braucht – im Gegensatz zum ‚Spiel der freien Kräfte' ... Bin nicht sicher, ob das nicht eher durch internes aktuelles Geschehen ausgelöst war."

Aus diesen Rückmeldungen schließe ich vorsichtig: Die persönliche Auseinandersetzung mit dem Thema Autorität in einem transformativen Forschungsprozess fördert sowohl Selbstreflexion als auch die bewusste Wahrnehmung des organisationalen Kontexts. Auch wenn nicht alle Co-Forscher:innen eindeutige Schlussfolgerungen zogen, leite ich aus ihren Antworten die Tendenz ab: Bei ihnen entstand ein gesteigertes Bewusstsein und eine gesteigerte, kritische Reflexionsfähigkeit.

Auswertung des persönlichen Nutzens als Co-Forscher:in für den beruflichen Alltag

Zum Abschluss der Online-Befragung stellte ich einen Schieberegler von „kein Nutzen" = 0 bis „hoher Nutzen" = 100 für den beruflichen Alltag bereit. Die Frage konnte auch unbeantwortet bleiben. Sechs der sieben Co-Forscher:innen beantworteten diese Frage. Der Mittelwert lag bei 70,67 Prozent – eine positive Tendenz für den Nutzen im beruflichen Alltag.
Meinem Eindruck nach profitierten die Co-Forscher:innen sowohl inhaltlich als auch praktisch von ihrer Mitwirkung. Ich bin dankbar, dass die aktive Einbindung der Zielgruppe nicht nur relevante Daten für die Forschung lieferte, sondern auch den Mitwirkenden einen wahrnehmbaren Mehrwert brachte.

Diese Rückmeldungen bestätigen mich in meiner Grundidee und Haltung, Transformationsphänomene im beruflichen (Macht-)Kontext auch mit einem transformativen Forschungsansatz zu untersuchen.

9.2 Kritische Würdigung der Forschungsarbeit

Das Ziel qualitativer Sozialforschung besteht nicht darin, Wahrheitsansprüche zu erheben oder Validitätsaussagen zu tätigen. Stattdessen wird ihre Qualität daran gemessen, wie nützlich die gewonnenen Erkenntnisse für die (Berufs-)Praxis der Menschen sind. Dies betone ich an dieser Stelle nochmals ausdrücklich. Diese Einschränkung ist entscheidend für das Verständnis meiner Ergebnisse.

Sowohl die Thesen als auch die theoretischen Grundlagen einer Transformativen Autorität für Führungskontexte basieren auf einer empirischen Grundlage. Das Gleiche gilt für den rhizomatischen Transformationsprozess. Diese Grundlage liefert jedoch keine Aussage über eine klassische Evidenz.

Die Daten stammen aus zwei Quellen, die beide Einschränkungen aufweisen:

1. Der deskriptiven Teilstudie (vgl. 7.2.2):
   Obwohl die Studie mit n = 378 wertvolle Einblicke bietet, ist sie nicht repräsentativ. Außerdem hätte ich das Kriterium „nützlich für eine transformative Konfliktbearbeitung" deutlich klarer definieren können, da es den Befragten Raum für unterschiedliche Interpretationen ließ. Da sich die Teilnehmer:innen der Mitwirkung an einer wissenschaftlichen Studie bewusst waren, könnten ihre Antworten durch soziale Erwünschtheit beeinflusst worden sein. Die Daten stammen ausschließlich aus einem Online-Fragebogen und sind daher von dessen Gestaltung und den individuellen Ausfüllbedingungen abhängig. Da ich während der Befragung keinen Echtzeitkontakt zu den Befragten hatte, konnte ich keine direkten Rückfragen beantworten oder ihre jeweiligen Situationen einsehen. Im Vergleich zu Interviews war die Datenerhebung dadurch weniger flexibel und transparent, was möglicherweise die Tiefe der Erkenntnisse eingeschränkt hat.
2. Der Erkundungsaufstellung 1 und Erkundungsaufstellung 2 (vgl. 7.2.1 und 7.2.3):
   Erkundungsaufstellungen ähneln realitätsnahen Laborexperimenten. Sie bilden mögliche oder tatsächliche Ausschnitte der Praxis ab. Zudem zeigen sie sogar potenzielle Praxisformen, die erst entstehen könnten – abhängig von spezifischen Konstellationen. Diese Experimente reproduzieren jedoch nicht

eins zu eins die Realität. Die daraus resultierenden Aussagen sind erkenntnisleitende Thesen, die auf spezifische Fragestellungen bezogen sind. Die Auswahl der Schlüsselszenen durch mich sowie die Fragestellung hat daher einen wesentlichen Einfluss auf die entstehenden Thesen, ebenso wie das Aufstellungssetting. Daher entscheidet auch die theoretische Einordnung des Aufstellungssettings über die Entstehung spezifischer Phänomene. Somit hätte die Auswahl der Repräsentanzen und des Spannungsfelds in Bezug auf andere Fragestellungen auch variieren können.

Die erkenntnisleitenden Thesen stellen damit relevante, mögliche Beschreibungen der Realität dar – jedoch keine vollständigen. Die Bewertung dieser Thesen in Bezug auf Nützlichkeit und Innovationsgrad erfolgte subjektiv durch die Co-Forscherinnen und mich – beeinflusst durch unsere jeweiligen Lebens- und Arbeitswelten. Andere Personen mit anderen Hintergründen könnten die Nützlichkeit und Originalität der Thesen unterschiedlich beurteilen.

Es bedarf daher weiterer Forschung und praktischer Anwendung, um diese theoretischen Aussagen zu verifizieren oder sie grundsätzlich weiterzuentwickeln und zu verfeinern.

9.3 Perspektiven für die weitere Forschung

Meine Arbeit zeigt, dass transformative Konfliktbearbeitungsformen in Autoritätsbeziehungen sowohl die Dynamik der Konflikte, den Verlauf eines Transformationsprozesses als auch das Verständnis von Autorität bei den Beteiligten grundlegend wandeln können.

Der rhizomatische Transformationsprozess könnte zudem für andere Themenfelder – neben Autorität und Führung – von großer Bedeutung sein. Ebenso wäre es interessant zu untersuchen, ob dieser Prozess auch Gruppen oder Teams dabei unterstützen kann, sich zu transformieren.

Die entwickelten Modelle bilden eine fundierte Grundlage für weitere theoretische und praktische Anwendungen und Untersuchungen. Zukünftige Forschungen könnten die Wirksamkeit der beschriebenen Ansätze in verschiedenen Organisationstypen sowie für unterschiedliche Gruppengrößen und Organisationsstrukturen empirisch untersuchen – insbesondere den Konfliktstil der Transformativen Autorität als auch den rhizomatischen Transformationsprozess. Auch eine Analyse ihrer Übertragbarkeit auf unterschiedliche kulturelle Kontexte wäre vielversprechend.

9.4 Reflexion zum Einsatz von KI-Systemen

Der Einsatz von KI-Systemen als unterstützender Teil wissenschaftlicher Arbeit wird nicht nur bleiben, sondern sich mit der Fortentwicklung der Systeme weiter ausbreiten. Daher stellt sich nicht mehr die Frage, *ob* Wissenschaftler:innen KI-Systeme einsetzen. Vielmehr lautet in meinem Fall die Frage, *wie* sie KI-Systeme für ihre wissenschaftliche Arbeit nutzen – beispielsweise zur effizienten Quellensuche oder zur Verbesserung der Lesefreundlichkeit von Texten.

Genau diese beiden Funktionen habe ich für meine Dissertation eingesetzt: zum einen ChatGPT zum Vorlektorat von Texten, zum anderen ScienceOS zur Quellensuche. Da ich nach den Prinzipien der „Guten wissenschaftlichen Praxis" arbeite (Universität Bremen 2023), mache ich nicht nur die Verwendung dieser Systeme transparent (vgl. KI-Verzeichnis), sondern reflektiere im Sinne systemisch orientierter Forschung auch mein eigenes Verhalten als Forschender.

Verwendung von ChatGPT für die Verbesserung des Leseflusses

Da mein Theorieteil bereits weitgehend geschrieben war, als die fortschrittlicheren Reasoning-Modelle – 4o, o1 – von OpenAI im Frühsommer 2024 auf den Markt kamen (Wikepedia 2025), spielte deren Einsatz für meine Arbeit keine wirkliche Rolle mehr. Für mich war nur noch hilfreich und damit relevant, dass ab Frühjahr 2023 kostenfrei verfügbare ChatGPT-4-Modell zur Verbesserung des Leseflusses meiner Texte zu nutzen.

Da ich seit rund zehn Jahren publizistisch tätig bin und dabei meinen eigenen (populärwissenschaftlichen) Schreibstil entwickelte, fiel es mir bereits grundsätzlich leicht, meine Gedanken in verständliche Sätze zu fassen. Das hing sicher auch damit zusammen, dass ich aus der langjährigen Zusammenarbeit mit unterschiedlichen Lektor:innen viel lernte.

Worin mich die KI jedoch deutlich unterstützte, war die weitere Verbesserung bestimmter Satzkonstruktionen. Normalerweise hätte ich solche Anpassungen erst durch meinen Lektor zurückgemeldet und verbessert bekommen – diesen Schritt übernahm nun das KI-System als eine Art „Vorlektorat".

Dabei fiel mir auf, dass das Modell häufig passive Satzkonstruktionen verwendete, die nicht zu meinem Schreibstil passten. Zudem kam es gerade bei fachspezifischen oder komplexen Inhalten zu inhaltlich inkorrekten Ergebnissen. In vielen Fällen musste ich daher die von ChatGPT überarbeiteten Sätze noch einmal selbst anpassen.

Besonders nützlich erwies sich die KI im Empirieteil, in dem ich die Schlüsselszenen der Erkundungsaufstellungen nacherzählt habe. Zunächst nutzte ich die Diktierfunktion in Word, um die Szenen mündlich nachzuerzählen. Der so entstandene Rohtext war durch die automatische Transkription oft fehlerhaft. ChatGPT verwandelte ihn in weitgehend gut lesbare Texte. Diese musste ich jedoch in vielen Fällen noch überarbeiten, bis sie wirklich stimmig waren.

Auch bei der Interpretation der Schlüsselszenen im Empirieteil nutzte ich die gleiche Vorgehensweise: ich diktierte meine Gedanken in Word und ließ ChatGPT daraus erste Entwürfe von Sätzen generieren. Der große Vorteil lag darin, dass ich mich voll auf den Inhalt konzentrieren konnte, während die „Maschinen" – die Kombination aus Word und ChatGPT – die technische Umsetzung des Schreibens übernahmen und erleichterten. Ich schätze, dass mir der Einsatz von ChatGPT etwa 30 bis 40 % der Arbeitszeit ersparte, die ich ansonsten für manuelle Korrekturen hätte aufwenden müssen.

Ähnlich verlief es im Ergebnisteil: Auch hier nutzte ich die Diktierfunktion, ließ den Text von ChatGPT in lesbare Sätze umwandeln und konnte ihn anschließend wesentlich einfacher überarbeiten. Diese Redaktionsmethode kenne ich bereits aus meiner publizistischen Tätigkeit: Es ist deutlich leichter, bereits geschriebene Texte (mehrfach) zu redigieren, als einen völlig neuen Text auf einem leeren Blatt zu formulieren.

Grundsätzlich habe ich ChatGPT über meine gesamte Dissertation hinweg als eine Art Vorlektorat genutzt – also auch für bereits geschriebene Textteile vor dem ersten Quartal 2023. Interessanterweise konnte mein Lektor in der Schlussredaktion an einigen Stellen trotz der Vorbereitung durch ChatGPT noch weitere Verbesserungen vornehmen. Dies zeigte mir erneut die Begrenzungen des algorithmischen Schreibens. Der Unterschied lag dabei weniger in der Grammatik oder Technik, sondern vielmehr im Stil und in der sprachlichen Feinheit. Ich könnte auch sagen: Durch die Überarbeitung meines Lektors wurden einige Passagen „eleganter". Diese Qualität konnte ChatGPT nicht liefern.

Verwendung von ScienceOS für die Quellensuche

Gegen Ende meiner Dissertation wurde auch der Einsatz des zweiten KI-Systems, ScienceOS, für die qualitativ hochwertige Recherche wissenschaftlicher Quellen relevant. Dies lag vor allem daran, dass ich das System erst im Jahr 2024 entdeckte, als der sogenannte Redaktionsschluss für die Quellen in meinem Theorie- und Empirieteil bereits abgeschlossen war. Dennoch erwies sich ScienceOS als hilfreich für den Ergebnisteil, da ich an einigen Stellen zusätzliche Quellen benötigte.

Besonders schätze ich, dass ich dem System spezifische Fragen stellen kann, ohne mich um komplexe Suchstrings kümmern zu müssen. Dadurch erhielt ich sehr konkrete Quellen. Allerdings waren nicht alle davon für meinen Forschungsschwerpunkt relevant – selbst, wenn sie die gestellte Frage in gewisser Weise beantworteten. Die Bewertung der gelieferten Quellen konnte nur ich selbst vornehmen, da mir der spezifische Kontext meiner Fragestellung bekannt war. Zudem verfüge ich über umfangreiches Fachwissen in meinem Forschungsfeld. Ohne dieses kontextuale Vorwissen wäre es schwierig oder gar unmöglich gewesen, die Relevanz der Quellen fundiert einzuschätzen. Für diese Qualifizierung musste ich jede von ScienceOS gelieferte Quelle querlesen – auch über das Abstract hinaus.

Bei dieser Art der Quellenrecherche machte ich eine überraschend erfreuliche Erfahrung: Auf die Frage, ob es eine Wechselwirkung zwischen Prinzipien vor allem kapitalistischen Systemen – Effizienz, Linearität und Kontrollierbarkeit – und dem Verständnis von Veränderungen in Unternehmen gäbe, lieferte mir ScienceOS ein relevantes Paper aus einer portugiesischen Wissenschaftszeitschrift. Dabei stellte ich fest, dass der Autor an der Universität Bremen tätig ist. Ich ging davon aus, dass er sein Paper möglicherweise auch auf Englisch oder sogar auf Deutsch zur Verfügung hat. So nahm ich Kontakt mit ihm auf, verwies auf meinen Fund und bat um Unterstützung. In bester Kollegialität stellte er mir sein Paper in englischer Sprache zur Verfügung.

Diese Anekdote illustriert, dass ich ohne ScienceOS wahrscheinlich nicht auf diese Quelle gestoßen wäre – oder zumindest nicht so schnell. Insgesamt stelle ich fest: Die Effizienz und Präzision der Quellenarbeit steigt, weil ich als Forschender sehr gezielte, inhaltliche Fragen an das System stellen kann, die sich mit klassischer Recherche über wissenschaftliche Datenbanken nur schwer abbilden lassen.

Dennoch bleibt der Kern wissenschaftlicher Quellenarbeit unverändert – oder gewinnt sogar noch an Bedeutung: Die Formulierung von spezifischen Fragen, die sorgfältige Prüfung der Quellen auf Qualität und inhaltliche Relevanz für das Forschungsgebiet beziehungsweise die Forschungsfrage. Dies kann ein KI-System nicht übernehmen, da es über kein tiefgehendes und subjektives Verständnis des eigenen Forschungsfeldes verfügt.

9.5 Zusammenfassung/Abstract

Diese Arbeit untersucht transformative Konfliktbearbeitungsformen in Autoritätsbeziehungen und ihre potenziellen Auswirkungen auf Konfliktdynamiken, Transformationsprozesse und das Verständnis von Autorität. Die Forschungsarbeit basiert auf einem transformative Mixed-Methods-Design, das eine Online-Befragung mit 378 Teilnehmer:innen sowie systemische Erkundungsaufstellungen umfasst, die praxisnahen Laborexperimenten ähneln. Die Ergebnisse zeigen, dass transformative Konfliktbearbeitungsansätze tiefgreifenden, systemischen Wandel in den genannten Bereichen bewirken können. Gleichzeitig wird deutlich, dass weitere Forschung und praktische Anwendung notwendig sind, um die theoretischen Aussagen zu verifizieren und weiterzuentwickeln. Die entwickelten Modelle bieten eine wissenschaftlich fundierte Grundlage für zukünftige Untersuchungen, die die Wirksamkeit der beschriebenen Ansätze in verschiedenen Organisationstypen und kulturellen Kontexten empirisch erforschen sollen. Dabei sollten insbesondere der Konfliktstil der Transformativen Autorität und der rhizomatische Transformationsprozess Berücksichtigung finden. Die Arbeit hebt hervor, dass diese Transformationsansätze möglicherweise auch für andere Themenfelder sowie für Gruppen- und Organisationsgrößen von Bedeutung sein könnten.

Abstract

This dissertation examines transformative conflict resolution approaches in authority relationships and their potential impacts on conflict dynamics, transformation processes, and the understanding of authority. The research is based on a transformative mixed-methods design that includes an online survey of 378 participants as well as systemic exploratory constellations, which resemble practice-oriented laboratory experiments. The findings show that transformative conflict resolution approaches can bring about profound, systemic change in the areas mentioned. At the same time, it becomes clear that additional research and practical application are needed to verify and further develop the theoretical propositions.

The models developed here provide a scientifically grounded foundation for future investigations aiming to empirically examine the effectiveness of these described approaches in various organizational types and cultural contexts. In doing so, particular attention should be paid to the conflict style of Transformative Authority and the rhizomatic transformation process. This paper also emphasizes that these transformational approaches may be relevant to other subject areas as well as to different group and organizational sizes.

Hinweis

Die Videodateien beider Forschungsaufstellungen, die Transkripte sowie die Aufstellungspartituren liegen der Universität Bremen – Fachbereich 7 Nachhaltiges Management – auf einem Datenträger vor.

10 Schlusswort und Dank

Keine:r schreibt eine Dissertation wirklich allein. Wir alle sind immer in ein Netz von Unterstützer:innen eingebunden. Ihre bewussten oder oft auch unbewussten Beiträge zu dieser Arbeit möchte ich mit voller Dankbarkeit würdigen. Dabei spielt es keine Rolle, ob der Beitrag groß oder klein war. Denn eine solche reduktionistische, eng an transaktionale Bewertungskategorien gebundene Betrachtung menschlicher Gaben widerspricht meiner Haltung als auch der Theorie der Transformativen Autorität.

In diesem Sinne würdige ich die Beiträge von Linus, Maya und Susi sowie Prof. Dr. Georg Müller-Christ und Prof. Dr. Arist von Schlippe.

In alphabetischer Reihenfolge danke ich darüber hinaus Dr. Dirk Bayas-Linke, Dr. Lin Cong, Martin Fellacher, Ramona Fiebig, Dr. Steffen Groschup, Anne Harker, Dagmar Hoefs, Bruno Körner, Harald Kurp, Martin Lemme, Dr. Josef Merk, Michael Messal, Prof. Dr. Haim Omer, Dr. Denis Pijetlovic, Dr. Anja Schulz, Lisa-Marie Seyfried, Dr. Franziska Weir und Maria Wiprich; sowie die Beiträge der Co-Forscherinnen – unter anderem Karin Baumgärtner, Dr. Sonja Beeli-Zimmermann, Christoph Huber, Röne Stäheli Hungerbühler, Karl-Heinz Leitinger, Michael Malec, Michael Piegsa, Tina Rittmann, Ruth Treyer, Alexandra Wucher; außerdem unserer Natur, meinem Körper, den „geistigen Feldern" des Jenaer Frühromantik-Kreises sowie von indigenen Wissenschaftler:innen wie Robin Wall Kimmerer und Báyò Akómoláfé. Darüber hinaus danke ich allen meinen Kund:innen und Crowdfunder:innen von https://steady.page/de/baumann-habersack/about, die mit ihrem Vertrauen meine freiberufliche Forschung für unsere Gesellschaft finanziell ermöglichen – sowie meinem Lektor Thorsten Schulte.

F. Baumann-Habersack, *Transformative Autorität*,
https://doi.org/10.1007/978-3-658-51824-0_10

KI-Verzeichnis

Das Verzeichnis basiert auf „Hinweise zum wissenschaftlichen Arbeiten mit KI-basierten Systemen" des Fachbereichs 7 – Wirtschaftswissenschaften – der Universität Bremen.

KI-Tool	Verwendungszweck	Anwendungsfeld	Promt
chatgpt.com, Version 4	Vorlektorat	Gesamter Text der Dissertation	Verbessere den Lesefluss.
happyscribe.com	Transkription der Audiospur	Auswertung der Videodateien beider Erkundungsaufstellungen	–
sciencesos.ai	Recherche von Quellen	Abschnitt 7.2.3 Erkundungsaufstellung 2 Abschnitt 8.4 Erkenntnisse aus den Schlüsselszenen der zweiten Erkundungsaufstellung	– Gibt es Arbeiten über das transaktionale Verständnis von Zielen im Kontext von Veränderungsprozessen? – Gibt es Arbeiten zu der Verbindung Scham und (neuronalem) Schmerz? – Gibt es Arbeiten die zeigen, dass ein Konflikt auch zu Verlässlichkeit in der Beziehung führen kann? – Gibt es Arbeiten zu der Wechselwirkung zwischen Prinzipien vor allem kapitalistischer Systeme – Effizienz, Linearität und Kontrollierbarkeit – und dem Verständnis von Veränderungen in Unternehmen?

Die Videodateien beider Forschungsaufstellungen, die Transkripte sowie die Aufstellungspartituren liegen der Universität Bremen – Fachbereich 7 Nachhaltiges Management – auf einem Datenträger vor.

F. Baumann-Habersack, *Transformative Autorität*,
https://doi.org/10.1007/978-3-658-51824-0

Literaturverzeichnis

Aghion, P. & Tirole, J. (1997). Formal and Real Authority in Organizations. *Journal of Political Economy 105* (1), 1–29.

Ainsworth, M. D. S. (1991). Attachments and other affectional bonds across the life cycle. In C. M. Parkes, J. Stevenson-Hinde & P. Marris (Hrsg.), *Attachment Across the Life Cycle* (S. 41–59). Routledge.

Albrecht, M. (2023). *Transformation von Unternehmen auf die integrale Stufe: eine konzeptionell-explorative Studie zum Potenzial der Theorie U*. Dissertation. Universität Bremen.

Alfoqahaa, S. & Jones, E. (2020). Leading at the edge of chaos: historical perspectives on the qualities of leadership for cultural diversity and conflict resolution. *International Journal of Public Leadership 16* (2), 217–248.

Arendt, H. (1956). Was ist Autorität? *Der Monat 8* (89), 29–44.

Baecker, D. (2016). *Schlüsselwerke der Systemtheorie*. Wiesbaden: Springer Fachmedien Wiesbaden.

Baumann-Habersack, F. (2015). *Mit neuer Autorität in Führung. Warum wir heute präsenter, beharrlicher und vernetzter führen müssen*. Wiesbaden: Springer Gabler.

Baumann-Habersack, F. (2020). *Führen mit transformativer Autorität. Die neue Praxis wirksamer Konfliktbearbeitung*. Göttingen: Vandenhoeck & Ruprecht.

Baumann-Habersack, F. (2021a). Autorität, Algorithmen und Konflikte – Die digitalisierte Renaissance autoritärer Führungsprinzipien. In O. Geramanis, S. Hutmacher & L. Walser (Hrsg.), *Kooperation in der digitalen Arbeitswelt* (uniscope. Publikationen der SGO Stiftung, S. 279–291). Wiesbaden: Springer Fachmedien Wiesbaden.

Baumann-Habersack, F. (2021b). *Mit transformativer Autorität in Führung. Die Führungshaltung für das 21. Jahrhundert*. Wiesbaden: Springer Gabler.

Baumann-Habersack, F. (2023). Die Macht der Autorität. In O. Geramanis, S. Hutmacher & L. Walser (Hrsg.), *Organisationale Machtbeziehungen im Wandel* (S. 339–354). Wiesbaden: Springer Fachmedien Wiesbaden.

Baumann-Habersack, F. H. (2017). *Mit neuer Autorität in Führung. Die Führungshaltung für das 21. Jahrhundert*. Wiesbaden: Springer Fachmedien Wiesbaden.

Behera, A. & Nayak, S. (2022). *Gandhi in the Twenty First Century*. Singapore: Springer Nature Singapore.

F. Baumann-Habersack, *Transformative Autorität*,
https://doi.org/10.1007/978-3-658-51824-0

Beigang, S., Fetz, K., Kalkum, D. & Otto, M. (2017). *Diskriminierungserfahrungen in Deutschland. Ergebnisse einer Repräsentativ- und einer Betroffenenbefragung.* Hg. v. Antidiskriminisierungsstelle des Bundes. Baden-Baden: Nomos Verlagsgesellschaft.

Bell, E., Bryman, A. & Harley, B. (2022). *Business research methods.* Oxford, United Kingdom: Oxford University Press.

Bergman, M. M. (2018). The Century of Migration and the Contribution of Mixed Methods Research. *Journal of Mixed Methods Research 12* (4), 371–373.

Berkel, K. (1995). Konflikttraining. Konflikte verstehen und bewältigen (Arbeitshefte Führungspsychologie, Bd. 15, 4. Aufl.). Heidelberg: Sauer.

Bilsky, W. & Wülker, A. (2000). *Konfliktstile: Adaptation und Erprobung des Rahim Organizational Conflict Inventory (ROCI-II).* Münster: Universität Münster.

Blake, R. R. & Mouton, J. S. (1984). *Solving costly organizational conflicts.* San Francisco, Calif.: Jossey-Bass.

Blake, R. R., Shepard, H. A. & Mouton, J. S. (1964). *Managing intergroup conflict in industry.* Houston, Tex.: Gulf Publishing Co.

Bochenski, J. M. (1974). *Was ist Autorität? Einführung in die Logik der Autorität. Freiburg: Herder.*

Bogner, D. P. (2021). *Kurt Lewin reloaded.* Wiesbaden: Springer Fachmedien Wiesbaden.

Bourgoin, A., Bencherki, N. & Faraj, S. (2020). "And Who Are You?": A Performative Perspective on Authority in Organizations. *Academy of Management Journal 63* (4), 1134–1165.

Bowlby, J. (1982). Attachment and loss: retrospect and prospect. *The American journal of orthopsychiatry 52* (4), 664–678.

Bradbury-Huang, H. (2010). What is good action research? *Action Research 8* (1), 93–109.

Brookfield, S. (2012). Critical Theory and Transformative Learning. In E. W. Taylor (Hrsg.), *The handbook of transformative learning. Theory, research, and practice* (S. 131–146). San Francisco, Calif.: Jossey-Bass.

Brünnecke, K. C. (1998). *Autorität des Managements.* Wiesbaden: Deutscher Universitätsverlag.

Brunnhuber, S. (2016). *Die Kunst der Transformation. Wie wir lernen, die Welt zu verändern.* Freiburg: Herder.

Bundesamt für Justiz (Hrsg.). (2024). Betriebsverfassungsgesetz. https://www.gesetze-im-internet.de/betrvg/. Zugegriffen: 12. Dezember 2024.

Burns, J. M. (2003). *Transforming leadership. A new pursuit of happiness.* New York, NY: Grove Press.

Chasserio, S. & Bacha, E. (2024). Women-only training programmes as tools for professional development: analysis and outcomes of a transformative learning process. *European Journal of Training and Development 48* (3/4), 455–477.

Ciompi, L. (1988). *Außenwelt – Innenwelt. Die Entstehung von Zeit, Raum und psychischen Strukturen.* Göttingen: Vandenhoeck & Ruprecht.

Ciompi, L. (2000). Affektlogik. In G. Stumm & A. Pritz (Hrsg.), *Wörterbuch der Psychotherapie* (S. 7–8). Vienna: Springer Vienna.

Ciompi, L. (2009). *Die emotionalen Grundlagen des Denkens. Entwurf einer fraktalen Affektlogik.* Göttingen: Vandenhoeck & Ruprecht.

Ciompi, L. (2019, 11. Dezember). Mein Stand des Irrtums. Mein Lebenswerk, die Affektlogik – Erfolg oder Misserfolg? https://www.vandenhoeck-ruprecht-verlage.com/blog/mein-stand-des-irrtums-mein-lebenswerk-die-affektlogik-erfolg-oder-misserfolg. Zugegriffen: 21. Januar 2025.

Deleuze, G. & Guattari, F. (1977). *Rhizom*. Berlin: Merve Verlag.
Deutsche Bundesregierung (Presse- und Informationsamt der Bundesregierung, Hrsg.). (2021). Die Deutsche Nachhaltigkeitsstrategie. Aktualisierung 2018. https://www.bundesregierung.de/resource/blob/975274/1873516/9d73d857a3f7f0f8df5ac1b4c349fa07/2021-03-10-dns-2021-finale-langfassung-barrierefrei-data.pdf?download=1. Zugegriffen: 20. Januar 2025.
Dhiman, S. (2015). *Gandhi and Leadership*. New York: Palgrave Macmillan US.
Directorate-General for Justice and Consumers (Hrsg.). (2025, 17. März). Mediation in den Mitgliedstaaten, Europäische Union. https://e-justice.europa.eu/topics/taking-legal-action/mediation/mediation-eu-countries_de.
Dixson-Declève, S., Gaffney, O., Ghosh, J., Randers, J., Rockström, J. & Stoknes, P. E. (2022). *Wachstum innerhalb der Grenzen*. München: oekom verlag.
Döring, N. (2023). *Forschungsmethoden und Evaluation in den Sozial- und Humanwissenschaften*. Heidelberg: Springer.
Döring, N. & Bortz, J. (2016a). Empirische Sozialforschung im Überblick. In N. Döring & J. Bortz (Hrsg.), *Forschungsmethoden und Evaluation in den Sozial- und Humanwissenschaften* (Bd. 13, S. 3–30). Heidelberg: Springer.
Döring, N. & Bortz, J. (Hrsg.). (2016b). *Forschungsmethoden und Evaluation in den Sozial- und Humanwissenschaften*. Heidelberg: Springer.
Döring, N. & Bortz, J. (2016c). Wissenschaftstheoretische Grundlagen der empirischen Sozialforschung. In N. Döring & J. Bortz (Hrsg.), *Forschungsmethoden und Evaluation in den Sozial- und Humanwissenschaften* (Bd. 19, S. 31–79). Heidelberg: Springer.
Dresing, T. & Pehl, T. (Hrsg.). (2018). *Praxisbuch Transkription. Regelsysteme, Software und praktische Anleitungen für qualitative ForscherInnen* (8. Aufl.). Marburg: Dr. Dresing und Pehl GmbH.
Dunbar, R. (2024). Robin Dunbar: The neurobiology of human sociality. *Genomic Psychiatry,* 1–3.
Ebert, W. (2001). *Systemtheorien in der Supervision. Bestandsaufnahme und Perspektiven* (Forschung Soziologie, Bd. 109). Wiesbaden: VS Verlag für Sozialwissenschaften.
Elverfeldt, K. von & Egner, H. (2015). Systemtheorien und Mensch-Umwelt-Forschung. In P. Goeke, R. Lippuner & J. Wirths (Hrsg.), *Konstruktion und Kontrolle* (S. 319–342). Wiesbaden: Springer Fachmedien Wiesbaden.
Englert, M. & Ternès, A. (2019). *Nachhaltiges Management*. Berlin, Heidelberg: Springer Berlin Heidelberg.
Eschenbacher, S. & Levine, P. (2022). Reconsidering the Roots of Transformative Education: Habermas and Mezirow. In A. Nicolaides, S. Eschenbacher, P. T. Buergelt, Y. Gilpin-Jackson, M. Welch & M. Misawa (Hrsg.), *The Palgrave Handbook of Learning for Transformation* (S. 45–58). Cham: Springer International Publishing.
Eschenburg, T. (1976). *Über Autorität* (Suhrkamp-Taschenbuch, Bd. 178). Frankfurt am Main: Suhrkamp.
Feeney, J. & Fitzgerald, J. (2019). Attachment, conflict and relationship quality: laboratory-based and clinical insights. *Current opinion in psychology 25,* 127–131.
Fehr, E., Ernst, H. & Wilkening, T. (2013). The Lure of Authority. Motivation and Incentive Effects of Power. *The American Economic Review 103* (4), 1325–1359.
Finnegan, F. (2019). 'Freedom Is a Very Fine Thing': Individual and Collective Forms of Emancipation in Transformative Learning. In T. Fleming, A. Kokkos & F. Finnegan

(Hrsg.), *European Perspectives on Transformation Theory* (S. 43–57). Cham: Springer International Publishing.

Fisher, R., Ury, W. & Patton, B. (2011). *Getting to yes. Negotiating agreement without giving in.* New York: Penguin.

Galtung, J. (1998). Frieden mit friedlichen Mitteln. Wiesbaden: VS Verlag für Sozialwissenschaften.

Glasl, F. (1999). Konfliktmanagement. Ein Handbuch für Führungskräfte, Beraterinnen und Berater. Bern: Haupt.

Gorz, A. (2000). *Arbeit zwischen Misere und Utopie* (Edition Zweite Moderne, 1. Aufl.). Frankfurt am Main: Suhrkamp.

Graumann, C. F. & Lewin, K. (Hrsg.). (1982). *Kurt-Lewin-Werkausgabe.* Bern: Huber.

Greenleaf, R. K. (2022). Who Is the Servant-Leader? *International Journal of Servant-Leadership 10* (1), 17–22.

Großmaß, R. (2018). „Autorität" als sexuierte Dimension sozialer Beziehungen. In H. Landweer & C. Newmark (Hrsg.), *Wie männlich ist Autorität? Feministische Kritik und Aneignung* (S. 153–164). Frankfurt: Campus Verlag.

Günter, A. (2016). Eine andere Philosophie wagen, in der Demokratie ankommen können: Relationalität, Autorität und Strukturwandel. In M. Roussel, O. Kohns, T. van Rahden, A. Michel, C. Nitschke, M. Clemens et al. (Hrsg.), *Autorität* (S. 229–251). Paderborn: Brill | Fink.

Hairapetian, M. (2001). Odysee im Weltraum. Die dunkle Seite der Intelligenz. *Der Spiegel.* https://www.spiegel.de/kultur/kino/odyssee-im-weltraum-die-dunkle-seite-der-intelligenz-a-118483.html. Zugegriffen: 9. Dezember 2024.

Hammer, T. H., Currall, S. C. & Stern, R. N. (1991). Worker Representation on Boards of Directors: A Study of Competing Roles. *ILR Review 44* (4), 661–680.

Han, B.-C. (2015). *Was ist Macht?* Stuttgart: Reclam.

Hanks, W. F., Ide, S., Katagiri, Y., Saft, S., Fujii, Y. & Ueno, K. (2019). Communicative interaction in terms of ba theory: Towards an innovative approach to language practice. *Journal of Pragmatics 145,* 63–71.

Henderson, G. M. (2002). Transformative Learning as a Condition for Transformational Change in Organizations. *Human Resource Development Review 1* (2), 186–214.

Hewitt, K. K., Davis, A. W. & Lashley, C. (2014). Transformational and Transformative Leadership in a Research-Informed Leadership Preparation Program. *Journal of Research on Leadership Education 9* (3), 225–253.

Hiß, S. & Nagel, S. (2017). Unternehmen als gesellschaftliche Akteure. In A. Maurer (Hrsg.), *Handbuch der Wirtschaftssoziologie* (Wirtschaft und Gesellschaft, 2. aktualisierte und erweiterte Auflage, S. 331–348). Wiesbaden: Springer VS.

Horkheimer, M., Fromm, E. & von Friedeburg, L. (2005). *Studien über Autorität und Familie. Forschungsberichte aus dem Institut für Sozialforschung* (2. Aufl; Reprint der Ausg. Paris 1936). Springe: zu Klampen.

Horowitz, L. M., Dryer, D. C. & Krasnoperova, E. N. (1997). The circumplex structure of interpersonal problems. In R. Plutchik & H. R. Conte (Hrsg.), *Circumplex models of personality and emotions* (S. 347–384). Washington: American Psychological Association.

Horowitz, M. L., Strauß, B., Thomas, A. & Kordy, H. (2016). *Inventar zur Erfassung interpersonaler Probleme.* Göttingen: Hogrefe.

IDG Foundation. (2024). Inner Development Goals. https://innerdevelopmentgoals.org/framework. Zugegriffen: 20. Januar 2025.

Japee, G. (2024). PHILOSOPHY OF GANDHIAN MANAGEMENT. *EPRA International Journal of Multidisciplinary Research (IJMR)*, 232–234.

Johnson, R. B., Tashakkori, A. & Teddlie, C. (2021). *Foundations of mixed methods research. Integrating quantitative and qualitative approaches in the social and behavioral sciences.* Los Angeles: SAGE.

Kahn, W. A. & Kram, K. E. (1994). Authority at Work: Internal Models and Their Organizational Consequences. *Academy of Management Review 19* (1), 17–50.

Kehr, H. M. (2000). *Die Legitimation von Führung. Ein Kleingruppenexperiment zum Einfluß der Quelle der Autorität auf die Akzeptanz des Führers, den Gruppenprozeß und die Effektivität.* (Wirtschaftspsychologische Schriften, Bd. 13). Berlin: Duncker & Humblot.

Kidron, A. & Vinarski-Peretz, H. (2018). The political iceberg: the hidden side of leaders' political behaviour. *Leadership & Organization Development Journal 39* (8), 1010–1023.

Kitchenham, A. (2008). The Evolution of John Mezirow's Transformative Learning Theory. *Journal of Transformative Education 6* (2), 104–123.

Kleining, G. (1994). *Qualitativ-heuristische Sozialforschung. Schriften zur Theorie und Praxis.* Hamburg: Fechner.

Kluge, F. (2011). *Etymologisches Wörterbuch der deutschen Sprache.* Berlin: De Gruyter.

Kohn, M. L. (1976). Occupational structure and alienation. *AJS; American journal of sociology 82* (1), 111-130.

Kojève, A. (2020). *Der Begriff der Autorität.* Leipzig: Merve Verlag.

Kolodej, C., Palkovich, A. M. & Kallus, K. W. (2016). Die Bedeutung von Konflikteskalation und Konfliktlöseverhalten für die Arbeitsfähigkeit von Erwerbstätigen. *Konfliktdynamik 5* (1), 44–54.

Kolodej, C., Wochele, C. & Kallus, W. (2011). Inventar zum individuellen Konfliktlöseverhalten am Arbeitsplatz. *Journal Psychologie des Alltagshandelns 4* (2), 18–30.

Körner, B. & Lemme, M. (2022). *Die Kraft der Präsenz. Systemische Autorität in Haltung und Handlung.* Heidelberg: Carl Auer Verlag.

Körner, B., Lemme, M., Ofner, S., Recke, T. von der, Seefeldt, C. & Thelen, H. (Hrsg.). (2019). *Neue Autorität – Das Handbuch. Konzeptionelle Grundlagen, aktuelle Arbeitsfelder und neue Anwendungsgebiete.* Göttingen: Vandenhoeck & Ruprecht.

Krenz-Dewe, D. & Mecheril, P. (2014). Einsicht, Charisma, Zwang. In A. Schäfer, T. Bedorf, C. Thompson, P. Mecheril, R. Mayer, T. N. Klass et al. (Hrsg.), *Hegemonie und autorisierende Verführung* (S. 41–65). Paderborn: Brill | Schöningh.

Kriz, J. (2015). Kurt Lewin – ein früher Systemiker. In K. Antons & M. Stützle-Hebel (Hrsg.), *Feldkräfte im Hier und Jetzt. Antworten von Lewins Feldtheorie auf aktuelle Fragestellungen in Führung, Beratung und Therapie* (S. 285–313). Heidelberg: Carl-Auer-Verlag.

Kriz, J. (2016). Grundkonzepte systemtheoretischer Ansätze. In J. Kriz (Hrsg.), *Systemtheorie für Coaches* (essentials, S. 13–18). Wiesbaden: Springer Fachmedien Wiesbaden.

Kriz, J. (2017). *Subjekt und Lebenswelt. Personzentrierte Systemtheorie für Psychotherapie, Beratung und Coaching.* Göttingen: Vandenhoeck Ruprecht.

Kriz, J. (2023). Zur Thematik unbewusster Wirkkräfte. *Psychoanalytische Familientherapie 24* (2), 37–53.

Kronenberg, B. (2023). Ontologie: Taktischer Physikalismus und Naturalismus. In M. Müller (Hrsg.), *Handbuch Richard Rorty* (S. 655–671). Wiesbaden: Springer Fachmedien Wiesbaden.

Kühl, S. (2015). Die blinden Flecken der Theorie U von Otto Scharmer. Die Rekonstruktion einer (Change-)Management-Mode. *systeme. Interdisziplinäre Zeitschrift für systemtheoretisch orientierte Forschung und Praxis in den Humanwissenschaften 29* (2), 190–202.

Latka, T. (2003). *Topisches Sozialsystem.* Dissertation. Universität München.

Leifer, R. (1989). Understanding Organizational Transformation Using a Dissipative Structure Model. *Human Relations 42* (10), 899–916.

Lewin, K. (1943). Defining the 'field at a given time'. *Psychological Review 50* (3), 292–310.

Lewin, K. (1975). *Field theory in social science. Selected theoretical papers.* Westport, Conn.: Greenwood Press.

Lewin, K. (2012). *Feldtheorie in den Sozialwissenschaften.* Bern: Huber.

Lewin, K., Lippitt, R. & White, R. K. (1939). Patterns of Aggressive Behavior in Experimentally Created "Social Climates". *The Journal of Social Psychology 10* (2), 269–299.

Luhmann, N. (1987). *Soziale Systeme. Grundriß einer allgemeinen Theorie* (Suhrkamp-Taschenbuch Wissenschaft, Bd. 666). Frankfurt am Main: Suhrkamp.

Luhmann, N. (1996). Widerspruch und Konflikt. In T. Bonacker (Hrsg.), *Konflikttheorien* (S. 477–494). Wiesbaden: VS Verlag für Sozialwissenschaften.

Luhmann, N., Lukas, E. & Tacke, V. (2018). *Schriften zur Organisation 1.* Wiesbaden: Springer Fachmedien Wiesbaden.

Mach, E. (1905). *Erkenntnis und Irrtum. Skizzen zur Psychologie der Forschung.* Leipzig: Barth.

Mamor, A. (2011). An Institutional Conception of Authority. *Philosophy & Public Affairs 39* (3), 238–261.

Merk, J. (2023). Aufstellungen intuitiv und systematisch auswerten: Ein erkundungsorientiertes Verfahren. *Praxis der Systemaufstellung,* 87–93. Jubiläumsausgabe.

Merk, J. & Socher, S. (2021). Demokratie aus einer psychologisch-systemischen Perspektive entwickeln. *Zeitschrift Bewusstseinswissenschaften. Transpersonale Psychologie und Psychotherapie 27* (2), 29–43.

Mertens, D. M. (2007). Transformative Paradigm. *Journal of Mixed Methods Research 1* (3), 212–225.

Mezirow, J. (1997). *Transformative Erwachsenenbildung.* Baltmannsweiler: Schneider-Verlag. Hohengehren.

Mezirow, J. (2008). An overview on transformative learning. In J. Crowther (Hrsg.), *Lifelong Learning. Concepts and Contexts* (S. 90–105). Hoboken: Taylor and Francis.

Mitchell, C. (2002). Beyond Resolution: What Does Conflict Transformation Actually Transform? *Peace and Conflict Studies.*

Morrill, C. & Rudes, D. S. (2010). Conflict Resolution in Organizations. *Annual Review of Law and Social Science 6* (1), 627–651.

Müller, M. (Hrsg.). (2023). *Handbuch Richard Rorty.* Wiesbaden: Springer Fachmedien Wiesbaden.

Müller-Christ, G. (2017). Werte und der Reifungsprozess von Unternehmen: Kontraintuitive Hypothesen in einer Systemaufstellung mithilfe der Theorie U entdeckt. In I. López

(Hrsg.), *CSR und Wirtschaftspsychologie* (Management-Reihe Corporate Social Responsibility, S. 47–70). Heidelberg: Springer.

Müller-Christ, G. (2020a). Aufstellungsarbeit in der Wissenschaft und Konturen einer Aufsteller/innen-Wissenschaft. In C. Stadler & B. Kress (Hrsg.), *Praxishandbuch Aufstellungsarbeit* (S. 491–505). Wiesbaden: Springer Fachmedien Wiesbaden.

Müller-Christ, G. (2020b). Erkundungsaufstellungen: den Raum jenseits der Lösungsorientierung im Organisationskontext erforschen. In K. Kuschik & K. Nazarkiewicz (Hrsg.), *Aufstellungen im Arbeitskontext* (S. 53–74). Göttingen: Vandenhoeck & Ruprecht.

Müller-Christ, G. & Giesenbauer, B. (2019). Konturen eines integralen Nachhaltigkeitsmanagements. In M. Englert & A. Ternès (Hrsg.), *Nachhaltiges Management: Nachhaltigkeit als exzellenten Managementansatz entwickeln* (S. 231–248). Berlin, Heidelberg: Springer Berlin Heidelberg.

Müller-Christ, G. & Pijetlovic, D. (2018). *Komplexe Systeme lesen. Das Potential von Systemaufstellungen in Wissenschaft und Praxis.* Berlin, Heidelberg: Springer Gabler.

Niggemann, J. (2022). *Der diskrete Charme der Autorität?* Dissertation. Goethe-Universität Frankfurt am Main.

Nippel, W., Dietz, B., Wassermann, F., Kühl, S. & Kraushaar, W. (2018). *Führen und Folgen. Autorität in der Demokratie* (Mittelweg 36, 27. Jahrgang, Heft 6). Hamburg: Hamburger Edition HIS Verlagsgesellschaft mbH.

Noble, T. & Pym, B. (1970). Collegial Authority and the Receding Locus of Power. *The British Journal of Sociology 21* (4), 431.

Nonaka, I. & Konno, N. (1998). The Concept of "Ba": Building a Foundation for Knowledge Creation. *California Management Review 40* (3), 40–54.

Nonaka, I., Toyama, R. & Konno, N. (2000). SECI, Ba and Leadership: a Unified Model of Dynamic Knowledge Creation. *Long Range Planning 33* (1), 5–34.

Ochs, M. (Hrsg.). (2012). *Handbuch Forschung für Systemiker*. Göttingen: Vandenhoeck & Ruprecht.

Omer, H. (2016). *Wachsame Sorge. Wie Eltern ihren Kindern ein guter Anker sind*. Göttingen: Vandenhoeck & Ruprecht.

Omer, H., Steinmetz, S. G., Carthy, T. & Schlippe, A. von. (2013). The anchoring function: parental authority and the parent-child bond. *Family process 52* (2), 193–206.

Omer, H. & von Schlippe, A. (2004). *Autorität durch Beziehung. Die Praxis des gewaltlosen Widerstands in der Erziehung*. Göttingen: Vandenhoeck & Ruprecht.

Omer, H. & von Schlippe, A. (2010). *Stärke statt Macht. Neue Autorität in Familie, Schule und Gemeinde*. Göttingen: Vandenhoeck & Ruprecht.

Omer, H. & von Schlippe, A. (2023). *Autorität durch Beziehung. Gewaltloser Widerstand in Beratung, Therapie, Erziehung und Gemeinde*. Göttingen: Vandenhoeck & Ruprecht.

Papastamatis, A. & Panitsides, E. A. (2014). Transformative Learning: Advocating for a Holistic Approach. *Review of European Studies 6* (4).

Piretti, L., Pappaianni, E., Garbin, C., Rumiati, R. I., Job, R. & Grecucci, A. (2023). The Neural Signatures of Shame, Embarrassment, and Guilt: A Voxel-Based Meta-Analysis on Functional Neuroimaging Studies. *Brain sciences 13* (4).

Polanyi, K. (2021). *The great transformation. Politische und ökonomische Ursprünge von Gesellschaften und Wirtschaftssystemen.* Berlin: Suhrkamp.

Pomeroy, E. & Herrmann, L. (2024). Social Fields: Knowing the Water We Swim in. *The Journal of Applied Behavioral Science 60* (4), 677–700.

Puranam, P. (2018). *The Exercise of Authority. The Microstructure of Organizations*. Oxford: Oxford University Press.
Putterman, L. (1984). On some recent explanations of why capital hires labor. *Economic Inquiry 22* (2), 171–187.
Rahim, M. A. (1992). *Managing conflict in organizations*. Westport, Conn: Praeger.
Rahim, M. A. & Magner, N. R. (1994). Convergent and Discriminant Validity of the Rahim Organizational Conflict Inventory—II. *Psychological Reports 74* (1), 35–38.
Reichenbach, R. (2011). *Pädagogische Autorität. Macht und Vertrauen in der Erziehung*. Stuttgart: Kohlhammer Verlag.
Reichertz, J. (2013). *Die Abduktion in der qualitativen Sozialforschung*. Wiesbaden: Springer Fachmedien.
Rorty, R. & Brandom, R. (2023). *Pragmatismus als Antiautoritarismus*. Berlin: Suhrkamp.
Rosner, S. (2021). *Systemaufstellung als Aktionsforschung*. Baden-Baden: Nomos Verlagsgesellschaft (Edition Rainer Hampp).
Rubin, J. Z., Pruitt, D. G. & Kim, S. H. (1994). *Social conflict. Escalation, stalemate, and settlement* (McGraw-Hill series in social psychology, 2. ed.). New York, NY: McGraw-Hill.
Scharmer, O. (2020a). Social Systems as If People Mattered Response to the Kühl Critique of Theory U. *Journal of Change Management 20* (4), 322–332.
Scharmer, O. (2020b). *Theorie U – Von der Zukunft her führen. Presencing als soziale Technik*. Heidelberg: Carl Auer Verlag.
Scharmer, O. & Hildenbrand, A. (2019). *Essentials der Theorie U. Grundprinzipien und Anwendungen*. Heidelberg: Carl-Auer Verlag.
Schimank, U. (2015). Modernity as a functionally differentiated capitalist society. *European Journal of Social Theory 18* (4), 413–430.
Schmidt, F. & Kleve, H. (2021). Die Leiblichkeit der Systemischen Aufstellung. *Familiendynamik 46* (1), 48–55.
Schmitt, C. T. & Bamberg, E. (2018). *Psychologie und Nachhaltigkeit*. Wiesbaden: Springer Fachmedien Wiesbaden.
Schorr-Sapir, I., Gershy, N., Apter, A. & Omer, H. (2022). Parent training in non-violent resistance for children with attention deficit hyperactivity disorder: a controlled outcome study. *European child & adolescent psychiatry 31* (6), 929–938.
Schützeichel, R. & Wächter, M. (2017). Das „Feld" der Feldtheorien. *Zeitschrift für Theoretische Soziologie 6* (1), 26–43.
Scott, W. R., Dornbusch, S. M., Busching, B. C. & Laing, J. D. (1967). Organizational Evaluation and Authority. *Administrative Science Quarterly 12* (1), 93.
Sennett, R. (2012). *Autorität*. Berlin: Berliner Taschenbuch-Verlag.
Sharp, G. (1973). *The politics of nonviolent action*. Boston, Mass.: Porter Sargent.
Shields, C. M. (2011). Transformative Leadership: An Introduction. *Counterpoints 409,* 1–17.
Shields, C. M. (2018). *Transformative Leadership in Education. Equitable and Socially Just Change in an Uncertain and Complex World*. Milton: Taylor and Francis.
Shields, C. M. (2020). Transformative Leadership. In C. M. Shields (Hrsg.), *Oxford Research Encyclopedia of Education*. Oxford University Press. https://doi.org/10.1093/acrefore/9780190264093.013.632. Zugegriffen: 6. Dezember 2024.

Simon, F. B. (2022). *Einführung in die Systemtheorie des Konflikts.* Heidelberg: Carl Auer Verlag.

Sofsky, W. & Paris, R. (1994). *Figurationen sozialer Macht. Autorität, Stellvertretung, Koalition.* Frankfurt am Main: Suhrkamp.

Sternberger, D. (1959). *Autorität, Freiheit und Befehlsgewalt* (Vorträge und Aufsätze / Walter-Eucken-Institut, Bd. 3). Tübingen: Mohr.

Taylor, J. R. & van Every, E. J. (2014). *When organization fails:* Why authority matters. London: Routledge.

Toka, K. & Gioti, L. (2023). Brookfield and Mezirow on critical reflection: empowering oneself, transforming society. *European Journal of Education Studies 10* (12).

Ulrich, H. (1961). Die Autorität des Chefs in organisatorischer, psychologischer und gruppendynamischer Sicht. *Die Unternehmung 15* (2), 78–87.

Universität Bremen, Schwarz, B. (Mitarbeiter) (Universität Bremen & Deutsche Forschungsgemeinschaft, Hrsg.). (2023). Gute wissenschaftliche Praxis. Grundprinzipien. https://www.uni-bremen.de/forschung/wissenschaftliche-integritaet-und-forschungsethik/gute-wissenschaftliche-praxis/5-grundprinzipien#c459854. Zugegriffen: 29. Dezember 2023.

Vengadasalam, P. (2018). How Spin and Salt Brought Down an Empire: A Study of Gandhi's Legacy Using the Gorn Leadership Theoretic. *History and Sociology of South Asia 12* (1), 99–106.

Vereinte Nationen. (2016). Sustainable Development Goals. 17 Ziele für nachhaltige Entwicklung. https://unric.org/de/17ziele/. Zugegriffen: 20. Januar 2025.

Verhaeghe, P. (2016). *Autorität und Verantwortung.* München: Verlag Antje Kunstmann.

von der Recke, T. (2019). Systemische Grundlagen. In B. Körner, M. Lemme, S. Ofner, T. von der Recke, C. Seefeldt & H. Thelen (Hrsg.), *Neue Autorität – Das Handbuch. Konzeptionelle Grundlagen, aktuelle Arbeitsfelder und neue Anwendungsgebiete* (S. 45–85). Göttingen: Vandenhoeck & Ruprecht.

von Schlippe, A. (2019). Skizze einer Systemtheorie der Neuen Autorität – Was können wir von Unternehmerfamilien lernen? In B. Körner, M. Lemme, S. Ofner, T. von der Recke, C. Seefeldt & H. Thelen (Hrsg.), *Neue Autorität – Das Handbuch. Konzeptionelle Grundlagen, aktuelle Arbeitsfelder und neue Anwendungsgebiete* (S. 86–102). Göttingen: Vandenhoeck & Ruprecht.

von Schlippe, A. (2022). *Das Karussell der Empörung. Konflikteskalation verstehen und begrenzen.* Göttingen: Vandenhoeck & Ruprecht.

Waddell, S., Waddock, S., Cornell, S., Dentoni, D., McLachlan, M. & Meszoely, G. (2015). Large Systems Change: An Emerging Field of Transformation and Transitions. *Journal of Corporate Citizenship* (58), 5–30.

Wagner, U. (1978). *Autorität und Motivation im Industriebetrieb unter den Bedingungen des institutionellen Wandels* (Soziologische Schriften, Bd. 26). Berlin: Duncker & Humblot.

Walton, R. E. & McKersie, R. B. (1965). *A behavioral theory of labor negotiations.* New York: McGraw-Hill.

Wand, T. (2019). Konfliktbeilegungsverfahren. In T. Wand (Hrsg.), *Organisation von Konfliktmanagementsystemen* (S. 45–77). Wiesbaden: Springer Fachmedien Wiesbaden.

Wersebe, I. von. (1978). Demokratisierung durch Professionalisierung? / Democratization by professionalization? *Zeitschrift für Soziologie 7* (2), 157–174.

Wikepedia. (2025). ChatGPT. https://de.wikipedia.org/wiki/ChatGPT. Zugegriffen: 15. März 2025.

Young, H. R., Glerum, D. R., Joseph, D. L. & McCord, M. A. (2021). A Meta-Analysis of Transactional Leadership and Follower Performance: Double-Edged Effects of LMX and Empowerment. *Journal of Management 47* (5), 1255–1280.

Zehentreiter, F. (2022). *Operation und Ereignis:* Velbrück Wissenschaft.

Ziegler, H. (1970). *Strukturen und Prozesse der Autorität in der Unternehmung. Ein organisationssoziolog. Beitr. z. Theorie d. betriebl. Organisation.* Stuttgart: Enke (Dissertation. Goethe-Universität Frankfurt am Main).

FSC
www.fsc.org
MIX
Papier | Fördert
gute Waldnutzung
FSC® C083411

Kolibri 360 GmbH
Ferdinand-Jühlke-Straße 7
99095 Erfurt, Deutschland
produktsicherheit@kolibri360.de